陕西省教育厅专项科研计划项目 (08JK182)

陈 莉 ⊙ 著

周代贵族的艺术精神

中国社会科学出版社

图书在版编目（CIP）数据

周代贵族的艺术精神／陈莉．—北京：中国社会科学出版社，
2013.5

ISBN 978 - 7 - 5161 - 2054 - 5

Ⅰ.①周…　Ⅱ.①陈…　Ⅲ.①贵族—研究—中国—周代
Ⅳ.①K827.24

中国版本图书馆 CIP 数据核字（2013）第 003046 号

出 版 人	赵剑英
责任编辑	李炳青
责任校对	吕　宏
技术编辑	张汉林

出　　版	中国社会科学出版社
社　　址	北京鼓楼西大街甲 158 号（邮编100720）
网　　址	http://www.csspw.cn
	中文域名:中国社科网　　010 - 64070619
发 行 部	010 - 84083685
门 市 部	010 - 84029450
经　　销	新华书店及其他书店

印　　刷	北京市大兴区新魏印刷厂
装　　订	廊坊市广阳区广增装订厂
版　　次	2013 年 5 月第 1 版
印　　次	2013 年 5 月第 1 次印刷

开　　本	880 × 1230　1/32
印　　张	11.625
插　　页	2
字　　数	292 千字
定　　价	40.00 元

凡购买中国社会科学出版社图书,如有质量问题请与本社联系调换
电话:010 - 64046283

序

　　陈莉的博士论文要出版了，作为老师，我的欣喜之情当不亚于作者本人。在这里我写几行文字，聊表祝贺之意。

　　陈莉 2004 年通过激烈的竞争，凭着自己的刻苦和比较扎实的专业基础考到北京师范大学文艺学学科攻读博士学位。在三年的苦读中，她表现出强烈的求知欲与钻研精神，不仅各门课程成绩优秀，而且还发表了十余篇有质量的学术论文，参加了台湾辅仁大学举办的"先秦两汉两岸研究生论文发表会"，并获得论文评议人和与会者的好评，这些都是难能可贵的。她的博士论文被答辩委员会认为是一篇有很高学术质量的优秀论文，这在我们这里是十分难得的评价。

　　西周至春秋时期从社会制度上来看是所谓的贵族时代，从中国古人审美意识演变的历史来看则是一个既灿烂辉煌，又有着鲜明特色的时代。周人创造的"礼乐文化"一方面为诸子百家之学的勃兴提供了足够的文化资源，另一方面也为后世两千多年间中国文化传统的形成与发展打下了坚实基础。中国历来被称为"礼仪之邦"，倘若追根溯源，毫无疑问是与周人的文化创造密切相关的。贵族社会以"繁文缛礼"著称，因为只有复杂而庄

严的仪式与严格规定的生活方式才能够把贵族与平民百姓从
"文化"上区分开来。如果说政治经济特权是使贵族成为贵族的
物质手段，那么礼乐文化则是使贵族成为贵族的精神方式。对于
贵族社会来说，礼乐文化有着直接的意识形态功能与社会等级的
"区隔"作用。事实证明，周代贵族是极为高明的统治者，而用
文化的方式达到政治的目的则是其之所以高明的关键所在。雍容
典雅的礼乐仪式、繁琐细密的日常生活规范处处透露出政治性，
同时也处处透露出审美性或艺术性——周人礼乐文化的最大特点
就是把政治与审美这两种相去甚远的价值系统十分巧妙地融合在
一起。正是由于这个原因，那种完全按照今人的美学或艺术标准
与评价体系来审视礼乐文化所包含的审美趣味的研究方式就很值
得商榷了，因为这显然是很不同的两种审美范式，不仅有着不同
的表现形式，也有着完全不同的功能。因此引进历史的研究视野
是十分必要的，就是说，把审美范式看作是历史的产物，是依据
特定的历史需求与条件产生的，有着为历史所规定的社会作用与
呈现方式。在我看来，陈莉的这部著作就是这样一种研究路向的
产物，因此具有很强的探索性。

　　《周代贵族的艺术精神》从先秦文献典籍的记载中审视周代
贵族生活方式，从文献呈现的贵族生活方式审视其中蕴涵的艺术
精神，可以说既是从一个新的角度、用新的方法所进行的美学史
和文艺思想史的研究，又是对古代历史叙事的一种不同以往的探
讨。因此其学术意义是值得充分肯定的。在具体叙述与论证中，
这部著作最大的特点是具体而微——对"三礼"、《左传》、《国
语》、《周书》、《逸周书》、《诗经》、《周易》等典籍中所记载的
周代贵族的各种政治生活和日常生活中的礼仪规定，包括车驾、
服饰、居室、器物、饮食、朝觐、聘问、丧葬、祭祀、成人、婚
配等，都进行了细致的描述和分析。一般的研究者是不愿意在这

些看上去很琐屑的细节问题上花费太多的时间，而这正是这部著
作的长处和特色。应该说，陈莉博士的研究既不是建立在对新材
料的发现上，也不是建立在某种新的理论预设上，而是建立在对
那些就摆在那里而人们却熟视无睹的材料的细致分析上，建立在
对被视为缺乏学术价值的材料的合理使用上。这本身就具有重要
的启发意义。另外，需要指出的是：在这部著作中所说的"艺
术精神"并不是在黑格尔的意义上使用的，不是指那种具有本
体特征的精神实体，或者某种独立于社会生活的精神文化系统，
而是指一种特点、一种性质、一种品位。具体到周人的生活方式
而言，"艺术精神"就是指其中蕴涵的那些形式性的东西，即不
具备直接的实用性质的因素。陈莉博士是想借助于这个具有现代
学术色彩和争议性的概念来指出周人日常生活的独特性及其对后
世文学艺术发展所产生的重要影响。

陈莉博士是陕西人，陕西淳朴厚重的文化底蕴和秦人执着执
拗的性格特征在她身上有充分体现：有足够的自信心使她一旦选
定一个目标就会坚定不移地走下去。对于做学问而言没有什么比
这种性格更可贵了。因此我毫不怀疑，在今后的教学与科研工作
中陈莉博士会取得更大的成就。

李春青

2008 年 2 月 10 日

于北京京师园

目 录

上 编

周代贵族的生活方式、审美追求及其艺术精神

下　编

贵族地位的危机与诗化生活方式的衰落

绪　论

第一节　研究周代贵族生活方式及
其艺术精神的价值和意义

西周建立伊始，统治者对同姓诸侯、异姓诸侯、功臣和殷商后裔等进行了大规模的分封树藩，从而形成天子、诸侯、卿大夫、士等不同级别的贵族。在中国历史上，周代贵族创造了辉煌灿烂的礼乐文化，形成了一种独特的生活方式。他们的举手投足、周旋揖让透露着典雅、高贵的气质。一个贵族即使是处于车夫的位置，也能够被一眼认出是贵族。这就是贵族的魅力和贵族文化的魅力。贵族生活中充满了肃雝和鸣的礼乐之声，即便是在日常生活中，他们也弦歌不断。贵族的器物考究、精美，如青铜器、玉器、车旗等不仅能显示出贵族的身份地位，还能体现出他们所特有的审美情怀和艺术气质。正如钱穆先生所说："他们（贵族）识解之渊博，人格之完备，嘉言懿行，可资后代敬慕者，到处可见。"①

---

① 钱穆：《国史大纲》，商务印书馆 2005 年版，第 71 页。

辉煌优雅的周代贵族文化作为中国礼仪之邦的文化渊源，作为人类文化的一个有机组成部分，理应受到足够的重视。

在周代虽然还没有关于美和艺术的全面思考，还没有完全意义上的艺术，但是周代贵族能够超越实用性和功利性，创造出具有审美价值的器物，其生活方式具有艺术性，这就是周代贵族的艺术精神。由周代贵族所开创的融生活与艺术于一体、融审美与意识形态于一体的生活方式对后世官方文化的建构产生了深远的影响，对中国艺术精神的形成也具有奠基性的作用。解读周代贵族生活方式及其艺术精神不仅可以对艺术的起源、艺术与神灵的关系、艺术与政治的关系、艺术与生活的关系、日常生活审美化等文艺学问题有更为深入的理解，并且对美学、民俗学等学科的研究也具有一定的参考价值，因而周代贵族的生活方式及其艺术精神是一个值得专门研究的课题。

任何问题的提出都有一定的时代背景，我们探讨和研究周代贵族的艺术精神与当下的文化语境也有着一定的关系。随着信息和科学技术的长足发展，人类已经进入工业文明时代。但是人们渐渐发现技术的进步反而使神隐遁而去，使诗意的人生境界消失，于是西方的一大批哲人开始反思工业文明给人类带来的巨大灾难。本雅明指出复制技术使艺术的灵光衰退，海德格尔指出人类已经进入到诗意贫乏的时代。然而，人类如何在技术进步的冲击下依然诗意地栖居，并不是我们今天才碰到的新问题。事实上，周代贵族文化从发展到衰亡的过程，以及春秋战国时期贵族文化的存在状态，就与我们今天所处的社会现状有一定的相似性。西周文化中诗与意识形态是合一的，天地神人是合一的，但是到了春秋时期，随着铁器和牛耕技术的采用，随着贵族统治地位的衰微，天地神人的和谐状态逐渐被打破。研究周代贵族文化发展演变的历史轨迹，对反思我们今天的文化现状具有一定的借

鉴作用，对思考如何在现世生活中诗意地生存有着一定的借鉴
意义。

第二节 相关文献综述

周代是我国历史上极为重要的一个历史阶段。周代人的生活
方式、文化体制等都是学界颇为关注的话题。有关周代贵族生活
方式和艺术精神的文献可以分为以下几类：

第一，从历史学、社会学和民俗学的角度对周代贵族的生活
方式进行研究。杨向奎《宗周社会与礼乐文明》、孙作云《诗经
与周代社会研究》、杨宽《西周史》、许倬云《西周史》、李安宅
《〈仪礼〉与〈礼记〉之社会学的研究》、李学勤《东周与秦代
文明》、常金仓《周代社会生活述论》、朱凤瀚《商周家族形态
研究》、晁福林《先秦民俗史》、许嘉璐《中国古代衣食住行》、
宋镇豪《中国春秋战国习俗史》、陈绍棣《中国风俗通史·两周
卷》、徐杰令《先秦社会生活史》、蔡锋《春秋时期贵族社会生
活研究》、陈戍国《先秦礼制研究》、杨华《先秦礼乐文化》等
论著，对周代贵族生活的经济基础、仕进制度、家庭婚姻形态、
礼乐制度、宗教思想等进行了全面而深入的研究。如许嘉璐
《中国古代衣食住行》一书从文字学的角度对中国古人衣食住行
的状况进行了梳理，并努力揭示其中所蕴涵的观念意识；徐杰令
《先秦社会生活史》分别从饮食、服饰、居住、交通、婚姻、娱
乐、丧葬、战争八个方面，对先秦时期的社会生活进行了简明扼
要的梳理；许倬云《西周史》整合了考古、文献、金文三方面
的资料，对西周的"农作物及农具"、"饮食"、"居室"、"服饰
与衣料"、"工艺与工业"、"岁时行事"、"人生礼仪"等方面的

内容进行了分析；李安宅《〈仪礼〉与〈礼记〉之社会学的研究》对周人的物质生活、礼乐、仪式、生活组织、政治等方面进行了切中肯綮的总结；蔡锋《春秋时期贵族社会生活研究》对春秋时期贵族生活的经济基础、政治活动、物质生活、婚姻家庭生活等几个层面进行了梳理和分析。这些论著对周代贵族生活状况的梳理，对本书的写作具有一定的参考价值。但是由于学科所限，这些论著基本都没有涉及对周代贵族艺术精神的分析。

第二，从考古学的角度看，近年来不少周代高级贵族墓葬得到了发掘，《琉璃河西周燕国墓地 1973—1977》、《宝鸡强国墓地》、《三门峡虢国墓》、《陕西韩城梁带村遗址 M26 发掘简报》、《张家坡西周墓地》、《天马—曲村 1980—1989》等发掘报告对周代墓葬的形制和出土器物的状况进行了客观描述，但对器物的进一步研究还没有全面展开，而系统地分析和梳理这些墓葬中随葬器物的艺术精神的工作还没有引起学界的普遍关注。从器物研究的角度看，容庚《商周彝器通考》、钱玄《三礼通论》、郭宝钧《殷周车器研究》、朱凤瀚《古代中国青铜器》等论著也基本上只是对器物本身的客观分析，而没有太关注器物中所蕴涵的人的内在精神。

第三，从美学研究的角度来看，也有部分论著涉及了对周代贵族生活方式的美学分析，如李泽厚《美的历程》、于民《春秋前审美观念的发展》、廖群《中国审美文化史·先秦卷》等，都是非常优秀的研究成果。如廖群《中国审美文化史·先秦卷》中的"周代礼乐的人文风貌"部分，研究了周代人的城池宫室、车马器用、仪表等方面所表现出的审美追求，尤其是研究了礼乐仪式中所表现出的周代人的精神追求，梳理了玉文化与周代人精神生活的内在联系。但这类论著基本都是某些章节涉及周代生活方式的美学分析，由于篇幅所限，并未能将这一问题作为专题进行充分的研究。此外，朱志荣《夏商周美学思想研究》一书虽然有大量篇幅是对周代美学的专门研究，但是此书主要从器物和诸子百家思想两个角度来进行分析，未能涉及周代贵族生活中的其他层面。

第四，从文艺美学研究的角度来看，礼乐文化与中国早期文艺思想的关系问题得到了学界的普遍关注。如蒋孔阳《先秦音乐美学思想论稿》论证了西周礼乐文化对春秋战国时期音乐美学思想的影响；傅道彬《诗可以观——礼乐文化与周代诗学精神》分析了易学和象乐与周代诗学精神的关系；陈望衡《中国美学史》中讨论了礼乐文化与儒家美学思想的关系；聂振斌《稽古征今论转化——中国艺术精神》论及礼乐文化的艺术审美性与政治和道德目的的关系问题。此外，夏静《礼乐文化与中国文论早期形态研究》、翁礼明《礼乐文化与诗学话语》、梅珍生《晚周礼的文质论》、杨隽《典乐制度与周代诗学观念》等论著都对礼乐文化与中国早期诗学的内在关系进行了富有见地的解读。但这些论著大多将研究的侧重点放在礼乐文化与中国早期诗学的关系方面，而对礼乐文化本身到底蕴涵着哪些艺术因素没有展开更为系统和全面的研究。

可以说，中国周代的礼乐文化有着丰富的可阐释性，从不同的角度切入，就会获得不同的认识。通过已有文献的梳理可以看到，有关周代贵族生活方式的研究更多地集中在对名物制度、家庭形态、礼制规定、风俗习惯的整理方面，虽然人们普遍认识到了周代贵族生活方式中的艺术精神，但是对这一问题还没有进行系统和专门的整理和提炼，因而，本书在借鉴前人研究的基础之上，力求从美学的角度，运用文化诗学的研究方法，以贵族的生活方式为研究对象，以期对周代礼乐文化和周代贵族的生活方式形成新的看法和体认。

第三节　相关概念梳理

一　周代贵族

贵族是身份尊贵，拥有一定经济实力，且受过良好教育，具有涵养的社会群体。《辞海》中的贵族概念是："奴隶社会、封建社会的统治阶级中享有政治、经济特权的阶级。在奴隶社会，最初只有奴隶主贵族才能担任国家官职（如中国商代、古罗马）。在封建社会，贵族是具有世袭爵位和领地的各级封建主的通称。他们主要是皇室的亲族子弟和受封的功臣。封建土地所有制是他们实行经济和政治统治的基础。贵族的爵位，各国有所不同。中国的古代的贵族按照爵禄分为公、侯、伯、子、男五等。贵族享有各种特权，直接掌握国家政权，剥削和压迫劳动人民。17—19 世纪的资产阶级革命，虽然动摇了贵族的统治，但由于资产阶级在不同程度上与封建势力相妥协，贵族仍在许多资产阶级国家（如英国）中存在，由封建贵族变成资产阶级贵族。"[①]这个关于贵族的概念，突出了贵族在政治和经济中的特权地位，也指出了贵族的范围是"皇室的亲族子弟和受封的功臣"。但是这只说出了贵族的一般特点，具体到中国周代贵族的概念，应当有更加具体的界定。

吾师李春青先生在《诗与意识形态》一书中对贵族的概念有更进一步的界定。他认为贵族应当具有三个方面的特征："一是合法性，即关于这个阶层的种种特权必须有明确的政治或法律的规定；二是身份性，即这个阶层拥有不同于其他任何阶层的独

---

① 《辞海》，上海辞书出版社 1989 年版，第 3741 页。

特身份，并且为法律所确定，为其他阶层所认可；三是世袭性，即这个阶层的身份性以及政治、经济上的权利是代代相传的，也就是'世卿世禄'。"① 李先生关于贵族的界定抓住了贵族的几个重要特征，突出了贵族身份的合法性。但是，笔者认为对贵族的界定不仅应当包含政治和法律上对其身份的确认，还应当包括来自于文化上的身份确证。并且贵族之贵更突出地表现为，他们拥有不同于平民的精神和文化特征。贵族的合法性和身份性以及世袭性的规定是外在的，只有精神和文化上的尊贵才能真正将贵族与平民区别开来。贵族举止文雅，维持着有教养阶层的生活方式，遵循着夸示性的消费准则，这些无形的东西将贵族与其他阶层从文化和气质上区分开来。也正是因为文化和精神的尊贵在贵族的生活中占有很重要的分量，所以，到春秋战国之际，当贵族衰落时，一方面是贵族身份、田产和地位的难以维持；另一方面贵族又极力在文化上、在行为上标榜自己的贵族身份，如"引诗"、"赋诗"等行为都是贵族对自我文化身份的证明。尤其是孔子作为没落的贵族已经不拥有贵族的身份和地位，但是却拥有着贵族的文化和精神，并极力张扬贵族文化，所以在春秋晚期还具有一定的影响力。周代贵族作为一个阶级和阶层最终会灭亡，但是贵族的精神和文化却在春秋战国之际，部分地消亡，部分地世俗化和大众化，成为华夏文明的内在精神气质。在贵族概念的界定中，除了外在的、法定的、天赋的神圣地位之外，贵族精神和气质也应当占有突出地位。

综上所述，我们认为周代贵族指的是周代的天子和公、侯、伯、子、男等不同等级的统治阶级。从社会地位来说，他们拥有世袭的田产和爵位；从精神境界来看，他们具有浓厚的天神观

---

① 李春青：《诗与意识形态》，北京大学出版社 2005 年版，第 36—37 页。

念，对神灵具有较强的敬畏意识；从生活方式来讲，他们的行为方式具有优雅化、仪式化的特点，他们的器物用度体现着文饰化的特点；从人格境界来看，他们富有超越精神和高贵的艺术气质。

二 生活方式

生活方式，简单地说，就是人们在饮食起居、言谈举止、社会活动、思维方式中表现出的不同于其他人的特殊方式、方法以及具有他人所没有的生活内容。

具体来讲，生活方式包含两个要点：第一，不同的人做同样的事情时所运用的方法不同。生活中有许多事情，如衣食住行，谁都在做，正像阿格妮丝·赫勒所说："我们都必须睡觉（尽管睡觉的环境不同，睡觉的方式不同），我们都必须吃饭（虽然吃饭的环境不同，吃饭的方式不同）。"① 但不同的时代、不同的民族、不同的人会采用不同的方式和方法，这就形成了不同的文化群体；第二，拥有其他人所没有的生活内容。如佛教徒要吃斋念佛，一般人生活中没有这一项内容，这就是佛教徒特有的生活方式。

周代贵族具有独特的生活方式，正是这种生活方式将他们与平民区别开来，并形成独特的文化气质。生活方式的选择与政治经济地位有一定的关系，随着政治和经济地位的改变，生活方式终究也会发生改变。周代贵族生活方式的形成、发展和衰微贯穿了整个两周的历史过程，这也正是周代贵族文化的发展和衰微过程。

---

① ［匈］阿格妮丝·赫勒：《日常生活》，衣俊卿译，重庆出版社1990年版，第5页。

三　艺术精神与艺术性

周代贵族的艺术精神是指周代贵族进行统治和生活时，能够在直接的功利目的之上追求审美效果、追求精神的愉悦和满足，即能将内在的功利目的隐含在外在的艺术形式中，从而使生活富有一定的超越性和艺术性。在这种精神的影响下，周代贵族有着不同于平民的生活内容，并且在生活中呈现出优雅的艺术气质，在各种仪式中贵族的行为文质彬彬，即便是日常生活的举手投足、侍坐郊游也呈现出儒雅的气质。艺术精神是内蕴，生活的艺术化是艺术精神的外在表现形式。有关艺术精神的概念还有以下两点需要说明：

第一，周代贵族的艺术精神是生活方式之中所包含着的一种内在气质。与后世文人艺术家在生活之外开辟出一个虚幻的艺术空间不同，周代贵族没有专门的、独立的艺术活动，也没有创作出严格意义上的艺术品，他们的艺术精神与生活紧密联系在一起，隐含在言谈举止之中，体现在生活器用之上。所以说周代贵族的艺术精神是一种无意识的体现，而不是有意识的表达。

第二，周代贵族的艺术精神与黑格尔所说的艺术精神不同，黑格尔指出："美就是理念的感性显现。"① 在这里，抽象的、形而上的理念就是黑格尔所说的艺术精神。我们所说的艺术精神不是先验的、抽象的，与现实生活相脱离的精神，而是一种渗透在生活中的精神追求、审美态度和诗意情怀。

---

① ［德］黑格尔：《美学》第一卷，商务印书馆 1981 年版，第 142 页。

第四节　研究方法、研究视角、基本思路

首先，本书运用文化诗学的研究方法。这一研究方法有两个要点：第一，将研究对象置于一定的文化语境中进行分析和研究；第二，对研究对象进行"追体验"①。所谓"追体验"，包含两重含义：一是把握零散的、不连贯的文化典籍的内在逻辑联系，找出零碎的文化文本的内在逻辑关系，力求恢复立体、完整的社会生活图景和思想景观。比如，有关周代贵族生活状况的文献，"三礼"中各有侧重，甚至对同一问题的论述有不一致的地方。这时需要的不是因此而否定文献的参考价值，而是要找出零散文化文本背后的内在逻辑联系。再如，关于孔子思想和言论的理解就应当从总体上去把握其主导思想而不是被只言片语所蒙蔽。二是对贵族的生活和艺术观念进行"追体验"，即根据已有的文献资料和实物资料，设身处地地去体会他们的审美追求、艺术观念。只有深切体会的东西，与我们对生活的思考相切近的东西，我们才能从中获得不同一般的感受。

其次，本书综合运用文献典籍对周代贵族的生活方式进行整理，对周代贵族生活方式中的艺术精神进行提炼。时隔几千年，周代贵族的生活对今人而言已经相当陌生，所幸有一系列文献，

---

① 徐复观《中国人性论史·先秦篇》中对"追体验"的方法有较为详细的解释，他说："（古人的）许多语句，是应机、随缘，说了出来的；于是立体的完整生命体的内在关连，常被散在各处，以独立姿态出现的语句形式所遮掩。假定我们不把这些散的语句集合在一起，用比较、分析、'追体验'的方法，以发现其内在关连，并顺此内在关连加以构造；而仅执其中的只鳞半爪来下判断，这便是在立体的完整生命体中，任意截取其中一个横断面，而断定此生命只是如此，决不是如彼；其为卤莽、灭裂，更何待论。"

如《周礼》、《仪礼》、《礼记》、《诗经》、《左传》、《国语》、《论语》等，虽然不能够全面再现周代贵族的生活内容，但综合运用这些文献，也基本能将周代贵族生活的主要内容勾勒出来。透过文献典籍，庄严肃穆的宫廷礼乐似乎还在回响，周天子祀天礼地的场景仿佛还在眼前，贵族燕飨时"呦呦鹿鸣"的吟咏似乎还萦绕在耳畔，黄昏时分的夫婿授绥仪式也仿佛还在进行，在文献典籍的字里行间，周代贵族行进的车上鸾和之声还隐隐在回响……周代贵族的艺术精神正蕴涵在这些富有诗意的生活细节之中。

最后，我们要尽量地运用新的考古资料，使结论得到实物的印证。近年来周代考古工作的进展为我们提供了可贵的实物资料，如北京琉璃河西周燕国墓地、宝鸡茹家庄强国墓地、西安沣西张家坡井叔墓地、韩城周代芮国贵族墓地、上村岭虢国贵族墓地、山西太原赵卿墓等墓葬的发掘和整理为我们了解周代贵族的生活方式、审美追求及艺术精神提供了丰富的、有价值的实物资料。这些考古发现，不仅能更全面地展现周代贵族的生活状况，而且能够弥补文献记载的不足，使周代贵族生活方式的整理和艺术精神的挖掘变得更加有理有据，因而，我们要努力与实物对话，用心倾听它们在诉说着什么。

从研究视角来讲，本书所选取的是美学研究的视角，即从周代贵族的生活切入，但研究的落脚点却在于对贵族生活中所蕴涵的艺术精神的提炼、对周代审美意识的探讨。此外，本书将动态地看待周代贵族的艺术精神。从西周到春秋再到战国，社会生活状况发生了很大的变化，贵族的社会处境和精神状态也发生了很大变化，所以我们将在一个不断变动的历史发展过程中来探讨贵族生活方式和艺术精神的发展和演进过程。

本书的基本思路：（1）通过"三礼"、《左传》、《诗经》、

《尚书》等典籍勾勒出周代贵族生活方式的艺术化特点；（2）通过对考古资料的梳理，总结和提炼周代贵族器物的美学精神；（3）将贵族生活分为仪式化生活和日常生活两个层面，分为举止方式、礼乐追求、器物审美三个角度进行论述；（4）揭示周代贵族生活方式及其艺术精神从西周到春秋战国发展演变的历程，并探讨其衰微的原因。

上　编

周代贵族的生活方式、审美追求
及其艺术精神

西周建立伊始，周公制礼作乐，以礼乐文化作为统治方式，周代贵族统治因而具有了艺术化的色彩。肃雍和鸣的礼乐，优雅的举止，华美的服饰，精致的器物等等，既是政治统治的象征和标志，又形成了贵族生存的艺术空间。因而，在周代辉煌的礼乐文明中，艺术精神主要不是虚拟的艺术品中所蕴含的精神气质，也不是艺术所带来的超然的审美境界，而是真切的生活方式本身所彰显出的艺术精神。这奠定了后世在生活之中创造美、追寻美和发现美的传统，也成为后世官方进行审美意识形态统治的源头。

书稿第一部分力求对周代贵族的生活方式及其艺术精神予以勾勒和整理。为了论述的方便，我们将分为周代贵族生活方式及其艺术精神形成的历史文化语境分析、仪式化生活方式中的贵族艺术精神、蕴涵在器物中的美学精神等几个层面来进行讨论，这几个层面中不乏交叉重合之处，但是，我们力求在各部分的论述中都有所侧重。

第一章

周代贵族生活方式及其艺术精神形成的
历史文化语境

周代贵族的生活中有着独特的艺术气质，从雕饰精美的青铜器到小巧精致的车马饰，从迎来送往的礼节到日常生活中的行走坐卧等等，无不表现出高贵典雅的艺术精神。每一个时代的精神气质的形成都不是空穴来风。粗略来看，周代贵族艺术精神的形成与周代的天神观念、等级体制、宗法制、贵族教育等有着密切的关系。

第一节　周代贵族地位的确立与
艺术精神的形成

一　天命观念与西周贵族的精神生活空间

早在史前时期，中国人的生活世界中就已经出现了神灵观念，到殷商时期神权与王权合一，整个殷商社会有着浓厚的宗教迷信思想，认为在人之上有着无形的统治力量，认为商王的统治是受到上帝的佑护的。西周建立以后，天命观念受到周人的怀疑。但人类思想的发展有一定的延续性，不可能发生思想文化上的突转，加之周承商制，因而天命观念仍是影响周代思想文化的重要因素。

在周人的生活中天和其他神灵都具有重要的地位，天是周人进行统治的理论依托。武王伐纣，建立了周王朝，但周人对意想不到的巨大成功诚惶诚恐，对周战胜殷商的史实不断进行反思。《史记·鲁周公世家》记载，周公"一沐三捉发，一饭三吐哺"[①]。《史记·周本纪》记载，武王在伐纣胜利后依然"自夜不寐"，表现出了寝食难安的生活状态。当周公旦询问武王时，武王说："我未定天保，何暇寐！"[②] 从武王和周公的对话可知，令武王惴惴不安的是，他还不能确知周的统治是否有着牢靠的理论根据。周以蕞尔小国推翻泱泱大国，这是否是对天意的违背？是否会受到天的惩罚？经过痛苦的思索，最后周人还是从上天那里找到了统治的根据。周人指出，商王不敬上天，所以上天降灾给殷商，而周人具有德行并能奉行上天的威命，所以能替天行罚，摧毁殷商的统治。因而建立周朝是上天旨意的体现，周的统治是对天的权威性和神圣性的体认。

周代贵族的宗法制也是天意的体现。嫡与庶不是人力所能决定的，嫡长子的继承权是遵循天意安排的结果。建立在天意基础之上的贵族特权，神圣不可侵犯，即具有先验性，是不可证明、不能怀疑的。同时，各级贵族的特权也是秉承天意的结果。周王对贵族的分封和册命，一般都要在祖庙举行隆重的仪式。在神的面前册命，表示各级贵族的统治都是神意的体现。同时，也希望

---

① （汉）司马迁：《史记》，中华书局 1982 年版，第 1518 页。
② 同上书，第 129 页。

君臣间的权利义务关系受到神的监督。天命观成为贵族统治合法性的理论根据。

天命观念也是周人时刻约束自己行为的内在根据。天神的存在使周人具有浓重的敬畏意识。在这种无形的神灵的统治下，周人对人、对事、对自然界的变化都充满敬畏之情。日食、地震、干旱等自然界的灾异征兆都会引起周人的惊惧，会促使他们反省自己的行为。因为时刻受到一种无形力量的监督，所以周人的行为就分外谨慎。这一方面形成了周代贵族谨慎小心的人格特征，同时也使周代贵族将更多的注意力集中在对自我行为的调整上。这是周代贵族行为举止符合规范，从而具有审美价值的内因。

天命观念的存在不仅使贵族具有敬畏意识，更重要的是，天命观念的存在，在物质生活层面之上，建构了一个更为丰富和广阔的精神存在空间，使周代贵族拥有了物质生活和精神存在两个层面，从而使他们的生活表现为立体化的生活结构图式，使他们的生活具有一定的深度。这种生活的深度模式是周代贵族生活具有艺术精神的条件。艺术精神就是在平面的、物质的生活层面之上还拥有深层的精神追求和意义生成空间，就是在追求口腹之欲、田产官爵的同时，还拥有超功利的审美追求。

天命观念是周代贵族独特的精神生存空间的基础。周平王的东迁，诸侯势力的发展使天命观念发生动摇，整个春秋时期，周人生活在对天命观念的犹豫和怀疑之中，也生活在对自身统治合法性的困惑和思考之中，直到战国时期，科技、经济和商业的发展进一步摧毁了天命观念，也摧毁了周人生活的精神空间。随着天命观念的衰落，贵族精神以及贵族生活所特有的艺术精神也就衰落了。

二 等级制与周代贵族审美权利的等级划分

西周建立初期，统治者实行了分封制。据《史记·周本纪》记载，从武王到成、康之世相继进行了大规模的分封，分封了同姓诸侯、异姓诸侯、功臣和殷商后裔等。这些诸侯是周代贵族阶层的主体。诸侯又将土地和人口分封给下面的卿大夫，这样就形成了土地的层层分封，以及与此相应的封建等级制度。贵族的层级主要包括天子、诸侯、卿大夫、士。各级贵族之间，君臣之间，要讲等级和尊卑关系，这种"尊尊"原则，成为维护周代统治秩序的重要原则，也成为周代贵族存在的社会基础。

周代统治者通过等级的划分，使各级贵族都有了明确和固定的社会地位。这一方面使贵族社会具有了上下贵贱的等级秩序，同时又使各级贵族的既得利益得到制度上的保障和巩固。与中国历史上其他朝代的分封制度相比，周代贵族拥有土地、人口并掌握着对诸侯国独立的治理权。汉初刘邦封七个异姓王和九个同姓王。开始分封过宽，后来又裁撤过激，最终酿成了"七国之乱"。之后，诸侯王不能自己治民补吏，诸侯王已名存实亡。明朱元璋定天下，封诸子三十九人，但诸王不得干预政事，封建实已成强弩之末。而清初之封三藩，不过是权宜之计。至于历代其他时期的封建子弟，则大都不过是以爵名受廪禄而已。魏文帝时，虽然分封了诸王，但实际上等于禁锢，诸王行动都不自由，连衣食也受到监视。相对而言，周代的贵族不但拥有土地，还拥有较多的自由，是中国历史上最优越的一个贵族阶层，西周贵族的心态也最为平和，因而他们能创造出最为优雅的贵族文化。

等级礼制不仅体现在各种祭祀和典礼中，还体现在日常生活的方方面面，城庙、器用、衣食住行、穿戴佩饰、举手投足、交游嬉戏等都表现出明显的等级特征。这就形成了周代贵族文化的等级制特征。

　　等级制对贵族文化的影响主要表现在：将审美对象也进行了
等级划分，使各级贵族都心安理得地享受属于自己的审美权力和
审美对象。同时由于很多审美对象本身就是等级的标志，所以等
级的划分从一个侧面也使美作为等级标志的地位得到了彰显，使
美的价值得到了更大的凸显。总体来讲，等级划分既使美的发展
受到钳制，同时又使美在等级的框架中得到了强化。

三　宗法贵族地位的确立与悠闲审美心境的形成

　　与分封制相伴而存在的是周代的宗法血缘关系。可以说宗法
制是维护封建制度的产物，封建制度依靠宗法制得以存在。贵族
统治的稳固性还有赖于血缘这条纽带。周王分封的对象多数都是
姬姓公族，即使是异姓诸侯，也都与王室有婚姻方面的亲缘关
系。这样，以血缘关系为基础的周王朝就结成了一个庞大的亲情
关系网。周王室与各诸侯国有"伯父"、"叔父"、"伯舅"、"叔
舅"等关系。这样周代就形成了以宗法血缘关系为内在构架，
以嫡庶关系为根据的统治网络。周王朝通过宗法关系来控制各诸
侯国，就像家庭成员必须服从家长的支配一样，各诸侯国又都从
亲情关系出发服从周王的统治。周代统治者以"亲亲"原则形
成统治集团内部的有序状态，贵族的统治就建立在相对稳定、牢
靠的基础之上了。崇拜先王与崇拜上帝二者的结合，既为王权涂
上一层神秘的色彩，建立了一个形而上的根据，又为贵族的统治
笼罩上一层温情脉脉的血缘亲情的面纱。

　　建立在宗法血缘关系基础之上的世袭贵族，不用担心自己的
前途和命运，他们衣食无忧，不用拼命地跻身官场，因为身份的
"贵"与"贱"，不在于是否当官，而在于出身和血统（一般来
讲，贵族的嫡长子如果没有残疾痴呆等毛病，都会世袭长辈的官

职)。贵族一出生就天然地拥有高贵的社会地位,具有执掌政治、军事、文化特权的可能。对社会地位、土地和人口的拥有使贵族有较稳定的社会地位和生活保障,能过上衣食无忧的生活。有了这些保障,他们自然就会有悠然、娴静的心境。这给他们进行精神性的思考和在实用功利目的之上追求事物的审美价值提供了一定的条件。所以说宗法制是周代贵族优雅生活方式的基础。

四 礼乐文化与贵族的诗意生存

周代贵族统治地位的确立不仅要依靠天命观念、宗法血缘关系和等级制,还有赖于礼乐文化。礼乐制度既是国家的统治大法,也是规范贵族行为的准则。周人认识到商的灭亡是因为纣王好酒纵乐,贪图安乐,不顾忌百姓的怨恨,致使上帝给殷邦降下了惩罚,所以周人应该借鉴商亡的教训。正是在借鉴商亡教训的基础之上,为了配合宗法孝顺观念和强化君臣上下的等级意识,周代统治者推出了礼乐制度。在礼乐制度下,从祭祀到庆典再到日常行为都要遵循种种礼节规定。礼乐制度是维持贵族地位的手段,礼乐制度也是周代贵族的人生枷锁,束缚和限制了人的许多生存自由。但是,周代贵族正是戴着礼乐制度的枷锁跳出了那个时代最为美丽的舞蹈。

礼乐文化成为贵族生活艺术化的表现形式。首先,周礼规定了贵族的行为方式,要求贵族的举手投足都要合乎一定的规范。所以贵族的行为能显示出内在的修养,透显出一种温文尔雅的艺术气质。尤其是在仪式化的生活中,在典雅的礼乐的伴奏下,贵族的行为显得是那样地庄重和优雅。这就使周代贵族的行为本身具有了审美意味。其次,在周代贵族的典礼中,常常要演奏礼乐,这就使贵族生活笼罩在诗意的氛围中。礼乐文化是周代贵族文化最突出的特征。在礼乐文化中周代统治阶级将等级政治的维持纳入美的形式之中，使直接的政治统治目的隐含在礼乐形式的背后，从而使周代贵族的生活表现出诗意性。

第二节　周代贵族教育与贵族艺术气质的养成

　　贵族品格的养成在很大程度上有赖于周代的教育制度。周代贵族教育的目的不只在于传输知识，还在于对言谈举止进行规范化训练。在贵族的教育体制之中，艺术素养的培养占有很大比重，这种教育的结果无疑会使贵族子弟具有独特的艺术气质。所以说，周代贵族的教育是一个从各个方面培养贵族的过程。

一　周代的贵族教育

　　周代贵族对子弟的教育非常重视，认为"玉不琢不成器，人不学不知道"[①]，力求通过教育将子弟塑造成举止适度又有涵养的贵族。

　　受教育是贵族儿童生活中的重要内容，贵族行为的规范性和审美性正是通过教育得到传承的。就家庭教育而言，可以说，从孩子刚刚出生教育过程就开始了。周代贵族儿童的抚养有专门的育儿室，还要在诸母及其他妇人中选择"宽裕、慈惠、温良、恭敬、慎而寡言者，使为子师，其次为慈母，其次为保姆，皆居子室"[②]。宽裕、慈惠、寡言的老师，以及慈母、保姆等人环绕在婴儿的身边，形成了一个慈爱、温厚的教育氛围。从育儿人员的选择标准可以看出贵族崇尚的是温柔敦厚的教育理念。

---

① （清）孙希旦：《礼记集解》，中华书局 1989 年版，第 957 页。
② 同上书，第 763 页。

　　到了幼儿阶段，贵族子弟的教育就有了较为明确的教学内容。一般十岁以前学习日常生活礼仪和幼仪。《礼记·内则》记载，小孩能独立吃饭时，就教其用右手吃饭。等到能说话时，教男童回答大人的问话用"唯"，女孩用"俞"。在穿着方面，要体现男女性别的差异，男孩的鞶囊用革制成，女孩的用丝制成。六岁时，开始学数数。七岁时男女孩不同席，不同食。男孩教以阳刚之气，女孩教以阴柔之美。八岁教导其礼让长者，九岁教以干支节令。十岁时就要出外跟老师学习。应当说，到十岁时儿童的家庭教育就告一段落了。

　　男孩子十岁以后就要接受学校教育。在入学之前，要举行释奠礼和释菜礼。释奠礼，就是陈设酒食用以祭祀先圣先师。释菜礼，就是用蘋蘩等菜蔬祭奠先圣先师，用以表达对他们的崇敬之心。有了这样的仪式，正规的学校教育阶段就开始了。周代的学校教育较夏商更为完善，学校的结构也更为完备。大体来说，西周的学校分为"国学"和"乡学"两种。国学是中央设立的学校，有"大学"和"小学"之分。小学设在王宫南边左侧，大学设在国都的南郊。周天子的大学叫"辟雍"，诸侯国的大学叫"泮宫"。这些学习的场所，一般都是三面环水，一面留有通道。中间是高地，高地上设有厅堂（明堂），附近广植林木。树林中鸟兽群居，以供习射。山水宜人的自然景观具有陶冶贵族子弟性情的作用。

　　女孩子十岁以后，就不能随便出门了，要待在家里，由傅母教她如何做一个温婉柔顺的女性。同时还要学习纺麻织布、煮茧缲丝、纺织缯帛丝缘、制作衣服等活计。如果到了祭祀时，则要观察和学习如何捧酒、浆、笾、豆、菹、醢等祭品和祭器的礼仪，按照祭礼的要求帮助大人放置祭品和祭器。

　　从十岁以后贵族子弟的教育内容来看，既有知识的培养，也包括言谈举止的规范化教育，同时还颇重男女性别意识和社会责任意识的培养。教育的目的是使贵族儿童的行为符合当时社会的审美标准。如教女孩说话做事要柔婉，就是要使女孩的声音情态符合当时社会的审美标准。

总体来看，贵族教育就是培养贵族的过程。周代贵族教育从言行举止等各个方面对贵族进行全方位训练，最终使贵族子弟成为一个一颦一笑都适度、合礼的人。

二　贵族教育与贵族艺术气质的养成

周代贵族有着浓厚的艺术气质。这种气质的养成与贵族的教育方式和教育内容有着密切的联系。在贵族的教育中，不仅要进行举止言谈以及文化知识等方面的教育，还有着丰富的艺术素养的训练。

周代贵族子弟教育要遵循时令，"春夏学干戈，秋冬学羽籥"[1]，"春诵夏弦，大师诏之瞽宗；秋学礼，执礼者诏之；冬读书，典书者诏之。礼在瞽宗，书在上庠"[2]。即春天诵读《诗经》，夏天用弦乐伴奏，秋天在瞽宗学礼，冬天在上庠读书，都有专门的教师指导，这就是贵族的教育。在学习的过程中伴随着对季节变换的体认。也许周代贵族自己并没有意识到这其中的诗性成分，但是我们隔了几千年的时空再看古人的这一教学方式，就深感这种教学方式可以使学生更多地去感受自然的变换。这种感受本身就是一种诗意精神的培养，体现了天人合一的美学精神。

从教学内容看，周代贵族的教育也有助于诗性气质的培养。

---

① （清）孙希旦：《礼记集解》，中华书局1989年版，第555页。
② 同上书，第557页。

《周礼·地官·保氏》中讲到了贵族子弟学习的主要内容："乃教之六艺：一曰五礼，二曰六乐，三曰五射，四曰五驭，五曰六书，六曰九数；乃教之六仪：一曰祭祀之容，二曰宾客之容，三曰朝廷之容，四曰丧纪之容，五曰军旅之容，六曰车马之容。"[1]可见周代贵族教育内容是相当宽泛的，既包括贵族子弟必备的六种技艺的教育，也包括六种礼仪中的仪容教育。六艺主要指的是礼（各种礼仪）、乐（音乐舞蹈）、射（射箭）、御（驾车）、书（书写）、数（计数）等。六艺中的礼又包括吉、凶、宾、军、嘉五礼。御包括鸣和鸾、逐水曲、过君表、舞交衢、逐禽左五种驾驭技巧和方法。礼乐射御的学习是有一定难度的，所以，大学以诗、书、礼、乐为重点，小学则以书、数为重点。《礼记·内则》记载："十有三年，学乐，诵诗，舞《勺》。成童舞《象》，学射御。"[2]即十三岁才可以学习礼乐、学习诵诗、学习《勺》舞。到了十五岁以后才可以学习舞《象》舞和射御。二十岁行冠礼，才开始学习各种重大的礼仪，也才可以穿皮裘和丝帛制成的衣服，学习名叫《大夏》的大型舞蹈，笃行孝悌之道。经过了六艺的学习和训练，贵族子弟就成为一个拥有各种技能和艺术气质的人。

周代贵族的艺术气质还集中体现在音乐素养方面，而在贵族的教育中，音乐教育是其中很重要的一个方面。几乎王室中的每一个乐师都身兼二任，既要负责在各种仪式中演奏不同的乐器，也要负责对贵族子弟进行某一方面的音乐训练。如小师的职责是"掌教鼓鼗、柷、敔、埙、箫、管、弦、歌"[3]，即给贵族子弟教

①　（清）孙诒让：《周礼正义》，中华书局 1987 年版，第 1010 页。
②　（清）孙希旦：《礼记集解》，中华书局 1989 年版，第 770 页。
③　（清）孙诒让：《周礼正义》，中华书局 1987 年版，第 1856 页。

授各种乐器的演奏方法以及歌唱的方法。磬师的职责是"掌教击磬、击编钟。教缦乐、燕乐之钟磬"①，即教授子弟如何敲击编磬、编钟，教授配合缦乐、燕乐演奏钟磬。笙师掌管教授子弟吹奏竽、笙、埙、籥、箫、篪、簧、管等乐器的方法。籥师掌管教国子手执羽毛吹籥而舞。

周代宫廷乐师的职责不仅在于教授乐器，还在于培养贵族艺术气质。如乐师的职责是"掌国学之政，以教国子小舞。凡舞，有帗舞，有羽舞，有皇舞，有旄舞，有干舞，有人舞。教乐仪，行以《肆夏》，趋以《采齐》，车亦如之，环拜以钟鼓为节"②。这就意味着各种乐师的职责不仅要教授各种乐舞，而且要将贵族子弟的行为本身培养得具有音乐性，行走的时候，其节拍要符合《肆夏》，快步小跑要符合《采齐》之节奏，环拜要符合钟鼓的节奏。大胥的职责也是教导贵族子弟的行为具有一定的音乐性，"春入学，舍采，合舞。秋颁学，合声。以六乐之会正舞位，以序出入舞者"③。春天，贵族子弟入学，大胥就教他们合舞，使他们的进退符合节奏；秋天，颁布他们的学习成绩，要使他们的进退揖让符合一定的节奏。用六乐与舞蹈相配合并确定舞者的位置，根据年龄的大小排列舞者出入的顺序。可以说，音乐的作用就在于通过协调人的行为，进而形成一种温和的性情，同时，通过音乐的训练，贵族的行为举止中就具有了一种音乐的节奏，行为本身也就具有了艺术的意味。可见音乐教育本身，就是一个塑造贵族和培养贵族艺术精神的过程。

仪容和仪态是贵族气质的外在显现，所以贵族教育中对子弟

---

① （清）孙诒让：《周礼正义》，中华书局 1987 年版，第 1881 页。
② 同上书，第 1795—1796 页。
③ 同上书，第 1815—1821 页。

在何种场合应当有何种仪容有严格的规定。《周礼》记载，国子的教育有六仪教育，即祭祀之容、宾客之容、朝廷之容、丧纪之容、军旅之容、车马之容。可以说，贵族的仪容仪态是被规训的结果。当然，端庄适度的举止和容颜也使贵族的举止具有一定的艺术性。

贵族教育在贵族气质的养成中起了很大的作用。正如孔子所说："入其国，其教可知也：其为人也，温柔、敦厚，《诗》教也。疏通、知远，《书》教也。广博、易良，《乐》教也。洁静、精微，《易》教也。恭俭、庄敬，《礼》教也。"① 可见，不同的教育内容会培养出不同品质的人。从周代贵族的教育可以看出，贵族教育的目的不仅是从技能方面培养人才，还在于要将贵族子弟培养成举止和谈吐都很高贵的人。所以说，贵族的高贵，不仅仅表现在他们拥有田产和爵位，还表现在他们有着高贵的内在精神和气质。内在的高贵气质需要长期的训练，它不是一朝一夕可以形成的。

贵族的教育一直都带有封闭性，只限于贵族子弟，直到春秋后期，私学兴起，尤其是孔子兴办私学，实行"有教无类"的教育原则，才打破了贵族教育的封闭性特点。这一方面使贵族的教育理念普及到平民中，另一方面也对贵族的教育体制形成冲击，使学在官府的教育体制变成了百家之学，贵族的教育体制开始走向衰微，贵族独特的生活方式和精神修养也开始消失或民间化。所以说，贵族教育在贵族的存在和发展中起着很重要的作用。贵族教育的解体意味着贵族尊贵身份和他们的艺术精神的衰微。

---

① （清）孙希旦：《礼记集解》，中华书局 1989 年版，第 1254 页。

　　综上所述，我们认为周代的政治制度在使周代贵族的统治地位和身份得到有力保障的同时，也为创造出具有艺术精神的文化提供了条件。天命观念使周代贵族的生活有了精神的纵深度；等级礼制和宗法血缘关系的保障，使贵族拥有进行审美鉴赏活动的悠闲心境；礼乐文化本身就是一种统治的艺术，在礼乐文化的熏陶下，贵族的言谈举止、形容仪态都符合一定的规范。这些符合规范的行为举止本身成为具有审美价值的观赏对象。此外，教育在贵族审美化生存方式的养成中具有非常重要的地位，可以说，贵族教育，就是培养贵族艺术精神和艺术气质的教育。

第 二 章

周代贵族仪式化生活方式中的
艺术精神

　　无论在典礼中，还是在日常生活中，周代贵族的行为都具有中规中矩的特点。这种规范化的行为常常超越了实际功用目的，而抽象成一种符号，具有了艺术表演的性质，从而呈现出浓厚的艺术性。本章以《周礼》、《仪礼》、《礼记》[①] 中的文献记载为主要依据，以出土实物资料为佐证来探讨蕴涵在周代贵族行为方式中的审美追求和艺术精神。

---

　　① 关于"三礼"的真伪、创作的年代一直处于争议之中。笔者的态度是：第一，也许"三礼"不全是历史的实录，但是，毫无疑问，"三礼"是以西周社会为陈述背景的，它比较全面细致地为我们提供了周代贵族文化的基本状况；第二，将"三礼"中的记载和《左传》、《国语》、《诗经》等材料相互对照就会发现，虽然各种材料中的记载有一些出入，但其主体精神是一致的，这表明各种材料中所载，基本上反映了周代社会的状况；第三，有关商周时期的出土实物资料，虽不是件件都与文献记载的细节吻合，但是出土实物基本上与文献所载的事实相符。因此，经过分析和甄别，"三礼"在周代文化研究中还是可以作为重要参考的。

第一节　雍容典雅的礼仪与周代贵族的艺术精神

西周政权刚刚建立时，天子和各等诸侯都能够小心谨慎地反思和吸取殷商覆亡的教训，采取各种措施巩固刚建立起来的政权，礼乐制度就是周初统治者巩固政权的主要举措之一。礼既是西周初年的各项典章制度，又是具体的行为准则和规范，还是种种民风民俗，而礼乐仪式是周礼最为典型的表现形式。周代贵族的一生中要经历无数次礼仪，从出生仪式到丧祭仪式，从冠礼到婚礼，从乡饮酒礼到诸侯国之间的朝聘礼，等等。任何一次礼仪几乎都是对统治意志的一次传播，也是对贵族周旋揖让的行为规范的演示。仪式在周代贵族的生活中占有很重要的位置，周人生活的意义是通过一系列仪式建构起来的。我们将这种通过各种仪式来确定生命意义的生活方式称为仪式化的生活方式。换句话说，仪式化的生活方式指的是周代贵族通过一定的仪式和程序来确立生命阶段、确立夫妻关系、确立诸侯国以及贵族之间关系的生存方式。

生活的艺术就是在实用功利目的之上，对生活进行加工和改造，使生活本身具有一定程度的艺术性。生活的艺术使人的自然生存状态具有了一定的超越性。正是在这一点上，礼仪化的生活方式与艺术是相通的，具有一定的审美价值。在周代贵族仪式化的生活方式中蕴涵着浓厚的艺术性，体现着周代贵族的艺术精神。正如《礼记·少仪》中所讲的："言语之美，穆穆皇皇。朝廷之美，济济翔翔。祭祀之美，齐齐皇皇。车马之美，匪匪翼翼。鸾和之美，肃肃雍雍。"① 这是在周代贵族统治体制下所形

_____

① 　（清）孙希旦：《礼记集解》，中华书局 1989 年版，第 934 页。

成的审美境界。

　　礼仪的社会价值已经非常明确，如《礼记·经解》中所讲
的："故朝觐之礼，所以明君臣之义也。聘问之礼，所以使诸侯
相尊敬也。丧祭之礼，所以明臣子之恩也。乡饮酒之礼，所以明
长幼之序也。昏姻之礼，所以明男女之别也。夫礼，禁乱之所由
生，犹坊止水之所自来也。"① 由此可见，各种礼仪所要达到的
意识形态目的是较为明确的。但是时隔三千年，我们看周代贵族
的生活方式，不仅可以看到其中的意识形态蕴涵，还可以看到这
种生活方式中所包含的审美意义和美学价值。所以，我们的论述
要点不再是对礼仪程序的整理，也不再是对礼仪的意识形态意义
的挖掘，而是通过几种具有代表性的仪式的梳理来对周代贵族仪
式化生活方式中所蕴涵的艺术精神予以挖掘。

一　出生礼——自然存在向社会存在的过渡

　　周代贵族子弟生活在浓厚的礼乐文化氛围之中，他们的仪式
化生活从出生的那一刻就开始了。一系列的出生礼仪首先要确定
和强化的就是周代贵族儿童的性别意识和社会角色意识。《礼
记·内则》记载："子生，男子设弧于门左，女子设帨于门
右。"② 意思是男孩子一出生就要在门的左边挂一张弓，表示这
个孩子的生活将与弓箭联系在一起；女孩子出生后就要在门的右
边挂一条帨巾。帨巾是用来擦拭污垢的生活用品，在家时挂在门
右，外出时系在身左。女孩子出生时挂一条帨巾，表示她们的生
活将与帨巾联系在一起。古代女子出嫁时，母亲授以帨巾，后世
遂称女子的生辰为帨辰。通过这一文献记载，我们可以想见在三

---

① （清）孙希旦：《礼记集解》，中华书局 1989 年版，第 1257 页。
② 同上书，第 761 页。

千多年前的周代贵族社会中，一个孩子出生了，长辈是怎样忙碌着、以怎样兴奋和喜悦的心情将帨巾挂在门右，将弓挂在门左。这些小小的举动构建的是孩子出生的社会意义，同时这些行为中已经蕴涵着戏剧表演的意味。

贵族子弟出生后还要举行一系列的礼仪。据《礼记·内则》记载，在太子出生三天后，要举行接子礼。即太子出生以后，报告国君，国君设太牢礼以迎接太子的出生，即在太子出生的那个房间陈设馔具，摆一桌酒席来迎接孩子的降临。礼制规定，如果是国君的世子出生了，就要接以太牢之宴；如果是其他级别的贵族子弟出生，接子礼所陈设的牺牲就要依照等级而递减。

除了接子礼外，还要举行射礼。不仅太子出生要举行射礼，一般贵族子弟出生也要举行射礼。举行射礼时，用桑木弓将蓬草茎制作的六支箭，分别射向天地和四方。天地四方，是男子有所作为的广阔空间，射箭是古代男子英武之气的体现。当用桑木弓将蓬草茎制作的六支箭分别射向这六个方位时，人就成为天地四方所形成的空间中的一个有机组成部分。而向天地四方射箭的仪式，一定是严肃而庄重的，也具有一定的可观赏性。

孩子出生满三个月，要举行命名礼。据《礼记·内则》记载，在孩子出生满三个月时，要选个吉祥的日子为孩子理发，一般男孩留下头顶两旁的头发，好像牛角一样。女孩则在头顶上纵横各留一道，呈十字相交形。或者是男孩在头顶的左边留下一块胎毛，女孩在头顶右边留下一块胎毛。如果是太子出生，行命名礼那天，国君要沐浴，穿朝服。夫人也是这样。父亲如果是卿大夫以上的贵族，行命名礼时，则要穿着新制的衣服，命士以下的贵族也要穿着洗涤干净的衣服。行命名礼那天，无论男女都要早早起床，并准备好夫妻共同进餐的食物。

命名礼的具体礼节是，丈夫入门从阼阶升堂，在阼阶上面向西而立。妻子抱着孩子从房间出来，面朝东，在西阶上正对屋楣的地方站立。保姆站在妻侧稍靠前一些的地方向丈夫传辞说："孩子的母亲某，谨在今天这个时候，让孩子恭见父亲。"丈夫回答说："教孩子懂得恭敬，凡事都遵循礼仪。"然后父亲一只手握着孩子的右手，另一只手托着孩子的下巴为孩子取名。母亲说，记下这个名字吧，希望他将来会有出息。之后妻子再把孩子的名字告诉妇人和各位庶母，丈夫则把孩子的名字告诉家宰，家宰再把孩子的名字告诉同宗的男子。接下来还要郑重记下孩子的名字并收藏起来。

通过孩子出生时的各种礼仪，个体出生的偶然现象变成了整个社会都要加以关注的事件，自然的个体生命从此开始得到社会群体的认同，个体从一出生就进入了社会群体之中，成为其中的一员。通过对出生礼仪的描述，我们可以看到这些礼节都具有戏剧表演的性质，每一个程式都是固定的，甚至有些夸张的成分，但恰恰是这些行为模式形成了周代贵族生活的艺术性。

二 冠礼的艺术性

（一）冠礼的主要仪程及其艺术性

在周代，冠是贵族身份的标志，所以对贵族而言非常重要。哀公十五年卫国发生内乱，孔子的学生子路被人砍断了冠缨，在紧要关头，他不顾性命，放下武器，整好衣冠，绑好系冠的缨，并说"君子死而冠不免"，结果被对方杀了。可见当时的贵族把象征身份的冠看得比生命还重要。在当时的贵族社会中，当冠而不冠是"非礼"行为。《晏子春秋》中记载：一次齐景公喝得烂醉，乘着酒兴，披头散发，驾着马车奔出宫门。守门人看见了，硬是把马车给赶了回去，并说："你不是我们的国君吗?"结果齐景公羞愧万分，第二天竟然不好意思上朝。

　　冠对贵族而言有着如此重要的意义，加冠礼仪自然也有着非同寻常的意义。《礼记·冠义》载："凡人之所以为人者，礼仪也。礼仪之始，在于正容体，齐颜色，顺辞令……故冠而后服备，服备而后容体正，颜色齐，辞令顺。故曰：'冠者，礼之始也。'是故古者圣王重冠。"① 《礼记·内则》曰："二十而冠，始学礼，可以衣裘帛，舞《大夏》，惇行孝弟，博学不教，内而不出。"② 加冠礼的意义在于使贵族子弟体态端庄，表情得当，言词和顺。到了二十岁的时候，贵族子弟已经学习了礼、乐、射、御、书、数等"六艺"，知识结构大致完备，身体也已经发育成熟，可以独立承担社会事务了，所以应当在适当的时候举行加冠礼。一般来说，贵族子弟平时不能穿裘皮衣服，但是冠礼之后就可以脱去童子衣，而穿上裘帛之衣。古人很看重冠礼，天子、诸侯的嫡长子，如果没有举行过冠礼，就没有资格亲政。比如周武王死后，成王年幼，还没有举行过冠礼，故不能亲政，只能由周公来摄政。加冠的最终目的在于维护贵族的宗法礼制，但加冠仪式本身也不乏艺术性和审美性。

　　冠礼对贵族具有重要的意义，所以要在宗庙中由父亲主持举行。冠礼之前要非常谨慎地筮日、筮宾。筮日时，即将加冠者的父兄身着玄冠、朝服、缁带、素韠，在门的东边，面朝西站立。而参与加冠仪式的其他人员，包括宰、筮人、宗人和摈者、赞者（协助执礼的人员）等也要身穿和主人一样的服饰，面朝东，恭敬地站立在门的西边。筮日、筮宾的仪节中贵族的服饰色调和站立位置，营造了冠礼隆重而严肃的氛围。在这种氛围中，个体从思想上不敢将其等同于日常生活，从而在心中升起恭敬之感。

---

① （清）孙希旦：《礼记集解》，中华书局 1989 年版，第 1411 页。
② 同上书，第 771 页。

　　冠礼的正宾一般由德高望重的人担当。冠礼之日，正宾必须到场，否则不能成礼。所以，人选一旦确定，主人首先要前往正宾的家中邀请正宾，并告诉正宾，自己的孩子将要举行加冠的仪式。举行仪式的前一天，主人还要再次去正宾家邀请。主人拜见正宾时，正宾出门左，面朝西拜主人；主人站在门的西边，面朝东答拜，并说，我将给孩子举行加冠礼，特前来邀请您去主持。正宾回答说，这么重要的事情，我哪敢不早早地准备去参加啊！主宾之间的对话，是既定的程式化的语言。当语言传达信息的功能弱化，语言就超越了实用性，而具有表演性和艺术性，虽然它本身并不是艺术。

　　在加冠的当日，一大早就要将冠礼中所要用的服装以及各种礼器都布置好。行加冠礼时所要穿的服装陈设在东房的西墙下，衣领朝东，最尊贵的服装放在最北边。其中有爵弁服一套，包括纁裳、丝衣、缁带和赤黄色的蔽膝等；皮弁服一套，包括白鹿皮制作的冠、腰间有褶皱的裙子、缁带、白色的蔽膝、白色的鞋子等，其中鞋子的絇、繶、纯都是黑色的；玄端服一套，包括缁布冠、玄色、黄色或杂色的下裳一件、缁带、赤而微黑色的蔽膝、黑色的鞋子等，其中鞋子的絇、繶、纯都是青色的。

　　这里所罗列的服饰中包含着周代贵族对服饰美学的理解。首先，冠礼中所要加的冠服从形制、质地到色彩都有严格的礼制规定。对衣冠的礼制规定使衣冠神圣化，从而使冠礼神圣化；其次，三套服饰都注重色调的配套和协调。如皮弁冠主要以白色为主，这样衣和裳之间就比较协调，具有整体性的审美效果；第三，为冠礼准备的服饰按照一定的顺序依次排列，这一排列方式体现了一种秩序美。秩序美这一概念还没有引起人们的重视，事实上，有很多时候审美感受来源于一种有条不紊的形式和秩序。实验美学认为，有规律的线条比杂乱无章的线条耗费人的注意力少，因而更能引起美感。在冠礼中的服饰排列就体现了这种秩序美。

在举行冠礼的当日，将冠者身着用缁布做成而镶以朱锦边的彩衣，用朱锦束着发髻面朝南站在房中，等待具有人生转折意义的加冠仪式。等待是漫长的，但漫长的过程也进一步增强了冠礼的重要性和神圣性。

正宾和协助加冠的人来到后，准备加冠的人走出房间，面朝南而立。协助正宾加冠的赞者将缠发用的黑色缯、笄、栉放在席的南端。正宾揖请将冠者就席，将冠者就席坐下。首先由赞者坐下为将冠者梳好头发，并用黑色的缯束住头发。为了表示圣洁，正宾加冠前要下堂盥洗，主人也跟随下堂。正宾向主人辞降。正宾盥洗后，与主人行一揖一让之礼，然后升堂来到将冠者的席前坐下，为将冠者扶正一下缠发用的缯，然后起身，走到西阶，下一级台阶，从执缁布冠的有司手中接过冠。此时，执缁布冠的有司升阶一级，面朝东将冠郑重交给宾。正宾右手拿着冠的后项，左手拿着冠的前部，走到将加冠者的席前，端正自己的仪容，向将冠者致辞："令月吉日，始加元服。弃尔幼志，顺尔成德。寿考惟祺，介尔景福。"[①] 正宾致辞完后坐下，给将加冠者戴上缁布冠。加冠毕，正宾起身回到西序南端。最后由赞者为其系好冠。正宾揖请冠者回房脱去儿时的彩衣，换上与缁布冠配套的玄端服，系上赤而微黑色的蔽膝。加冠者换好衣服，走出房门，面朝南而立，向来宾展示。完成第一次加冠礼仪。

加皮弁和爵弁的仪节与加缁布冠基本相同，只是每次加冠的祝辞都有所变化。加皮弁冠时，正宾致辞说："吉月令辰，乃申

---

① 杨天宇：《仪礼译注》，上海古籍出版社 2004 年版，第 18 页。

尔服。敬尔威仪，淑慎尔德。眉寿万年，永受胡福。"① 意思是，吉月令辰，再次给你加冠，希望你保持成人的威仪，谨慎自己的德行而不懈怠，这样你就可以长寿万年，永享无穷之福。加爵弁冠时，正宾致辞："以岁之正，以月之令，咸加尔服，兄弟具在，以成厥德。黄耇无疆，受天之庆。"② 即在这美好的岁月里，三种冠都依次给你加上了，兄弟们都来参加冠礼，以成就你的成人之德。祝你长寿无疆，享受天赐之福。

　　除了这些祝辞之外，正宾还要向加冠者致以醮辞。醮辞就是古代举行冠礼时，长辈酌酒让加冠者饮用时所念的祝辞。醮辞反复三遍，大意都是美酒多么芬芳，笾豆陈列多么整齐。给你加冠后，你就要孝敬父母，友善兄弟，用这美酒祭先人，承受天赐之福。这些致辞使冠礼的意义得到升华，它既是对加冠者的祝福，又是对加冠者的告诫和教育。而且，冠礼中的这些程式化的致辞，本身就是诗化的语言，它们的反复唱叹使冠礼具有了节奏韵律，也加强了冠礼的诗意性。

　　三加之礼完毕后，冠者要以成年人的身份去拜见母亲。行礼完毕，冠者再次上堂，由正宾为他取字。古人除了姓和名外，还有字和号。小孩生下来三个月时，由父亲给他取名，到了成年之后，周围的人就不能直呼其名了，而要为其取字。取字时，正宾再次祝福和告诫：在这良月吉日，为你取字。这个字很美好，正是俊士所宜。字取得适宜，就是福，你要永远保持，你的字就叫作伯某甫。取字以后，加冠者去见兄弟姑姊。之后还要换上玄端服，拿上礼品去见国君、卿大夫、乡先生。冠者的父兄这时也以一献之礼感谢正宾，并酬宾和赞者以束帛、两张鹿皮，送正宾于

---

① 杨天宇：《仪礼译注》，上海古籍出版社 2004 年版，第 18 页。
② 同上书，第 19 页。

门外，向正宾行再拜礼。冠礼的仪程就算结束了。

在周代也要为女孩子举办类似于男孩子的成年礼。只是女孩所加的不是冠，而是笄。一般是十五岁时，为其举行加笄仪式。举行加笄仪式时，如果女孩已经许嫁，就为其取字。如果还没有许嫁，就不取字。

（二）冠礼的审美性与人生意义的设定问题

冠礼中，几乎所有仪节都超越了实际功利目的，而具有程式化表演的性质，也都在张扬着一种贵族生活的艺术性特质。贵族的加冠礼仪是按照一种有条不紊的仪程进行的，仪程中的每一个环节都有固定的行为举止。从某种角度来看冠礼是刻板、繁琐的，但从另一个角度来看，整个的加冠仪程也正因为具有固定的程序，而具有表演性和艺术性。如三次加冠时的祝辞，如果从实用的目的来讲，它们都没有什么实际的意义，但如果从冠礼所传达的谦和精神和诗性特质来讲，正是这些看起来多余的、繁琐的语言，使贵族的生活具有了艺术性。我们在这里指出它具有艺术性，一方面是因为冠礼中的行为和祝辞充满了贵族的儒雅、谦让精神；另一方面也是因为这些举止和言辞使整个加冠的过程具有不同于日常生活的表演性质。日常生活中的举止和言谈都具有散漫性，但是经过浓缩的加冠祝辞和举止是精粹的，甚至成为具有意味的诗化形式。艺术性在一定程度上说，就是不同于日常生活散漫状态的、具有表演性的行为模式。这种带有表演性质的加冠礼仪，却并不只是单纯的表演性质，因而，我们说它具有艺术性，但却不是纯艺术，因为，冠礼的意义还在于赋予人生以意义感及责任感。

周代贵族的冠礼是通过冠这一物品的传递，使加冠者意识到自己的社会地位和角色身份的改变，从而建立起明确的社会责任意识的。在繁缛的礼节中，周人以冠为中心，开辟了特定的时间和空间，使加冠者思考着生命的意义。正如玛丽·道格拉斯和贝伦·伊舍伍德在《物品的用途》中所说的："社会生活当中要解决的主要问题是限定意义，使之暂时定格。如果没有一些常规办法筛选、确定大众公认的意义，那么，要在社会中达成共识，就不具备最起码的条件。部落社会和我们一样：两者都有运用仪式来控制意义的趋向。举行仪式是设定明确的公共定义的常规手法……有一些仪式纯属言辞上的仪式，这些仪式有声音没有记录，最后消失在空气中，无助于限定阐释范围。较为有效的仪式是使用有形物品的仪式，可以断定，仪式包装越奢华，想通过仪式把意义固定下来的意图就越强烈。"[1] 冠礼中第一次加冠的缁布冠意在使加冠者记住古礼；再加冠的皮弁使加冠者明白自己作为一个男人应该具有打猎和战斗的本领；三加冠的爵弁是一种祭服，它和冕冠的作用基本相同，意在提醒加冠者从此具有了参加宗庙祭祀的权利。三次加冠使冠礼的意义得到三次提升，也使加冠者的责任意识逐步明确，并得到加强。应该说生命的意义是设定的。如果没有意义的设定，那么，任何事情都不会使人打起精神生活下去。生活的意义正来源于这些明确的社会责任意识。与周人相比，我们这个时代缺少的正是对意义的设定，我们解构了许多事物的价值和意义，其结果是我们的生活大大简化了，但是生活却因为失去意义，从而变得枯燥和无聊。

其次，冠礼的深层意义是通过非常漫长和繁琐的仪程来实现的。如果说，现代电子传媒以其快速和便捷的特点而使信息在极短的时间内在最为宽广的空间中得到传播，但却不能在时间上给人留下深刻和长久的印象的话，那么，三千年前的冠礼则恰恰相

---

① 罗钢、王中忱：《消费文化读本》，中国社会科学出版社 2003 年版，第 61 页。

反，通过缓慢和稳重的节奏在以宗族为核心的较小的范围内进行，但它正是通过时间上的长久刺激和其中传播的信息的单一性给人留下较为深刻的印象。所以说，周礼中每一个仪程都包含着许多需要慢慢去体悟的人生意义，简化和省略将会使礼的意义不能得到充分的传达。

要更好地认识周代贵族的冠礼，就应当将加冠的仪式放回到它所存在的历史文化语境中进行分析。周代贵族所生活的时代，物质条件极其简略，精神生活也较为单调。在这种状况下，礼仪完成的就不仅仅是意识形态统治的目的，应当说，礼仪的意义还在于使周代贵族的生活变得丰富多彩。各种礼仪都是生活的点缀，是周人生命中的亮丽色彩。对周代贵族而言，生活的节奏和生命的意义需要靠这些仪式来调节和确定，所以，他们欣欣然投入各种礼仪程式之中。所以，我们在《诗经》中所看到的描写仪式的诗篇，都充满了节日庆典般的喜庆色彩，没有一篇是抱怨仪式的繁琐的。周代贵族的这些礼仪仪程，对社会事务繁多的后世人来说，显然是难以忍受的，但是将礼仪放回到它所产生和存在的历史文化语境中，我们就会明白，正是在这一漫长的仪式之中，周人的生活意义得到了彰显，人生的价值和意义得到了确定。

随着人类生活节奏的加快，冠礼逐渐衰落。唐代以后，很多人已经不知道什么叫冠礼。生存于现代化工业社会的人们越来越趋向于简化生活中各种没有直接经济效益的过程，如周代贵族生活中这般繁琐的礼仪，在现代人的生活中几乎是不可能存在的。但是正因为缺乏一定的仪式，生活的意义和价值得不到提炼和升华，生活变得过于简单和直接，所以现代人时常深感无聊和平淡。鉴于此，我们对于贵族的冠礼更多的不是去挑剔它的繁琐和呆板，而是要去反思与周代贵族充满意义的生活相比，我们现在的生活缺少了些什么，从而更多地汲取冠礼的精神价值，并对周代的冠礼有一个正确的认识。

综上所述，冠礼在周代贵族的生活中有着重要意义，它是社会成员独立承担社会事务的开端。加冠仪式是漫长而繁琐的，但是，正是在这漫长而繁琐的仪程中，加冠者的社会责任感和成人意识逐渐得到了强化。加冠是贵族素质教育的一个重要环节，它所要明确的不仅是贵族的成人意识，而且要使其行为规范化，使其保持沉稳、庄重的心性。在加冠的仪式中，有许多举止和话语并没有直接的指令性，也没有传达实用的信息，所以这些言谈举止具有了一定程度的表演性。正是从这一点上，我们才认为冠礼具有一定的艺术性。

三　婚礼中的象征艺术精神

婚礼是继冠礼之后周代贵族人生的第二个里程碑，是贵族生命中的重要礼仪。周代的婚礼主要包括纳采、问名、纳吉、纳征、请期、亲迎等六个仪程。《礼记·郊特牲》记载："天地合，而后万物兴焉。夫昏礼，万世之始也。取于异姓，所以附远厚别也。"[①] 婚礼与贵族的宗庙祭祀、传宗接代有着直接联系，又关系着两姓之好，是贵族亲情血缘关系网络得以延伸的重要渠道，所以颇受关注。

婚礼中的许多仪程都具有象征性。如纳采是男家看中了某家女孩，派使者到女方家里去提亲的仪程。行纳采礼时，使者以雁作见面礼，来到女方家里，女方家长出门迎接使者，并与其行三揖三让之礼。使者站在西阶上，说明来意。主人站在阼阶上，面向北行再拜礼。然后，于两楹之间，使者将雁授给主人。在纳采

---

① （清）孙希旦：《礼记集解》，中华书局1989年版，第707页。

的仪程之中，以雁作为挚（见面礼）具有丰富的象征意义。大雁是候鸟，秋天飞往南方，来年冰消雪化之时，又飞回来。取雁为挚就是取其顺阴阳往来的含义；此外，大雁一配而终，春天北去，秋天南往，来去有时，从不失时节，因此以雁为挚，也取其忠贞守信的特点，以喻夫妻之间要相伴永远，信守不渝；夫为阳，妻为阴，以雁为挚，还象征着妇对夫的顺从；另外，雁是古代射猎的对象，以雁为挚，还象征着男子具有善射的英武之气。

在亲迎仪式中，新婿头戴爵弁，穿着下缘镶有黑边的缥裳。在黄昏时分，有人执火把前导，新婿与随行者乘坐着墨车到女家迎亲，随行者都穿玄端礼服。男到女家亲迎，这象征着男先女后、刚柔相济。

新婿来到女方家里时，将会看到待嫁女的头上装饰着假发，穿着下缘有缥边的玄色丝衣。其傅母头上用缁缯缠着发髻，发髻中插着笄，穿着黑色生丝缯制作的衣服站在新娘的右边。随嫁的女子都穿着黑色的衣裳，头上用缁缯缠发髻，发髻中插笄，披着绣有黼纹的衣服站在新娘的后面。由这些记载可见，周代贵族婚礼中的服饰以黑色为主色调，虽然在婿和妇的衣服下缘都有镶边，衣服上都有黼纹，但总体来看，周代贵族婚礼，除了温暖的火光外，整个呈现出幽暗的色调和氛围，非常庄重严肃。

在亲迎礼节中，新娘的父亲设筵于家庙，在门外迎候新郎的到来。新郎来后执雁入内，揖让一番登上厅堂，再拜之后献上雁作礼物，感谢他们对新妇的养育之恩，并感谢他们将女儿交给他。在新妇离别家人的时候，父亲送女的戒辞是"戒之敬之，夙夜毋违命"。接着是母亲为女儿束好衣带，结上帨巾，告诫女儿说："勉之敬之，夙夜无违宫事。"[①] 帨巾是未婚女儿的佩巾，

---

① 　杨天宇：《仪礼译注》，上海古籍出版社 2004 年版，第 51 页。

在婚礼中，由母亲将其系在即将出嫁的女儿身上，称为"结缡"。《诗·豳风·东山》中的"亲结其缡，九十其仪"就是对离别之际，母亲为女儿系帨巾情形的描写。然后是庶母送女儿到庙门口，并为女儿系上鞶囊，重申父母之命。临别的赠物帨巾和鞶囊既是情感的纽带，又是凝结着父母婚前训诫的象征符号。

新婿退出，新妇紧随其后。妇下堂后，女方家长不下堂相送。迎亲的车辆停在门外，新妇踏几上车时，由随从者为她披上一件御尘的罩衣。新妇上车后，婿亲自驾驭车子，待车轮转过三圈后，才由御者为新妇驾车。婿亲自驾车，这一仪程表示夫妻之间的相亲相爱，象征着婿从此后将与妇同舟共济。正如《礼记·郊特牲》所解释的"婿亲御授绥，亲之也。亲之也者，亲之也。敬而亲之，先王之所以得天下也"①。绥，是登车时手挽的绳索。婿将上车的绳索交给新妇，并亲自为其驾车，这是夫妻之间相亲相爱的表示，也是先王之所以得天下的根本。由此可知夫婿授绥的意义是很深远的。

从女家返回男家时，新婿换乘自己的马车，行驶在前，先期到达，在大门外等候新妇的到来。这一仪程的含义是"男帅女，女从男，夫妇之义由此始也"②。婿车走在前面，妇车跟在后面，象征着刚柔相济之意，以及新妇对婿的顺从。

新妇到了婿家，踏几下车。婿对妇行一揖之礼，请她进门。到寝门前，婿向妇行揖让之礼，请妇进入。新妇进入婿家后要沃盥。由媵（陪嫁的女子）为新婿浇水盥洗，由御（驾驶车马的男子）为新妇浇水盥洗。接着是"共牢而食"。一般情况下，周人饮食时，都是分餐制，即每人一份饭，各吃各的，不共用同一

---

① （清）孙希旦：《礼记集解》，中华书局1989年版，第709页。
② 同上。

餐具。但是在婚礼中却有"共牢而食"的仪程，即在婿和妇的席前，主食黍和稷，以及调味用的酱醢等各有一份，而鱼俎、豚俎、腊俎只有一份，供两个人共享。进食时，婿揖请妇入对面筵席。夫妇一起坐下祭黍、稷和肺，然后开始进食。贵族礼仪中的饮食往往只具有象征性，而不是为了吃饱饭。同样，婚礼中的饮食，夫妇只取食三次，进食便告结束。

在举行亲迎礼节的那天黄昏，婿家准备四只酒爵和两只合在一起的卺。卺是古代婚礼时用作酒器的一种瓢。将一个瓠瓜从中间剖开，分为两半，即是卺。婚礼中有合卺而饮的礼节。合卺，是指剖为两半的瓠还可以合而为一。合卺在这里的象征意义是，夫妻是独立的，又是可以合而为一的一个整体，也是天地相合的意思。在进食结束后，助手斟酒请夫妇祭酒，共三番祭。到第三次祭酒时，就以卺酌酒。卺以红丝线相牵相连，饮半卺后，换杯而饮，称为"合卺而饮"，象征着夫妻的合二为一。

婚礼的第二天一大早新妇沐浴后，用缅缠发髻，然后插上笄，穿上黑色丝缯制的衣服来见舅姑（舅，即公公；姑，即婆婆）。妇以枣栗一篮为见舅之礼，以腵脩一篮为见姑之礼。此后妇馈食于舅姑，舅姑共享（享，即以酒食待客。后作"飨"）妇以一献之礼。接着舅姑从西阶下堂，新妇从阼阶下堂。在这个仪式中包含着一系列象征意义，如妇见舅以枣栗为挚，象征着早自谨敬；妇人见姑以腵脩为挚，象征着断自修正；阼阶是尊者和主人之位，西阶是客位。舅姑从西阶下堂，妇从阼阶下堂，则象征着将由妇代替舅姑主持家务，管理室事。

婚礼中的其他仪节也同样有丰富的象征意义。如但凡有关婚姻的礼节，如纳采、问名、纳吉、纳征、请期等都要在黎明时分进行，亲迎则要在黄昏时进行，选择这样的时段取其阳往阴来、天人合一的象征意义。纳采的仪式设置在祢庙进行，女方家长在祢庙的西边为神布上席，席上放上供神依凭的几。亲迎仪式中，女家还是在祢庙为神布席。凡事都要先在祢庙中通过占卜向先父请示、接受了先父的命令后才敢去做。这些都表示要让先祖也知道这桩婚姻的存在。在纳征的仪程中，男家派使者到女方家里致送聘礼，即送玄色和缥色的丝帛共五匹，幅宽要二尺二寸，另外还有两张鹿皮。关于致送的礼物，礼制规定："挚不用死。皮帛必可制。腊必用鲜，鱼用鲋，必肴全。"① 意思是作为礼物用的束帛和俪皮，一定要是经过加工，并足够制作衣服，这其中包含着教妇以诚信的意义。用作挚的雁不能用死雁，腊必用鲜，象征着夫妇日新之义。鱼必用鲋，取意于夫妇相依附的含义。豚俎的骨体必须全而不折，象征着夫妇全节无亏之理。

周代贵族的婚礼中，夫妻之间相敬如宾，气氛庄重严肃，婚礼中包含着丰富的象征意义。可以说，象征性越强，行为的艺术性蕴涵就越丰富。如舞蹈动作，就是因为具有象征意义，浓缩了许多文化内含，摆脱了实用目的性，所以具有高度的审美价值。婚礼中具有象征性的仪式，虽然不是专门的艺术，但包含着一定的艺术性，是周代贵族艺术精神的体现。

四 燕饮礼仪的艺术性

周代贵族的燕饮礼仪主要有乡饮酒礼和燕礼。这两种礼仪中有很多仪节是一致的，我们就以乡饮酒礼为主要讨论对象，选取其中有代表性的仪节来探讨蕴涵在周代贵族燕饮礼仪程式中的艺术精神。

（一）程式化的迎宾礼节

乡饮酒礼和燕礼与贵族生活中的其他礼仪一样具有程式化的

---

① 杨天宇：《仪礼译注》，上海古籍出版社 2004 年版，第 42 页。

特点。在乡饮酒礼的迎宾仪节中，主人迎宾于门外，再拜宾，宾答拜。拜介（宾的随从中最重要的，地位仅次于宾），介答拜。揖众宾（宾的其他随从）。拜礼是古代表示敬意的一种礼节，两手合于胸前，头低至手。揖礼是古代的拱手礼。

　　经过一系列的互拜之后，主人先进门做前导，揖请众宾进门。宾对介作厌礼（古人行礼的一种形式。拱手作向内指引的样子），示意介从庠门左侧进入。介向众宾行厌礼，示意他们也依次进入。来宾都从庠门左侧进入，在庭西面朝东而立，以北边为上位。主人与宾进门后，先后行三次揖礼，来到堂阶前。升阶前，主人与宾又互相谦让三次，然后主人升堂，宾也升堂。主人站在阼阶上正对屋楣的地方，面朝北行拜礼。宾站在西阶上正对屋楣的地方，面朝北回礼答拜。

　　从迎宾的仪节中可以看到，每一个仪节都有固定的行为和举止，如宾主要行三揖三让之礼；每登一级台阶都要前脚登上第一级，后脚随上来，与前脚并聚一起；主人上东阶时要先迈右脚，客人上西阶时要先迈左脚等。这些都是非常固定和程式化的动作。程式化的缺点是对人的行为有所禁锢，但其优点却在于有章可循。每一个动作都有固定的模式，就像事先已经编排好的节目一样，只需要按顺序进行演出就行，所以在程式化的礼节之中，贵族的行为和举止稳重沉着而不散乱慌张，贵族的优雅气质得到了很好的呈现。这就是说，在程式化的迎宾仪节中，周代贵族的行为也具有了一种特殊的艺术性和观赏价值。

　　（二）进酒礼节中的节奏美

　　西周建立伊始，借鉴殷商覆亡的教训，发布了戒酒令，但整个周代社会，并不是不饮酒，而是用礼节对饮酒的行为进行了限制，并使饮酒的过程审美化、诗意化。乡饮酒礼和燕礼都是围绕着饮酒的过程进行的，但是在这些礼仪中，饮酒都超越了满足口腹之欲的直接目的，而成为蕴涵着内在节奏之美的仪程。在觥筹交错之际，浅斟慢饮之时，酒的醇香和酒器的精致都述说着周代贵族乡饮酒礼文明的点点滴滴。

在感受乡饮酒礼的仪式之前，有必要先看看乡饮酒礼上各种器物的位置。古人都是席地而坐的，所以堂上有为主人和众宾布置的席，这些席之间互不连接。在东房门与室门之间放着两个酒尊。其中西边的一个尊中装着清水，称为玄酒。水早于酒，设置玄酒是为了表示对水的原始性和质朴性的尊崇。两个酒尊上分别放着两把舀酒的勺。并且两个酒尊都放在斯禁上（禁是古时放酒尊的器具，青铜制作，形如方箱。斯禁又叫棜，是一种没有足的禁）。篚（篚是一种圆形的盛物竹器）放在禁的南边。在堂下阼阶的东南边放着洗（洗是古代盥洗用的器皿，形似浅盆。一般用青铜铸造，也有陶质的），供盥洗用的水放在洗的东边，另一个篚放在洗的西边，篚的首端朝北而尾向南陈放。

进酒的礼节包括献、酢、酬三个仪节，像音乐的三个乐章一样具有回环往复的内在节奏。这里我们仅以主人献宾的仪节为例来感受一下这种内在节奏之美。

在献宾的礼节中，主人就席而坐，从篚中拿出酒爵，准备下堂去洗。为了表示客气，宾也随之下堂。主人看到宾下堂，赶快跪坐下把爵放在阶前，起身向宾辞降。这一仪程就称为辞降。

辞降之后主人又跪坐下取爵，走到堂下洗的北边，将爵放到篚下，起身准备盥手洗爵。宾看到主人准备洗爵，为了表示客气，下堂，表示不需要洗了。主人坐下来放下爵，对宾的辞洗表示推让，宾复位。这一仪程称为辞洗。

主人洗完酒爵后，与宾行一揖一让之礼，然后升堂。宾拜谢主人洗爵的行为，主人将爵放在地上，向宾回礼答拜，拜完后又一次下堂洗手。宾同样要跟随主人下堂，主人辞降后，宾站到原来的位置。主人洗完后，又与宾行一揖一让之礼登阶升堂。这期间还有一次拜洗和再次下堂洗手，以及再次相互揖让升堂的仪节。它们穿插在洗爵和酬宾的仪节之间，就像一个小小的过渡曲。之后才是主人取爵酌酒献宾。

　　主人献宾时，宾拿到爵，要向主人行拜受礼，主人向宾行拜送礼。接着进脯醢设折俎，宾就席而坐，左手举爵，右手取脯醢祭先人，祭完后放下爵和脯醢，用肺祭祀，即尝一尝肺，又把它放在俎上，坐下擦擦手，接着用酒祭先人。祭完后向主人行礼，感谢主人的美酒，主人于阼阶上答拜，宾于西阶上饮完爵中酒，跪坐放下爵，起身向主人行拜礼，然后拿起爵。主人于阼阶上回礼答拜。主人献宾的礼节结束。

　　主人向宾的进酒礼节像一首节奏舒缓的抒情乐曲。辞降、辞洗、酌酒、互拜、祭酒、再互拜等礼节构成了这首乐曲的主旋律，每一个仪节又由更细微的仪节组成。所以，整体看来其主旋律是清晰明确的，而整首乐曲又是丰富多彩的。这首乐曲是周人进酒仪节的内在旋律。这既是饮酒礼的节奏，也是音乐的节奏，还是周代贵族的生活基调。正是因为这一乐曲的婉转与和缓，才显示出贵族雍容华贵、礼节有序的气度。正如波德里雅论述脱衣舞时所说的："动作的缓慢是诗化的，就像电影慢镜头中的爆炸或坠落也是诗化的一样，因为此时，某种东西在完成之前有时间让你想念……"①同样，周人的进酒仪式也是在舒缓的节奏中展示其艺术性的。

　　从主人献宾的礼节中还可以看出，周人的礼仪行为是有意味的形式，它所关注的不是行为的目的性，而是行为本身的表演

① ［法］让·波德里雅：《象征交换与死亡》，译林出版社 2006 年版，第 162 页。

性。乡饮酒礼中的每一个仪节几乎都没有实际意义，仅仅在于传达谦让、恭敬的理念。这使贵族的敬酒行为具有鲜明的观赏性。事实上，周代贵族的群体生活中，这些行为也的确是做给别人看的。每一个举止是否到位，是否符合一定的规范，这是周代社会评价一个人的重要标准，是认定一个人是否具有涵养，及其行为美不美的重要标准。

（三）　燕饮礼仪中的审美性与意识形态蕴涵

通过以上有关乡饮酒礼和燕饮礼仪主要仪节的分析，我们可以深感贵族交往的内在节奏和诗性气质。可能也只有在生产力有了一定发展，而社会事务还比较单纯的西周时代才有可能推崇这样的礼仪规范。然而，正是这些礼仪形式使贵族的行为在直接的目的性之外有所延宕，使其行为具有超越于直接功利性之外的艺术气质。

《国语·周语》中记载了周王室燕礼富丽而热闹的场面。晋国是王室的兄弟之国，临时来拜访，周王室举行了表示和谐友好关系的燕礼，举行燕礼时"择其柔嘉，选其馨香，洁其酒醴，品其百笾，修其簠簋，奉其牺象，出其尊彝，陈其鼎俎，净其巾幂，敬其祓除，体解节折而共饮食之。于是乎有折俎加豆，酬币宴货，以示容合好……服物昭庸，采饰显明，文章比象，周旋序顺，容貌有崇，威仪有则，五味实气，五色精心，五声昭德，五义纪宜，饮食可飨，和同可观，财用可嘉，则顺而德建"①。即在燕礼中要选用肥美、馨香的肉食来招待来宾。要清洁酒器，准备盛放干果的笾豆，修理好盛放黍稷的簠簋，奉出尊贵的象骨尊和其他彝器，摆放好鼎俎，洗干净覆盖尊彝的幂布，心怀敬畏地祓除。然后共同享用解成块的牲体。既食之后还要加俎豆，表示

① 徐元诰：《国语集解》，中华书局 2002 年版，第 58—61 页。

友好亲切。在燕礼中，充满了热闹和繁忙的气氛。各种各样的酒器和美好艳丽的服饰，以及兄弟亲朋之间的揖让周旋共同组成了一个和乐、可嘉的燕礼图。显然，燕礼具有节日的性质，人们在燕礼中也有着一份节日心态。

但另一方面，燕礼中又传达着丰富的意识形态观念。如酒在周代贵族生活中占有举足轻重的地位。酒本是一种使人精神松弛的饮品，但通过各种仪式，周代贵族将对酒的自然欲求规训成一种自我行为的约束和遵循群体生活规范的素养。周人在进酒的仪节中所要传达的信息是，通过饮酒的礼节，来表现周人对酒的欲望的节制。正如《礼记·乐记》中所讲的："是故先王因为酒礼。一献之礼，宾主百拜，终日饮酒而不得醉焉，此先王之所以备酒祸也。"① 酒食之乐、口腹之欲曾经造成了殷商的灭亡，周人对此须臾不忘，所以将饮酒纳入礼乐仪式之中，通过这种仪式，使人们对耳目口腹之欲有所超越，这就是乡饮酒礼的精神所在。正是这种精神将欲望转化为举止有度的礼节，成为一种行为艺术。

燕饮礼仪是审美意识形态的表现形式，通过这些仪式化的行动，贵贱尊卑和等级秩序等社会理念就蕴涵在诗意的形式之中。正如《礼记·乡饮酒义》中所总结的："主人拜迎宾于庠门之外，入，三揖而后至阶，三让而后升，所以致尊让也。盥、洗、扬觯，所以致絜也。拜至、拜洗、拜受、拜送、拜既，所以致敬也。"② 主人迎宾于门外，并行三揖三让之礼，是为了宣扬敬让之道。盥、洗、扬觯，是为了推行洁净的生活习惯。拜洗、拜受等礼节，是为了表达对彼此的敬意。所以说，燕饮礼仪中的每一

---

① （清）孙希旦：《礼记集解》，中华书局1989年版，第997页。
② 同上书，第1424页。

个仪节都寄寓着明确的意识形态目的性，都在宣扬着敬让之道，都是希望通过艺术的形式达到社会群体生活有序化的目的，但是直接呈现在人们眼前的却是诗意化的生活艺术，这是审美意识形态的典型特征。将意识形态灌输到典雅的生活艺术之中，使政治与艺术合而为一，这是周代统治者的高明之处，也是社会文明进步的表现。数千年过去了，乡饮酒礼中所蕴涵的政治功用性已经淡化，直接呈现在我们面前的是具有抒情意味的敬酒仪程和令人神往的礼乐精神。

五 乡射礼的艺术性

（一）乡射礼的主要环节及其艺术性

射礼之前基本都要先举行饮酒礼，主人要戒（告诫、邀请）宾、铺席和布置各种器物，等到牲肉煮熟时，主人要迎宾（进门时主人与宾也是行三揖三让之礼），与宾行献、酢、酬的进酒礼节，瑟工和笙工还要合奏《周南》和《召南》中的六首曲子乐宾。这是射礼中的燕享阶段，算是射礼的序曲。

从立司正开始，乡射礼进入了另一个环节，算是射礼的核心部分。首先是请射，即司射（为主人掌管射事的小吏）脱去左臂的衣服，在右手大拇指上戴上扳指，在左臂上套上遂（射者穿的臂衣），拿着四支箭来到宾的面前说：弓箭已经准备齐全，有司请求开始射箭比赛。宾回答说，我不善射，既然他们几位提出请求，那就开始比赛吧。司射又来到位于阼阶的主人面前，把宾同意比赛的信息传达给主人。这就等于宣布射箭开始。乡射礼中的这个仪节主要是为了完成一次艺术化的表演过程。如果仅仅是为了传达某种实用的信息，这个仪节是完全不必要的。

接着是司射诱射。司射诱射的实质是对射箭行为之美的一次展示。他在进行射箭姿势的演示，同时也是在展示射箭的礼节。

射箭前，司射目视侯（箭靶），然后俯视自己的两脚，以摆正脚步，以非常标准的姿势射出四支箭。这就是诱射。司射在诱射的时候要行多次揖礼，即拿了箭后揖进，快到阶时揖，当阶揖，升堂揖，当物揖，及物揖，射完四支箭后，又面向南揖，下堂时和上堂时一样，每到一处都要行揖礼。与其说司射在这里完成的是诱射的任务，不如说，他在展示揖礼的规范和艺术。的确，射礼的目的就是要通过射箭活动传达礼的精神。

在射礼中，上射射过第一箭之后，接着将一支箭附在弓上，做出待射的姿势，这就像一个舞蹈造型一样，暂时定格在那里，然后等待下射射。像裁判一样的人员要对所射的箭的多少进行报告，这一行为称为"唱获"。唱获的声音要富有艺术性，文献记载："获者坐而获，举旌以宫，偃旌以商。"① 即唱获之声随着举旌而声音高亢，与宫声相应，又随着偃旌而声音渐小，与商声相应。周代贵族礼仪行为艺术性的表现正在于其动作的夸张性和非目的性。这样的行为之所以琐碎但不令人厌烦，也正是因为当时的人并没有从实际功用的角度而是从艺术的角度去看待这些举止的。这就像我们对待戏剧动作一样，如果用生活的真实和实际效用的标准来衡量戏剧动作，那些动作，毫无疑问都是做作的和夸张的，甚至有些是变态的，但是具有一定艺术修养的人，就能领会其中的韵味。所以说，对周代贵族的礼仪行为，只有将它放置到它产生、发展的历史语境中，以一种诗意的眼光来审视才能领会其中的艺术性，才能体悟到周代贵族的艺术精神。

整个射礼的仪节虽有重复，但绝不是简单的重复。如司射诱射完了之后，是初射，即第一番射。初射是不计算胜负的，这样射者就可以更多地关注射箭的动作是否优美，争取每一个动作都

① 杨天宇：《仪礼译注》，上海古籍出版社 2004 年版，第 106 页。

做得符合礼仪规范；接着是再射，再射要计算射中的多寡，而且，射完后还要行饮酒礼；最后是三射，三射不同于前两番射的是，要以鼓乐为节奏。三射时，乐工演奏《驺虞》，间隔如一地助射，射箭的节奏须与鼓声配合。礼仪中有三次射，但三次射的形式是不一样的，使射礼的节奏在重复中又有变化，三次射逐渐将射礼推向高潮，参与射礼的人情绪也高涨起来。三次射，同中有异，寓变化于不变之中。

三射都进行完之后，撤俎，脱屦，升堂。人们的心情开始放松下来，从宾和大夫开始不计数地依次交错酬酒，受酬酒后也不行拜受礼。音乐也不计数地演奏，直到尽欢而止。像乡饮酒礼一样，宾离开时，乐工演奏《陔夏》送宾。

（二）射礼的艺术精神分析

在周代贵族的乡射礼中，射箭不再具有实用性，不是为了狩猎，而是一种展现贵族素养的活动。射礼把具有军事训练、战争和体育比赛性质的射猎活动纳入礼乐体制之中，并赋予其新的意义，把原本具有争夺性的比赛礼仪化、和乐化，使其成为培养君子德行的教化手段，这是周代贵族的统治策略。当射箭从一种为了捕获猎物而进行的生产行为变成一种统治的艺术时，它就超越了外在的实用和功利目的，而成为具有表演性的审美行为。但是与纯粹非功利性的审美活动不同的是，射箭之中又蕴涵着一种政治功利性。乡射礼所体现的正是周代贵族审美和功利目的交织的特点，即将一种功利行为进行艺术处理，使政治的实用目的不知不觉地镶嵌在艺术性的行为之中。

整个乡射礼一直是通过有板有眼的举止传达着礼的信息。这就像部队的立正和稍息之类的训练一样，它的意义是给军人灌输必须遵守纪律、听从命令的理念。乡射礼中的每一个仪节的意义也是这样，它的意义和价值不在于其本身，而在于它所传达的礼的精神。而礼的精神又是通过具有审美性的举止和行为来传达的。射礼中的射箭姿势、射箭时的礼乐等，使周代贵族的射礼成为一种富有艺术性的集体活动。这就是周代贵族生活方式中的艺术精神。与乡射礼一样，周代贵族的许多其他礼仪都首先呈现为一种具有审美价值的仪态美，对仪态美的追求使周代贵族的行为举止有着温文尔雅的精神气质。

六　朝聘礼仪中的艺术性

诸侯国之间交往的礼仪主要包括诸侯朝觐天子，天子招待诸侯和各邦国使臣的礼仪。朝聘礼仪不仅在时间上有规定，随行人员的多少也有定制，朝聘的主要使臣称为"宾"，随行人员称为"介"，介的多少取决于宾的爵位的高低。《礼记·聘义》记载："上公七介，侯伯五介，子男三介。"朝聘的礼物称为"币"，常用的币包括玉石器、丝帛、马匹、兽皮等物品。使臣出国要乘车，车后载旝（赤色曲柄旗），到达要朝聘的国家边境和近郊时要"张旝"，以示使节身份。如果要借道经过第三国家，需行"过邦假道"之礼，以示尊重别国领土的主权。诸侯之间相互朝聘也是朝聘制度的一个组成部分。凡是诸侯即位，小国朝之，大国聘之，以继好、结信。新君即位后也要派遣卿出聘各国。朝聘的目的是搞好诸侯国之间的关系，以保卫社稷，同时也是周代贵族礼尚往来精神的体现。

西周和春秋时期，诸侯贵族之间的交往是相当频繁的。只是西周时期，主要是各诸侯国与周天子之间的来往，而春秋时期，主要是霸主国和各诸侯国之间，以及各个诸侯国之间的往来。西周时期，诸侯国对周天子的朝聘，是周天子用以维护其核心统治地位的手段；春秋时期，各诸侯国之间的聘问是寻求和谐发展的渠道。无论何时的聘问都具有一定的功利目的，但是，诸侯贵族之间的相互聘问礼仪却常常以艺术的形式表现出来，具有较高的观赏价值。这里我们以几个小的礼节来对朝聘礼仪中所蕴涵的艺术精神予以分析。

（一）传递圭璋的艺术性

周人总是能够用具有艺术性的举止来超越对直接功利目的的追求。正如《左传·昭公五年》所记载的："朝聘有圭，享覜有璋，小有述职，大有巡功。设几而不倚，爵盈而不饮；宴有好货，飧有陪鼎，入有郊劳，出有赠贿，礼之至也。"① 这段话的意思是在朝聘享覜之中，圭璋很美，却没有实用价值；设有雕花的玉几，却不是为了倚靠；将酒爵斟得满满的，却不是为了口腹之欲的满足。朝聘礼仪的目的被掩饰在审美形式的背后，因此具有超越实用功利目的的审美价值。

圭、璋是诸侯贵族出使他国的信物。圭和璋都是珍贵的玉礼器，上面点缀着美丽的饰物，因而又是观赏器。如《仪礼·聘礼》中对圭的形制和装饰物都进行了详细的描写："朝天子，圭与缫皆九寸，剡上寸半。厚半寸，博三寸。缫三采六等，朱白仓。问诸侯，朱绿缫八寸。皆玄纁系，长尺，绚组。"② 缫，通"藻"，意为有文彩。这里指的是用来垫圭和衬托圭的木板，外面包裹着皮革，皮革上绕着各色丝线。缫上两边连有带子，既可作为装饰，也是用来绑玉之用。朝天子所用的圭和缫都长九寸，圭的上段削去一寸半，厚半寸，宽三寸。缫上装饰着朱、白、苍三色丝线组成的花纹。聘问诸侯的圭，圭垫上装饰着用朱、绿两种颜色组成的花纹，圭和缫都长八寸、厚半寸、宽三寸。缫上色彩和谐的丝带，在色彩较为单调的周代，成为圭的尊贵地位的衬

---

① 杨伯峻：《春秋左传注》，中华书局 1990 年版，第 1267—1268 页。
② 杨天宇：《仪礼译注》，上海古籍出版社 2004 年版，第 258 页。

托，同时，这些衬饰也成为那时人们关注的审美对象。

使者出发前要到朝廷去拿出使他国作为信物的圭璋等器物，据《仪礼·聘礼》记载，从国君处领取圭璋的礼仪是：贾人面朝西而坐，打开装着圭的木匣子，把里面的圭以及圭垫一起拿出来，交给宰，在这一交接的过程中要使圭垫末端的装饰丝带下垂。宰接过圭，要将圭垫上的丝带屈握在手中，交给使者。使者奉着圭听君之使命时，要使圭垫上的五彩丝带下垂。使者听完使命后将君的使命转达给上介，然后再将圭交给上介。上介将圭垫的丝带握在手里，出雉门，把圭授给等待在门外的贾人。从这一段记载可以看出，接受圭璋的仪节态度非常谨慎，充满了对这一器物的珍视。在接受玉圭听取使命的过程中，美丽的丝带是否下垂也可成为周代贵族审美关注的焦点。

周代贵族的生活中虽然审美对象比较少，但是他们却能够凝神关注这些审美对象，并且能通过一系列仪节将器物之美淋漓尽致地呈现出来。在这里圭的授受仪节，就超越了实用目的性，所有的举止都不是为了实用目的性，而是为了显示圭的重要性。而圭之美要通过圭垫上美丽的五彩丝线来衬托，五彩丝线的不容忽视，要通过其不同情况下的下垂或收起来强化。所以说，对器物之美，周人要通过仪式去定格、去关注。在仪式中器物的审美价值被凸显，焕发出耀眼和迷人的光彩。同样，使者接受作为享礼而将加放在玄纁束帛上献给主君的璧和聘问夫人时的璋，以及作为享礼而加放在玄纁束帛上献给主君夫人的琮时，都要像接受圭时的礼仪一样，去强化它的审美价值和它作为信物的价值，而对它的实用价值予以超越。

到了要拜访的诸侯国后，授玉的仪式是又一次对器物审美价值的张扬。在接受使者的拜访时，主国的国君穿着皮弁服迎宾于大门内。当主国在庙堂上为神设置好几筵之后，上摈（通

"傧"，导引宾客的人）便出来请来宾行正聘礼。贾人就打开装圭的木匣，取出圭，使圭垫的丝带下垂，不起身将其授给上介。《仪礼·聘礼》中记载着到达拜访国时的授玉礼仪："上介不袭，执圭屈缫授宾。宾袭执圭。傧者入告，出辞玉，纳宾。宾入门左。介皆入门左，北面，西上。三揖至于阶，三让……公侧袭，受玉于中堂与东楹之间。傧者退，负东塾而立。宾降阶，逆出。宾出，公侧授宰玉，裼降阶。傧者出请。宾裼，奉束帛加璧享。"① 在这一段记载中，我们同样可以看到在聘礼中，使装饰圭垫的丝带下垂还是将其握在手中的细节成为贵族们关注的审美焦点。

在聘礼中要互相赠送的礼物很多，如宾要向主国赠送虎豹皮、马匹等，主国也要向宾回赠许多礼物，这些物品都比玉更加具有实用价值，但是聘礼中玉却受到特别关注。这表示周代贵族对物质实用价值的有意轻视和对信物价值的有意提升。并且到聘礼将要结束时，主国国君还要使卿身着皮弁服将圭璧还给宾，表示轻财重礼之义，进一步强化了玉超越于实用功利价值之上的精神价值和审美价值。

使者回到自己的国家要将圭璧等信物返还给国君。返还时"使者执圭垂缫，北面。上介执璋屈缫立于其左"②。丝带在传递的过程中的又一次一垂一屈，突出表现了周代贵族行为的艺术性。圭璧的五彩丝带在垂与屈的多次反复中也变得异彩纷呈，成为贵族眼中受到特别关注的审美现象。也正是在这个过程之中，诸侯国之间行聘礼的直接功利性就被掩饰起来了。

---

① 杨天宇：《仪礼译注》，上海古籍出版社 2004 年版，第 228 页。
② 同上书，第 251 页。

(二) 隆重而宏大的觐礼场面

如果说聘礼主要是诸侯国之间的交往礼仪，其礼节主要是围绕着圭璧以及进献和馈赠的礼物而进行的，突出的是圭璧的信物价值和审美价值，那么，觐礼则主要是诸侯见天子的礼仪，诸侯在不同的季节和不同的情况下觐见天子有不同的名称：春天朝见叫"朝"，夏天叫"宗"，秋天叫"觐"，冬天叫"遇"，天子因大事召见诸侯叫"会"，天子十二年不巡狩，诸侯来朝见天子叫"同"，诸侯有事临时派遣臣下来聘问叫"问"。

在觐礼中具有突出审美价值的是诸侯朝见天子时的气氛。《仪礼·觐礼》中记载诸侯身穿裨服头戴冕冠，先在祢庙用束帛告祭祖先神，然后才乘坐墨车去觐见天子。墨车上载着龙旗。去觐见天子时，诸侯拿着带有繅垫的圭。在觐礼中，天子在庙的户牖之间设斧依（类似屏风），左右设几，穿着衮服，头上戴着冕，背靠着斧依，南向而立。

《礼记·明堂位》记载觐礼中各等诸侯的立位是：天子站在堂上，其余的人都站在堂下。臣属中地位最高的是三公，他们面朝北，站在天子正对面的堂下；诸侯站在庭的东边，面朝西；伯站在庭的西边，面朝东；子站在靠门的地方，面朝北。此外，还有九夷、八蛮、六戎、五狄、九采等站在门外。这就是天子明堂各等诸侯国的朝位。这种位置的排列显得井然有序，烘托了天子明堂的威严和气势。通过这样的仪式，天子的神圣性和诸侯之尊卑无形中就得到了强化。秩序能给人带来美感享受，周天子的至尊地位和觐礼仪的隆重、神圣，以及心中涌起的对秩序的美感享受交织在一起，形成了周代觐礼的特殊审美效果。

如果是天子因事召见诸侯，就要在都城外用土围宫，在宫中筑坛，坛上放置方明。方明的长、宽、高都是四尺，上面涂有六种颜色。朝东的一面为青色，朝南的为赤色，朝西的为白色，朝北的为黑色，朝上的为玄色，朝下的为黄色。方明象征着天地和四方之神。除了这种浓厚的意识形态象征意义之外，方明也是一件不可多得的艺术品，它将青、赤、白、黑以及玄、黄等六种色彩集于一体，同时方明的上下南西北东分别镶嵌着圭、璧、璋、琥、璜等几种美玉。方明简直是美玉和五色组成的精美玩赏品了。

各级诸侯在郊外觐见天子时，都在各自的旗位下站立。与诸侯觐见天子的明堂位相一致，"诸公的旗设在中阶之前，北面，东上；诸侯的旗设在东阶之东，西面，北上；诸伯的旗设在西阶之西，东面，北上；诸子的旗设在门东，北面，东上；诸男的旗设在门西，北面，东上"①。不同等级贵族的旗位不同，旗帜的图案装饰不同，旗子上飘带的数目也不同，据《礼记·乐记》载："龙旗九斿，天子之旌也。"② 即天子的龙旗有九条飘带。这些旗帜点缀和烘托出诸侯向天子行觐礼时的宏大场面和隆重气氛，而各种色彩和形制的旗帜又成为具有观赏价值的审美对象。

天子在行觐礼时，乘坐着龙马驾的车，车上竖着大旗，旗上画着日月和升龙、降龙图案，出宫，到东门外拜祀日神，返回来再祭祀宫坛上的方明。飘动的各种旗帜和整齐的贵族方队构成了盛大的礼仪场面。天子先到东方祭拜日神，再返回来祭拜宫坛上的方明，天子的视野从辽远的东方日神再返回到位于宫坛的、美丽而神圣的方明。这其中蕴涵着宏大的气势，而且整个过程都具有震撼和提升人的灵魂的作用，使人不得不折服于这样宏大的场面和天子神圣的统治。这是诸侯觐见天子的礼仪，同时又是值得体味的审美氛围。

---

① 杨天宇：《仪礼译注》，上海古籍出版社 2004 年版，第 294 页。
② （清）孙希旦：《礼记集解》，中华书局 1989 年版，第 1009 页。

《诗·大雅·韩奕》中就描写了韩侯来觐见周王的情景，表现了诸侯觐见天子的礼仪的宏大气势。在觐礼中首先引人注目的就是来朝诸侯那旗帜鲜明的车马。韩侯乘坐着四匹马拉的路车，四匹马都健壮修长。接着是觐礼的生动场面。诗中写到韩侯献上大圭，然后天子赐韩侯旗章、车马饰以及服饰等。天子赐给韩侯的黑色的袍和红色的鞋，赐给韩侯的旗子上画有蛟龙，旗杆上饰以染色的鸟羽或旄牛尾，马额前的金属装饰物色彩格外鲜亮，所有器物都金光闪闪，发出耀眼的光芒。颁赐和册封之后还有盛大的燕礼。燕礼中有清酒百壶，炰鳖鲜鱼无所不有。足见觐礼中器物之豪华、气氛之热烈、场面之宏大。《诗经》通过韩侯朝觐周天子时所穿着的服饰的华贵，周天子赐韩侯赏赐物的光彩照人，以及燕礼中食物的丰富，将觐礼盛大而热烈的场面呈现在人们面前。

觐礼的美来自于富有气势的朝觐队列，来自于天子和诸侯耀眼的服饰和随风飘扬的旗饰。朝觐礼仪在传达了各级贵族服从天子统治理念的同时，展示着周代贵族礼仪的盛大之美，是一次视觉的盛宴。

七　丧礼的艺术性

丧葬礼仪是周代贵族处理死亡事件的特殊方式，体现了周代的文明程度。丧葬礼仪一方面使死亡的事件能够得到很好的处理，另一方面，丧葬礼仪又很好地传达了礼乐文化精神，使社会等级秩序和家庭伦理秩序得到加强，使尊尊亲亲的观念得到强化。关于周代贵族丧葬的基本仪程和丧服的定制，前人已经进行了详细的整理。因而我们不准备对这些知识性的内容进行赘述，而只就周代丧葬礼仪中具有审美内涵的内容进行粗浅梳理，其中包括对仪式与情感的关系、丧葬仪式中的诗意情怀、丧葬礼仪中的美饰等几个问题的分析。

（一）丧葬仪式与情感的关系

丧礼的本义是用仪式来肯定情感和节制情感，因而情感是丧葬仪式的基础。丧礼的情感性表现在两个方面：首先，丧葬仪式中的一系列规定都建立在尊重情感的基础之上。如始丧时，要哭泣无数。《礼记·檀弓上》记载："父母之丧，哭无时，使必知其反也。"① 即父母死后，停柩期间，孝子悲恸异常，没完没了地哭，希望这样或许能使飘游在外的父母的灵魂闻声而返回。这种无望之中的希望，表达了对亲人难以言说的深挚情感。《礼记·问丧》记载父母去世后，孝子因为悲伤要匍匐于地而哭，恸不欲生地呼唤着亲人，总觉得他的离去是不可能的事，三天以后才会从情感上逐渐接受这样不幸的事实。因而死后三天而葬，这是根据人的感情而定的礼规。设置丧杖，是因为孝子丧亲，哭泣无数，服丧忧劳三年身体病弱，用丧杖是为了支撑病体。所以丧杖礼规的内在根据也在于人的情感。

在送亲人下葬时，"其往送也，望望然，汲汲然，如有追而弗及也。其反哭也，皇皇然，若有求而弗得也。故其往送也如慕，其反也如疑。求而无所得之也。入门而弗见也，上堂又弗见也，入室又弗见也，亡矣丧矣，不可复见矣！故哭泣辟踊，尽哀而止矣。心怅焉怆焉，惚焉忾焉，心绝志悲而已矣"②。去送葬时，望望然，汲汲然，好像在追赶着什么不可得的东西。返回时，皇皇然，惘惘然，似乎遗忘了什么东西，与其说这里所描述的是礼的规定，还不如说是对失去亲人的悲哀心情的深情描写。从中可见情感原本是丧葬仪式中各种规定的基础。

---

① （清）孙希旦：《礼记集解》，中华书局1989年版，第232页。
② 同上书，第1351页。

送葬回来后的返哭礼，也渊源于人的本真情感。《礼记·檀弓下》记载，送葬后回到家里，主人升堂哭，这是因为回到了亲人在世时行礼的地方；主妇进入室内哭，这是因为回到了老人在世时，她侍候奉养老人的地方。送葬回来，在这些熟悉的地方，再也看不到亲人的影子，所以这时是丧家最悲伤的时候，亲友就应该前来慰问。返哭礼，是一种仪式，但是其中的每一个仪节又都渊源于人的情感。

其次，丧礼中的情感还包括他人对丧家心情的理解。《礼记·檀弓上》指出，作为旁观者，应当体谅丧家的心情，所以，在丧者之侧进食，就不要大吃大喝。还有"吊于人，是日不乐"①，"行吊之日，不饮酒食肉"② 等礼规，也建立在对丧家心情体谅的基础之上。《礼记·曲礼上》中还规定，到了墓地，不要登上坟头。前来助葬，就要手执牵引棺车的绳索。临丧不笑。向人作揖，一定要离开原位。在路上看到有棺柩，不要唱歌。进入丧所去吊丧，不要大大咧咧的。邻里有丧事，舂米时，不要大声吆喝，不要在巷道大声唱歌。这些行为都建立在对他人情感理解的基础之上。

在自己家里，当父母有丧时，虽然自己可能不会像父母那样悲伤，但也要注意照顾父母的情绪。《礼记·杂记》指出，父亲有丧服在身，做儿子的就不要参加娱乐活动；母亲有丧服在身，在她能听到的范围内，不应弹琴鼓瑟；妻子有丧服在身，不要在她的身边奏乐；有大功之丧的人将至，避琴瑟；有小功之丧的人将至，就不用避乐了。这些举动都是处在服丧人的位置，对他人的心情的体谅。

---

① （清）孙希旦：《礼记集解》，中华书局 1989 年版，第 245 页。
② 同上。

　　此外，礼在肯定情感的基础之上，又是对情的调节和约束。《礼记·檀弓下》记载："丧礼，哀戚之至也。节哀，顺变也，君子念始之者也。"[①] 父母的丧礼，孝子悲恸到了极点，节制悲哀，是为了顺应生活的剧变，是君子考虑到先人的初衷才这样做的。所以，"辟踊，哀之至也。有算，为之节文也"[②]。跳着脚痛哭，这是悲哀到了极点的表现，但是，礼对此有次数的规定，就是为了对这种极其悲恸的动作，做节制性的文饰，以防悲伤过度而发生意外。丧礼中还有终止丧家无时无刻哭泣的卒哭祭，其目的也是以礼节限制他们，使他们不要过于悲哀，以免损坏了身体。

　　值得探讨的是，丧礼的情感还具有集体情感的性质，即很大程度上，丧家的情感几乎是被集体和社会哄抬起来的。正是在这一点上，体现了丧礼情感的虚伪性和艺术性。涂尔干对这一问题有很好的论述，他说："不仅那些能够对其产生最直接影响的亲属会把他们个人的悲伤带给集体，而且社会也会对集体成员施加道德压力，使他们的情感与这个情境协调起来……如果他失声痛哭，呻吟不止，那并不只是在表达个人的哀痛；与此同时，他也在履行周遭社会提醒给他的责任……在其他地方，我们也能看到人类情感是怎样被以集体的方式强化的，当悲伤像喜悦一样，在人们的心灵之间迁跃时，就会得到升华和扩大，于是它就会采取一种亢奋的和暴烈的活动形式外在地表现出来。不过这已经不再是我们先前看过的那种充满欢乐的激动场面，而是充满痛苦的号叫。这种叫声在人们之间相互传递，最后导致了真正的悲痛欲

---

①　（清）孙希旦：《礼记集解》，中华书局 1989 年版，第 252 页。
②　同上书，第 256 页。

绝。"① 关于这种具有宗教性质的集体聚会中的情感，法国社会心理学家勒庞也有过精辟的论证，他说："构成这个群体的个人不管是谁，他们的生活方式、职业、性格或智力不管相同还是不同，他们变成了一个群体这个事实便使他们获得了一种集体心理，这使他们的感情、思想和行为变得与他们单独一人时的感情、思想和行为颇为不同。"② 这就是说，在丧礼中失声痛哭既是真情实感的表达，同时也是受到周围环境的影响而不得不如此。它处于一种朦胧的、无知觉的状态，这是具有宗教性的情感的独特性。马林诺夫斯基也看到了丧礼情感的这种既真实又有表演性质的特点，他说："丧礼中的伤悼与对于死者的处置，都是表现悲哀的情绪与全地方底损失的。居丧的人所有的自然情感，都被丧礼所认可，被丧礼所排演出来；于是借着自然的事实，而创造出社会的事故。"③ 因而说，丧礼中的情感具有宗教情感的性质，既是最真实的情感，又是一种没有明确个人情怀的情感。

礼对情感的节制和约束，一方面使情感得到适度的节制，另一方面也使自然的情感成为社会性的情感。在后人看来，这种情感表达的方式带有艺术的性质。正如苏珊·朗格在《艺术问题》中所说的："一个艺术家表现的是情感，但并不像一个大发牢骚的政治家或是像一个正在大哭或大笑的儿童所表现出来的情感。"④一个孩子的号啕大哭，情感固然真切，但是不具有艺术

---

① ［法］涂尔干：《宗教生活的基本形式》，上海人民出版社 2006 年版，第 380 页。

② ［法］勒庞：《乌合之众——大众心理研究》，中央编译出版社 2000 年版，第 57 页。

③ ［英］马林诺夫斯基：《巫术科学宗教与神话》，中国民间文艺出版社 1986 年版，第 34 页。

④ ［美］苏珊·朗格：《艺术问题》，滕守尧等译，中国社会科学出版社 1993 年版，第 25 页。

性，因为艺术不仅仅需要真挚的情感，还需要外在的形式和主观情感的客观化处理。从这个角度来看周代贵族的丧葬仪式的话，丧礼中的哭就带有几分做作，同时也有了几分艺术性。首先，哭的时间、地点都有一定的限制；其次，各等亲疏关系的人要有不同的哭法。礼制规定："斩衰之哭若往而不反，齐衰之哭若往而反，大功之哭三曲而偯，小功、缌麻哀容可也。"① 往而不返，是因为气绝而不续；往而返，是气绝而勉强能够继续；三曲而偯，是声音不质直而稍文也，即要哭得余音袅袅。如此这般的规定，使哭丧实在像是一首合奏曲，所以艺术的意味相当浓厚，但从情感的角度看，则有一定的虚伪。

进一步讲，礼在节制情感的同时，也有对情感进行钳制的弊端。如礼制规定丧容：服斩衰之人的面色就应当像雌麻的颜色，苍黑而粗恶。服齐衰之人的面色就应当像雄麻一样呈浅黑色。服大功丧服之人的容貌应当枯寂静止。服小功和服缌麻之人的面色保持平时的容貌就可以了。这些容貌特征最初可能都是情之所至，但被强行规定之后，丧家的容貌非要做出如此这般的样子，就具有一些做作和扮演的性质了。过多的、过度的礼制限制使丧礼走向了情感表达的反面。所以丧葬礼仪从肯定人的情感出发，最后又成为自然情感的约束，从而使丧葬中的情感成为被窒息的情感。正因为丧礼对情感的流露进行了刻板的规定，所以，礼制与情感有了冲突。魏晋时期，士人们对礼制的背叛，正是从突破礼制对情感的约束率性而为开始的，殊不知，礼制的最初设立恰恰是从真情流露开始的。

（二）丧葬礼仪中的诗意态度

丧礼有一个突出的特点，是将死人当活人来看待和侍奉。正

---

① （清）孙希旦：《礼记集解》，中华书局 1989 年版，第 1365 页。

如李安宅《〈仪礼〉与〈礼记〉之社会学的研究》中所说："……兼顾感情和理智两方面的，明知其非而姑且为之，便是诗的态度——姑且信之，以济眼前之穷罢了，换句话说，就是自己故意欺骗自己。如艺术家粉墨登场，本非所拟之人，然犹揣摩化身，姑且拟之。"① 可以说，周人丧葬礼仪中的许多行为都体现了这种诗意的生活态度，明明知道亲人的离去已是不可挽回的事实，但是还要欺骗自己，像敬仰活着的亲人一样地敬仰死去的亲人。

这种诗意的态度体现在丧礼中的许多方面。如活人的冕上有缀在耳边的玉珠，叫做瑱，人君用玉，臣用象牙质地的材料。死人的耳边也要有瑱。还有往死去的亲人嘴里填米放贝，是不忍心让死去的亲人口内空虚。不用熟食填放，是由于自然天成之物更为美好。再如在堂上停柩期间，丧家早晚都要在灵柩东边摆放一些酒食供奉。遇到新熟的五谷或其他鲜果也供奉一些。一般是"朝奠日出，夕奠逮日"②，即每日太阳刚刚出来的时候以及太阳刚刚下山的时候，都要为死者奠放食物，称为朝夕奠。这是设想死去的亲人也像活着时一样早晚都要用餐。这些都是用对待生时的态度来对待死去的亲人，这是周人在虚幻的境界中的一种诗意的生活态度的表现。

明器是知道亲人已经死去，但是还坚信其有知觉，所以供奉给死去的亲人一些生前用着的器皿，或生前喜爱的器皿。较常见的随葬品有陶器、玉器、车马等。但这些器皿又与活人的器皿不同，据《礼记·檀弓上》所载："是故竹不成用，瓦不成味，木

---

① 李安宅：《〈仪礼〉与〈礼记〉之社会学的研究》，上海人民出版社 2005 年版，第 14 页。

② （清）孙希旦：《礼记集解》，中华书局 1989 年版，第 232 页。

不成斫，琴瑟张而不平，竽瑟备而不和，有钟磬而无簨虡，其曰明器，神明之也。"①《礼记·檀弓下》也记载了孔子对明器的认识："'其曰明器，神明之也。'涂车、刍灵，自古有之，明器之道也。"② 知其已死，但不将他看作死者，心中也知道其不可再生，所以随葬品就是一些表达丧家迷离恍惚情感的东西，随葬的竹器不编织边缘，瓦器不加光泽，木器不加雕饰，琴瑟张弦而不能弹奏，竽瑟外形具备而不能吹奏，有钟磬却没有悬挂钟磬的簨虡。换个角度说，这些没有美饰的器物也表达了失去亲人时的哀痛心情，正如《礼记·檀弓下》中所载："奠以素器，以生者有哀素之心也。"③ 以这些没有装饰的素器来给亲人陪葬，表达了人们认识到亲人已经死去，已经没有知觉了，但冥冥之中又觉得他们的生命还依然存在着，所以宁可固执地认为他们还有知觉，还需要生活器用的矛盾心态。反过来，一旦做得实在，反倒没有意思了。正如《礼记·檀弓上》所载，宋襄公葬其夫人，给陪葬的瓮中装满了可以食用的醯醢。子思反而批评说，既然是明器，就不应该当真。这是一种对生死的诗意理解，假的器物中饱含着真实的感情，同时，不能将假的做成了真的。在假假真真之间透显出周代贵族对待丧礼的艺术性情怀。

八　祭祀礼仪的艺术性

祭祀是人类对超自然的神灵崇拜之风俗的继续。周人虽然强调"敬德"、"保民"，但依然将统治的根据设定为形而上的神灵。换句话说，在周代贵族的生活中，神灵对于维护人间秩序具

---

① （清）孙希旦：《礼记集解》，中华书局 1989 年版，第 216 页。
② 同上书，第 265 页。
③ 同上书，第 256 页。

有很重要的作用。祭祀礼仪是人与天地自然神灵沟通的方式，是维护等级体制，凝聚宗族血缘关系的重要途径。对天地和四方之神的祭祀还在于提醒人们神灵的存在，使人们具有敬畏意识。祭祀在周人的生活中具有这样重要的意义，所以成为与战争同等重要的国家大事。

周代贵族的祭祀礼仪在完成了意识形态统治的同时，还包含着许多哲学意蕴，具有丰富的艺术性。在周人的祭祀礼仪中，无论是祭祀天地，还是进行宗庙祭祀，几乎都有众多的人来参加。庞大的祭祀人群、隆重的祭祀礼乐，精致的祭器，精美的祭品，繁复而有序的祭祀程序，这一切无不透露出一股浓浓的艺术韵味。

（一）祭祀方式的艺术性

周人的祭祀礼仪繁多，每一种祭祀仪式都具有特定的祭法。如周代祭天礼仪是每年冬至在国都南郊的圜丘举行。圜丘是一座圆形的祭坛，古人认为天圆地方，圆形正是天的形象，"圜"同"圆"。祭祀之前，天子与百官都要斋戒并省视献神的牺牲和祭器。大司乐在举行祭祀的前一天晚上陈设乐器，并检查乐器是否准备就绪。在举行祭祀的当日清晨，鸡人（周代的一种官职）招呼百官动身，典路（官职）准备出祭所用的玉路之车，竖起太常之旗，大司乐合奏《王夏》之乐。凡天子所过之处，人们就在田边设烛火以照明道路。

祭祀开始时，天子身穿大裘，内着衮服，头戴前后垂有十二旒的冕，腰间插大圭，手持镇圭，面向西方，立于圜丘东南侧。这时鼓乐齐鸣，大司乐奏圆钟，舞《云门》，演奏六遍，以降天神。

接着天子在坛下宰杀赤色牛犊，并将其血与苍璧等祭品一起放在柴垛上，由天子点燃积柴，让烟火高高地升腾于天，使天帝嗅到气味。这就是燔燎，也叫"禋祀"。

接着在乐声中迎接作为神主的"尸"（由活人装扮的祖先）登上圜丘。尸就坐，面前陈放着玉璧、鼎、簋等各种盛放祭品的礼器。这时先向尸献牺牲的鲜血，再依次进献五种不同质量的酒，称作"五齐"。天子献酒时，以匏为酒器，在瓦瓮中酌泛齐酒以献神主，称为"朝践"。随后，大宗伯代替王后以匏爵酌醴齐之酒，陪献于神主，也称为"朝践"。每一献，奏乐一遍。前两次献酒后要进献全牲、大羹（肉汁）、铏羹（加盐的菜汁）等。

第三次献酒，天子以匏爵向神主献盎齐酒，大宗伯以匏爵向神主陪献缇齐之酒，这就是"馈献"。第四次献酒后，进献黍稷饮食。神主进食肴馔之后，天子再次酌泛齐之酒请神主漱口，此称为"朝献"。大宗伯再次以缇齐之酒请神主漱口，此称为"再献"。荐献后，尸用三种酒答谢祭献者，称为"酢"。饮毕，天子与舞队同舞《云门》之舞，相传那是黄帝时的乐舞。

最后，祭祀者还要分享祭祀所用的酒醴，由尸赐给天子诸侯等，称为"嘏"，后世也叫"饮福"。天子还把祭祀用的牲肉赠给宗室臣下，称为"赐胙"。

在天神中还要祭祀日月星辰，以及风师、雨师等。祭祀天界的神灵都要燃烧堆积的柴薪，使烟气上闻于天神。祭地的方式是用祭牲的血浇灌于地，使其气下达，及于地神。献给地神的玉用黄琮，币用黄缯，牲用黄犊。黄色象征土地的色彩。祭祀完毕，牲玉都瘗埋于坛北的地下。祭祀山林是将玉币、牲体等埋于地下，以达到与幽明之神相沟通的目的。祭祀川泽是将牺牲、玉帛沉入川泽，以表示对川泽之神的祭奠。

周代贵族在祖庙中祭祀祖先之神，礿（或曰礿）、祠（或曰禘）、尝、烝分别是春、夏、秋、冬四时之祭的祭名。对祖先神的四时祭，就是每逢季节转换，子女都要用时令蔬果供奉在祖先的灵前，请他们享用。每到岁末，举家欢庆之时，也要请祖先的在天之灵回家，接受子女的祭飨。各级贵族出行前都要到祢庙行告祭礼，即到祢庙行释币礼，将准备出行的事告诉祖先的神灵。

天子祭天，是相信天命的存在，祈求天赐福人间，也是表示自己能够秉承天命，给自己的统治披上神秘的合法外衣。祭祀各种神灵也都有着世俗的目的，然而，在这些世俗的目的得到体现的同时，周代的祭祀礼仪中也显示出浓厚的艺术性。这就是蕴涵在各种祭祀礼仪中的表演性。每一种祭祀仪式都像一场话剧表演。在这场演出中，导演者既是表演者，也是观看者，这是一个全民参与的演出。天子祭天去的路上，点燃火把照亮道路的农人们，也成为这场表演的一部分。在天子祭天的日子里，有丧事的人家，不能哀哭，不能穿丧服。演出的性质是开辟出一个虚幻的时空，让参与者都获得一种不同于日常生活的感受。如祭天礼仪，就是要让所有人获得一种虔诚的快感，同时获得一种节日到来的幸福感觉。

正是因为表演性的典礼能够带给人们一种不同一般的心理体验，所以文献中多处记载着周人像等待隆重的节日一样，等待着祭祀时日的到来。《国语·楚语下》中描述了祭祀的盛况："百姓夫妇，择其令辰，奉其牺牲，敬其粢盛，絜其粪除，慎其采服，禋其酒醴，帅其子姓，从其时享，虔其宗祝，道其顺辞，以昭祀其先祖，肃肃济济，如或临之。"① 从这一段文字可以看出，祭祀前人们要忙忙碌碌地进行各种准备。而祭祀的场面既丰盛、热闹，又虔诚、肃穆，蕴涵着艺术的意味。《诗经》中有关祭祀场面的描写大多都从人们祭祀前准备阶段匆忙的身影、欢庆的气

① 　徐元诰：《国语集解》，中华书局 2002 年版，第 519 页。

氛写起。如《小雅·信南山》以优美的语言将生活中的丰收与和谐状态展示给祖先神，使他们在阴间或天堂能够看到子孙后代的生活状态，从而能继续赐福人间。仪式的表演性、富有节日般欢乐的氛围等，这些都是祭祀典礼艺术性的体现。

祭礼具有净化个体灵魂和使个体生命充实的作用。正如涂尔干《宗教生活的基本形式》中所说的："无论是谁，只要他真正参与了宗教生活，就会很清楚膜拜给他带来的欢乐、内心的平和，安宁和热烈等印象，对信仰者来说，这些印象便是他的信仰的经验证明。"① 也就是说，在具有宗教性质的祭礼中个体的情感得到了净化，同时，享受到了内心的欢乐和平和。

（二）虚幻的祭祀境界

周人在祭祀前要静心养性，剔除私心杂念和各种欲望，内敛自己的情感，做到心平气和。《礼记·郊特牲》中讲："齐（斋）之玄也，以阴幽思也。故君子三日齐，必见其所祭者。"② 就是说，为了能够达到心志的专一，斋戒时要穿戴着玄冠、玄衣、玄裳，这是因为玄色为幽阴之色，利于凝神静思。穿着这样的服饰，专心致志斋戒三日，就能涤除心中杂念。

在祭祀的场合中，随着肃穆、隆重的祭祀典礼拉开序幕，人们暂时抛弃了生活琐事的烦扰而进入到一种超现实的境界。在这种虚幻的境界中人们的心神是专一的，灵魂是纯净的。祭祀就是要用专注的心灵去感应神灵的存在。祭之日，常常能感受得到神灵的现身，"入室，僾然必有见乎其位；周还出户，肃然必有闻乎其容声；出户而听，忾然必有闻乎其叹息之声"③。家里的角

---

① ［法］涂尔干：《宗教生活的基本形式》，上海人民出版社 2006 年版，第 390页。

② （清）孙希旦：《礼记集解》，中华书局 1989 年版，第 723 页。

③ 同上书，第 1209 页。

落里似乎都有着逝去亲人的影子，冥冥之中，祭祀者已经进入了一种虚幻的生活空间。所以"祭之日，乐与哀半：飨之必乐，已至必哀"①。祭之日，欢乐和忧戚参半，恍惚中，能与双亲交互感通，使人欢乐，但是这种短暂而虚幻的欢乐很快就会消失，所以又令人备感忧伤。

因为恍惚中能与神明交通感应，所以，孝子真诚地对着这虚幻的神灵表达敬仰和思念之情。孝子的一举一动、一进一退都毕恭毕敬，如同亲人就在眼前。神灵看不见，听不见，但是只要以真诚的心去祈祷和感知它的存在，用真诚的心去感受神灵的显现，神灵似乎就能时时瞩目和保佑着后代。《礼记·祭义》中记载："是故君子合诸天道，春禘、秋尝。霜露既降，君子履之，必有凄怆之心，非其寒之谓也。春雨露既濡，君子履之，必有怵惕之心，如将见之。乐以迎来，哀以送往，故禘有乐而尝无乐。"② 这里讲的是春季举行禘礼和秋季举行尝礼的状况。春天，春雨滋润着大地，万物复苏，在这样的场景中，好像将要见到失去的亲人，所以春禘用音乐迎接着亲人的到来。秋天霜露降临大地，走在上面心中难免会升起一股寒意，所以秋尝以悲哀的心情送走亲人，因而秋尝时没有音乐。在祭祀时，由于外在环境的影响，也是由于祭祀者通过斋戒有意调节自己的心境，所以在祭祀中，与所祭祀的对象之间能够有很好的情感沟通。祭祀时，在想象的虚幻境界中与祭祀对象进行情感沟通，这是富有艺术性的心理状态。

周代贵族的祭祀心境具有超越功利的诗性特征。通过涤除私心杂念，祭祀者的心境变得澄明、纯净，从而获得一种超然物质

①　（清）孙希旦：《礼记集解》，中华书局1989年版，第1211页。
②　同上书，第1207—1208页。

欲念之外的艺术心境，并且在这种恬淡的心境中，人与各种神灵时常能够达到冥冥之中的交感呼应，这又为人开辟了一个虚幻的情感世界，类似于艺术创作中的审美想象。艺术在一定程度上就是对现实生活的超越，是创作一方精神存在的虚幻空间。在这一点上，周人的祭祀仪式和艺术有相通之处，即祭祀为周人开辟了一个精神生活的空间，将人们从日常生活引导到与神沟通的幻影世界。如《礼记·祭义》记载："齐之日，思其居处，思其笑语，思其志意，思其所乐，思其所嗜。齐三日，乃见所为齐者。"① 即在一片恬淡的心境中，就有可能与已经失去的亲人在想象世界中相沟通，这虽不是审美想象，但在内在精神上与艺术想象是相通的。所以说，祭祀虽不是专门的艺术活动，但是其中蕴涵着艺术性。

在祭祀中，袅袅的烟气上升着，礼乐隆隆地吹奏着，人们虔诚地进行着每一个仪节。周代祭祀礼仪被笼罩在这种神秘的氛围中，并将参与者带进一种迷离恍惚的虚幻氛围中，神灵悄然现身人间。

面对西方工业文明的长足发展，许多哲学家和诗人深深地慨叹世界的贫乏，慨叹诸神远去，存在晦暗不明，人处于一种非本真的生存之中。然而，在周代的祭祀礼仪中，神灵却离人们是那样近，似乎就在人们的身边。由于有这个层面的存在，周代贵族的生活就有了纵深感。

（三）祭祀礼仪中阴阳和谐的美学追求

认可神秘的形而上力量的存在是周人进行祭祀的前提。《史记·鲁周公世家》中记载，周公死后，有一年秋天，庄稼还未收获，忽然雷电交加，狂风大作，将稻禾都吹倒了，大树也连根

---

① （清）孙希旦：《礼记集解》，中华书局 1989 年版，第 1208 页。

拔起。朝中上下大为惊慌。成王与大夫们穿上朝服，打开周公藏策书的金匣子，看到当年周公在武王重病时，祷告愿以身为质，代武王而死的简书。成王手持简书，感动得哭了起来，并说自己少年无知，现在上天以其威严大动风雨雷电，昭显周公的恩德，他应当到郊外举行祭天之礼以迎周公的神灵，为周公行先祖配享之礼。成王举行了郊天之礼，老天立即下雨并掉转了风向，倒下的稻禾又都挺立起来了，那年五谷丰登。这件事情体现了周人的神秘感应思想，表明周代的祭祀礼仪中还有着史前巫术文化的色彩。这正是弗雷泽《金枝》中所说的神秘的"相似律"，或者如列维-布留尔《原始思维》中所说的"互渗律"。人类学家所总结和提炼出来的这两个原始思维特征，都旨在说明在原始人看来，世间一切事物皆有一种神秘的感应关系，并且事物之间的神秘联系往往具有超越时空的性质。这种感应关系超越了逻辑的、理性的分析范围。周代祭祀礼仪中的天人合一、阴阳和谐的美学观念就建立在人神之间的感应关系的基础之上。

祭礼中的阴阳和谐也具有神秘的感应性，即周人认为祭礼中的阴阳和谐，其结果将会使整个社会生活得到感应，从而也保持阴阳和谐的境界。《礼记·祭义》中记载，祭祀时"君牵牲，夫人奠盎；君献尸，夫人荐豆"。可见，祭祀的过程中要夫妻共同参与，相互配合。《礼记·祭统》也记载了在太庙祭祀时，夫唱妇随的情景：国君头戴冕冠站在阼阶上，夫人头戴副，身穿袆衣站在东房中。国君拿着以圭为柄的玉杓酌酒供尸行裸祭礼，大宗拿着以璋为柄的玉杓酌酒，在国君之后，供尸行裸祭礼。到迎牲入庙的时候，国君牵着拉牛的纼，卿大夫跟从在后面，士抱着喂牛用的刍草。同宗的妇人端着盎齐，跟在夫人后面。夫人将涚水掺入盎齐中，向尸进献。国君用鸾刀割取牲肉进献给尸尝，夫人则进献上盛在豆中的食物。这是一幅庙祭中夫妇

之间和谐与默契的生动图景，体现了夫唱妇随，阴阳和谐的美学
原则。《礼记·明堂位》云："升歌《清庙》，下管《象》；朱干
玉戚，冕而舞《大武》，皮弁素积，裼而舞《大夏》。《昧》，东
夷之乐也。《任》，南蛮之乐也。……君卷冕立于阼，夫人副袆
立于房中。君肉袒迎牲于门，夫人荐豆、笾，卿大夫赞君，命妇
赞夫人，各扬其职。"① 这也是天子祭祀祖先神的盛况，其中所
张扬的也是夫唱妇随、阴阳和谐的观念。同样，也是为了达到阴
阳的和谐与平衡，春天的时候，天子头戴系着朱红组带的冠冕，
亲自在千亩籍田上耕种。诸侯头戴系着青色组带的冠冕，亲自在
百亩之田上耕种。王后则要以虔诚的心在蚕室中举行养蚕的仪
式。这是男耕女织的古代社会生活理想的体现，是日月轮回，阴
阳平衡的哲学精神的体现。

　　周代贵族宗庙祭祀中的阴阳是具有互动性的。《礼记》中记
载："庙堂之上，罍尊在阼，牺尊在西；庙堂之下，县鼓在西，
应鼓在东。君在阼，夫人在房，大明生于东，月生于西，此阴阳
之分，夫妇之位也。君西酌牺象，夫人东酌罍尊，礼交动乎上，
乐交应乎下，和之至也。"② 意思是在庙堂上进行祭祀时，君的
位置在东边，却到庙堂西边的牺尊中去酌酒，象征着太阳出于东
而向西运行。夫人的位置在西边，却要走到东边酌取罍尊中的
酒，象征着月出于西而东行。君与夫人交献，是礼交动于上；悬
鼓与应鼓合鸣，是乐交应乎下。礼乐相应，使祭祀达到阴阳和谐
的极致。因为周人重视天地、阴阳的平衡，所以，在一个男权社
会中，女性的地位，一方面表现为对男子的顺从，承接着生儿育
女、繁衍后代的角色，这是对一个宗族而言，女性处于较为被动

---

① （清）孙希旦：《礼记集解》，中华书局 1989 年版，第 844—846 页。
② 同上书，第 660 页。

的地位。但是在周代贵族社会中，女性的地位也是不可忽略的，因为她们在祭祀仪式中是作为平衡阴阳的另一极而存在的。女性在周代贵族的精神世界中有着十分重要的地位。

阴阳之间的平衡也要通过人为的努力才能达到。《左传·昭公四年》记载，天下冰雹，季武子问申丰冰雹能否防御。申丰回答季武子时，谈到了古代藏冰和出冰时的祭祀活动。即在寒冷的冬天于深山穷谷中取冰藏之。在贮藏冰的时候，用黑色的公牛及黑色的黍米祭祀司寒之神，亦即冬神玄冥。在取冰的时候，以桃木为弓，以棘为箭，置于冰窖口以禳灾。桃木具有避邪的作用，属阳。藏冰之所属阴，一旦取冰时泄漏阴气，就会造成危害，所以用桃木弓来除灾避邪。取意于以阳治阴，使其伏而不出，藏而不泄，用以保持阴阳的平衡。

祭祀中的阴阳和谐观念也体现在祭器和祭品中。在周人的观念中，食物也有阴阳之分，饮品是阳，食品为阴。用火烹熟的肉属阳，谷类食物属阴。金属器皿属阳，陶瓠属阴。什么食物置于什么样的器皿中要符合阴阳平衡的原则。祭品和祭器之间也要体现阴阳和谐的美学思想。《礼记·郊特牲》记载："鼎俎奇而笾豆偶，阴阳之义也。"[1] 奇数为阳数，偶数为阴数，鼎俎中盛放着动物类的牲肉也属阳，笾豆中盛放的基本上是菜果之类，植物属阴，这样就达到了奇偶阴阳和谐的美学境界。《礼记·郊特牲》还指出："飨、禘有乐，而食、尝无乐，阴阳之义也。凡饮，养阳气也；凡食，养阴气也。故春禘而秋尝，春飨孤子，秋食耆老，其义一也，而食、尝无乐。饮，养阳气也，故有乐；食，养阴气也，故无声。凡声，阳也"[2]。春属阳，秋属阴。凡

---

① （清）孙希旦：《礼记集解》，中华书局 1989 年版，第 672 页。

② 同上书，第 671 页。

是声乐都是属阳的。饮酒属于保养阳气，故有音乐伴奏；进食，属于保养阴气，故无音乐伴奏。飨、禘有乐，食、尝无乐，都是为了达到阴阳之间的和谐。

祭祀礼仪是周代贵族生活中的重要仪式，它营造了周代贵族与神灵沟通的特殊氛围，使周代贵族的宗族意识得到强化，使贵族的等级观念得到强化，《礼记·王制》谓："天子祭天地，诸侯祭社稷，大夫祭五祀。"同时，在祭礼中也包含着阴阳平衡的美学观念。

到此为止，我们对出生礼仪、冠礼、婚礼、燕饮礼仪、朝聘礼仪、丧礼、祭礼等几种主要礼仪中的诗意性进行了梳理。对周代贵族而言，他们的生活中有着丰富多彩的仪式，这就是他们独特的生活方式的体现。时隔三千年，我们站在旁观者的角度来观照周代贵族的生活方式，就会发现这些生活方式本身具有丰富的艺术性，体现了周人的诗性气质。各种礼仪的艺术性主要表现为：第一，仪式是对日常生活的提炼，仪式形成了一个相对独立和封闭的生活空间，它不同于日常生活，而具有戏剧舞台的封闭性，也具有戏剧舞台的虚幻性，从而成就了贵族仪式化生活的艺术性。第二，仪式中的言谈举止都具有程式化的特点，可以在多次仪式中反复出现，具有戏剧表演的性质。第三，仪式中的举手投足具有表演性，很大程度上是做给别人看的，具有观赏性。这与艺术表演也是相近似的。第四，各种仪式中的行为都具有繁复、缓慢的特点。更多的时候，这些行为和言语定格在那里，传达着内在的精神蕴涵，却不具有直接的目的性，这就使这些仪式化的举动具有了观赏效果和艺术性。第五，仪式是有意味的形式，它要传达和承载深厚的意识形态蕴涵，发挥丰富的社会功能，给人生设定意义。可以说，生活世界本身是没有意义的，所谓的意义都要靠人自己来设定，周代贵族的生活意义就是在仪式中得到设定和升华的。但是，仪式毕竟不是艺术，因为艺术是在生活之外开辟出来的一个虚幻的表演空间，而仪式就是鲜活的生活本身。因而，我们说周代贵族的生活方式中具有一定的艺术性，周代贵族的生活方式本身就是一首意蕴丰富的诗，但它并不是完全意义上的艺术。

第二节　周代贵族日常生活中的艺术精神

为了维护以血缘关系为纽带、以封建等级制为核心的统治秩序，周代统治者制定了一系列的礼，从言谈举止、饮食服饰到车马器用、应对进退等各个方面对贵族的行为和思想予以规训，使其有别于普通劳动者，从而使贵族的特权地位和贵族的内部等级秩序得到维护。礼不仅仅体现在各种重大的仪式中，也渗透在贵族日常生活的方方面面，在日常行为和举止中得到传播和强化。周代贵族之所以在历史上留下令人难忘的记忆，其中一个重要原因就在于他们的日常行为方式，包括日常餐饮、揖让周旋、俯仰进退也都呈现出一种特别的艺术气质。这一节我们对周代贵族日常行为方式中的艺术精神予以探讨。

日常生活包罗万象，在这里我们不可能面面俱到地论述，而且并不是周代贵族日常生活的所有方面都富有艺术性，都是积极健康的。因而我们这里主要选择具有艺术性的日常生活行为，如洗浴、进食、穿鞋、侍坐等几个具体生活细节来探讨贵族日常生活方式中所蕴涵的艺术精神。

一 周代贵族沐浴中的艺术追求

（一）清晨的盥洗、美饰

黎明即起，是周代贵族遵循的生活原则。起床之后的盥洗、洒扫表达了他们对生活的热爱，对自我形象的关注，以及追求整洁的审美意识。《礼记·内则》较为详细地记述了周代贵族每日清晨的生活状况："凡内外，鸡初鸣，咸盥、漱，衣服，敛枕、簟，洒扫室堂及庭，布席，各从其事。"①即鸡叫头遍时，就开始洗漱、穿衣，把晚上睡觉时用的枕头和卧席收拾起来，然后洒扫房间，厅堂和庭院，铺好坐席，各执其事。

关于每日清晨的自我美饰状况，《内则》中也有较为详细的记载：他们每天早晨鸡叫头遍就起来洗脸，漱口，梳头，包上头巾，插上发笄，系上发带，梳理齐眉的刘海，戴上帽子，系好带穗的冠缨，穿上玄端服，系上皮蔽膝，腰上加上大带，再插上笏。贵族身上还要佩戴许多佩件，左边有拭手擦物的佩巾、小刀、磨石、解小结用的骨锥、打火用的燧；右边佩的物件有射箭时套在手指头上的玉扳指、射箭时用来保护左臂的皮套、笔管、刀鞘、解大结用的大锥、钻木取火用的木燧。这些成套的佩饰，表现出周代贵族的整洁观念和尚武精神，因为身上所挂的饰物有很多是射箭的器具。

贵族妇女早晨的生活顺序与男子差不多，只是妇女身上所佩戴的主要是用来做针线活的用具，并且要将针、钥匙、线、丝棉等四件较小的物件一起装进随身携带的精致的小绣囊之中，最后系上香囊，穿好鞋子，系好鞋带。

即使是未成年人，每日清晨的生活也是繁忙而有序的。《内

---

① （清）孙希旦：《礼记集解》，中华书局 1989 年版，第 731 页。

则》中记载："男女未冠笄者，鸡初鸣，咸盥、漱、栉、缲、拂髦、总角，衿缨，皆佩容臭。"① 即未成年的贵族少年每天也要鸡鸣之时，就起床洗脸漱口，梳头，梳理刘海。其发型是在头顶左右两边各绾起一个小髻。身上还要佩系绣囊，绣囊中装上香料。

从这些有关周代贵族日常生活方式的文献记载中，可见周代贵族是非常注重自己形象的，他们每天都要将自己收拾得干净、整洁。并且可以看到，即使是一些日常生活用品，他们也将其非常仔细地佩挂在身上，甚至这些日常生活用具也成为美饰自己的佩件，成为具有观赏价值的物品。

（二）贵族其他时间的洗浴方式

周人非常注意卫生，将盥手、洗爵作为各种礼仪中重要的环节，反复予以强化。在日常生活中，他们也有良好的卫生习惯。如怎样洗澡、洗头、洗完后如何梳理、怎样保养等都很讲究。

《礼记·玉藻》详细记载了贵族的洗浴过程：

> 日五盥，沐稷而靧粱，栉用樿栉，发晞用象栉，进机进羞，工乃升歌。浴用二巾，上绤下绤。出杅，履蒯席，连用汤，履蒲席，衣布晞身，乃屦，进饮。②

沐为洗发，浴为洗身。君子每天要洗五次手，洗头要用穄子米汤，洗脸要用黄粱米汤。洗头后用樿木梳子梳头，头发干了后就要换用象牙梳子来梳理头发。洗浴时，用两条浴巾，一条是细葛布的，用来擦洗上身，一条粗葛布的，用来擦洗下身。洗完

---

① （清）孙希旦：《礼记集解》，中华书局1989年版，第730页。
② 同上书，第786—787页。

后，迈出洗浴盆，站在蒯草编织的席子上用水冲洗全身，然后站在蒲草编织的席子上，擦干身子，穿上浴衣，穿上鞋子。梳洗完后，向鬼神求福、进献，然后乐工升堂奏乐，开始饮酒听音乐。洗浴的每一个步骤都不急不躁，绝不匆忙慌乱，带有程式化的特点，甚至洗浴之后还要向鬼神求福、进献，还有乐工升堂奏乐，还要饮酒听乐。这实在不仅仅是简单的洗浴，而是意蕴丰厚的洗浴文化，是周代贵族考究、细致的生活方式的集中体现。洗得如此仔细已令人叹为观止，竟然在洗浴结束后，还要饮酒、听音乐，这其中的悠闲和优雅更令人惊异。

　　考察贵族的清晨梳洗和其他时间的洗浴过程可以深刻体会到：第一，周代贵族对自身形象非常关注。他们追求美好的生活，是从美饰自身形象开始的。同时，梳洗和沐浴使他们精神饱满，意气风发，表现了他们积极的生活态度。第二，从盥洗和沐浴过程也可以感受到，周代贵族的生活中有着浓郁的文化氛围。洗浴成为一种有文化底蕴的行为，并且他们做得那样讲究、细致，使这一行为本身成为生活的艺术。同时，洗浴之后的听乐养性，也表现了他们对待生活的一种艺术心态。

二　贵族日常饮食的艺术性

　　从茹毛饮血到满汉全席、从手抓羊肉到竹筒粽子，不同的餐饮方式中隐含着不同民族和不同阶层对食物的理解，也正是不同的饮食方式，以及对待饮食的不同态度，使不同的民族、不同的人群有了属于自己的文化。周代贵族的饮食方式中体现着他们的精神追求和审美趣味。除了宴享仪式中的盛大餐饮场面外，周人日常生活中的饮食方式也别具特色。关于周人饮食文化的文献记载比较丰富，这里我们只就能够体现出贵族审美情趣的方面予以梳理。

（一）精细化的饮食追求

周代贵族的饮食讲究场面的宏大、气氛的和谐。《周礼·天官·膳夫》记载：“凡王之馈，食用六谷，膳用六牲，饮用六清，羞用有百二十品，珍用八物，酱用百有二十瓮。”① 六谷指的是黍、稷、粱、麦等六种谷物；六牲指的是马、牛、羊、鸡等六种牲畜；六清指的是水、浆、醴、酏等六种酒；羞即多种美肴；珍，即各种珍贵的食物；酱指的是醯和醢的总称，醯即醋，醢即肉、鱼等制成的酱。这段话的意思是周王每天饮食都要用六谷、六牲、六清、各种美肴一百二十种、各种珍馐八种、各种酱一百二十瓮。从这些数字中可以想见周王饮食的规模和考究程度。

周代贵族的食物种类非常丰富。从《礼记·内则》所载可以看出，他们的主要食物有：“饘（稠粥）、酏（古代一种用黍米酿成的酒）、酒、醴、芼、羹、菽、麦、蒉（大麻；大麻籽）、稻、黍、粱、秫”②，以及用来使饭食味道甘美的“枣、栗、饴、蜜”③和使食物柔滑和滋润的“堇、苴（堇菜一类的植物，古时用来调味）、枌（一种榆树）、榆、免、薧（调味品）、滫、瀡”④等。此外还有菱、椇、枣、栗、榛、柿、瓜、桃、李、梅、杏、楂、梨、姜、桂，等等，都是周人的食物，这些食物集四时之灵气，蕴天地之精华，不仅是果腹之物，也体现了周人对世界的理解，体现了天人和谐的生活观念。

周代贵族注重食物的搭配。据《礼记·内则》记载，贵族的食物搭配观念是：“凡和，春多酸，夏多苦，秋多辛，冬多

① （清）孙诒让：《周礼正义》，中华书局1987年版，第236页。
② （清）孙希旦：《礼记集解》，中华书局1989年版，第729页。
③ 同上。
④ 同上。

咸，调以滑甘。牛宜稌，羊宜黍，豕宜稷，犬宜粱，雁宜麦，鱼宜苽。春宜羔、豚，膳膏芗；夏宜腒、鱐，膳膏臊；秋宜犊、麛，膳膏腥；冬宜鲜、羽，膳膏膻。"① "脍，春用葱，秋用芥。豚，春用韭，秋用蓼。脂用葱，膏用薤，三牲用藙，和用醯，兽用梅。"② 从所列举的食物与季节之间的搭配原则，以及食物之间的搭配方式来看，周代贵族的饮食是非常考究的，他们简直是中国美食文化的先祖了。并且，饮食中考虑到四时的变迁，在饮食中蕴涵着天人合一的哲学精神。

（二）优雅的进食礼仪

饭前祭是周代贵族独特饮食方式的体现。饭前祭，即为了报答最先创造此食物的祖先，举起食物，象征性地荐祭先民，称为泛祭，或周祭、遍祭。《礼记·玉藻》记载："又朝服以食，特牲，三俎，祭肺，夕深衣，祭牢肉"③。从此可推知国君吃饭前要进行祭祀。《礼记·玉藻》："客祭，主人辞曰：'不足祭也。'"④ 表明有客人时的饭前祭祀还要有一番主客之间的谦让。《论语·乡党》中也讲道："食不语，寝不言。虽疏食菜羹，必祭，必齐如也。"⑤ 意思是饭前有祭祀礼仪。这些文献记载表明，在周代贵族的生活中饭前祭祀已经成为一种生活方式。饭前祭的饮食方式显示了周代贵族对神灵和祖先的敬畏情怀和感恩意识。饮食既是物质生活层面，同时又蕴涵着精神生活的内容。

以乐侑食，即在吃饭时用音乐来伴奏，营造出一种温馨舒适和愉快的饮食气氛，体现了贵族生活中对食物物质价值的超越和

---

① （清）孙希旦：《礼记集解》，中华书局 1989 年版，第 746 页。
② 同上书，第 748 页。
③ 同上书，第 782 页。
④ 同上书，第 825 页。
⑤ 杨伯峻：《论语译注》，中华书局 1962 年版，第 111 页。

对精神价值的追求。《周礼·天官·膳夫》中记载："王日一举，鼎十有二，物皆有俎。以乐侑食，膳夫授祭，品尝食，王乃食。足食，以乐彻于造。"① 即周王每天吃饭的时候，都要演奏一次音乐，用十二个鼎，食物都要放置在俎上，且有优雅的音乐伴奏。吃完饭，撤除剩余饭食时也要奏乐。《周礼·春官·大司乐》记载："王大食，三侑，皆令奏钟鼓。"即周王大食时，一天要三次用钟鼓奏乐侑食。当王饮食完毕之后，也要奏乐撤膳。《礼记·王制》中也有"天子食，日举以乐"② 的记载。从这些文献可以归纳出，周王的日常饮食程序大致是：饭前行祭，吃饭时以乐侑食，食终，奏乐撤膳。音乐为周王营造了优雅的进食环境，使周王的饮食笼罩在艺术的氛围之中。

周代贵族的饮食还要追求举止的文雅。如《礼记·玉藻》篇记载："食枣、桃、李，弗致于核。瓜祭上环，食中，弃所操。"③ 即吃桃子、枣子、李子等带核的水果时，吃前要用最上段祭一下，然后吃中段，吃到手拿过的那一部分就不吃了。国君赐给带核的水果，吃完后，要悄悄地把核放在自己的怀里，不能乱扔。这是周代贵族吃水果的方式，体现了周代贵族生活方式的文雅和考究。《礼记·曲礼上》中还记载："为天子削瓜者副之，巾以绤；为国君者华之，巾以绤；为大夫累之，士疐之，庶人龁之。"④ 绤和绤都是葛制成的布，其中细者为绤，粗者为绤。这句话的意思是为天子削瓜，要去皮，切成四瓣，再横切一刀，用细葛布盖上；为国君削瓜，去皮，切成两瓣，再横切一刀，用粗葛布盖上。为大夫削瓜，只去皮，不盖葛巾。为士削瓜只去掉瓜

①　（清）孙诒让：《周礼正义》，中华书局1987年版，第240—247页。
②　（清）孙希旦：《礼记集解》，中华书局1989年版，第340页。
③　同上书，第825页。
④　同上书，第62页。

蒂。庶人直接咬着吃。吃东西的方式体现了贵族饮食的细致和文雅，甚至文雅和考究的程度与贵族地位的尊贵程度是成正比的。

由于有一定的田产和社会地位，贵族有条件追求细致、考究的饮食方式，以及追求饮食中举止的文雅。同时，饭前祭、以乐侑食和文雅的饮食形象也成为贵族身份的标志。钟鸣鼎食成为贵族生活方式的集中体现。这既是生活的艺术，又是艺术化的生活。

纵观周代贵族的饮食方式，可以看出，贵族的饮食要遵循一定的礼节，要表达对神灵的感恩和敬畏，所以要行饭前祭祀之礼，吃饭时要伴着音乐，创造一种轻松愉悦的饮食氛围，表现了贵族对食物果腹价值的超越。在贵族的生活中，对食物的消费，还具有表现其优雅举止和传达谦让孝敬精神的意义。周代贵族的饮食行为是优雅的，处在一种无形眼光的关注之下，因而一举一动都做得有板有眼，显示出温文尔雅的贵族气质。

三 周代贵族日常生活中的仪态美

周代贵族生活的艺术性还体现在对礼容的关注方面。礼容包括仪容和仪态。仪容主要指人的面部神情，仪态主要指人的身体姿态。

君子行走坐卧都要在仪容上显示出不同一般的气质。《礼记·玉藻》记载："君子之容舒迟，见所尊者齐遬。足容重，手容恭，目容端，口容止，声容静，头容直，气容肃，立容德，色容庄，坐如尸。燕居告温温。"[①] 这里讲了君子日常生活中的仪容和姿态。其容貌是从容娴静的，遇到所尊敬的人，就特别谦恭谨慎。日常生活中，走路时，脚步要稳重，不要懈怠；手的仪态

---

① （清）孙希旦：《礼记集解》，中华书局 1989 年版，第 834 页。

要恭慎，不可妄加比画；目光要端正，不要斜视；嘴不要总是动来动去；声音要平静和缓；头要端正，不要缩着脖子；气度要严肃；站立时要微微向前俯身，像恭候对方授物的样子；面色要庄重；坐时要像祭礼中接受祭祀的尸一样敬慎庄严。使唤别人时，态度要和善。《礼记·曲礼上》记载贵族的仪态应当是："坐如尸，立如齐。"① 坐就应当像祭祀中扮演受祭的祖先的尸一样坐得端端正正，立就应当像祭祀前斋戒时那样恭敬、端庄。

行走时的仪容仪态应该是："凡行，容惕惕，庙中齐齐，朝廷济济翔翔。"② 这是行走时的面部表情。从行走的姿态来说，一般情况下，贵族在路上行走，步态要直而且快；在宗庙，步态要端庄虔诚；在朝廷，步态要庄敬安详。如果手执神龟、玉器，走路时要更加谨慎小心。

坐立行走的位置是否恰当也是关乎仪态美的重要因素。周代礼制中对贵族行走坐卧的位置和处所都有较为详细的规定："为人子者，居不主奥，坐不中席，行不中道，立不中门。"③ 意思是，做儿子的平时在家里，不要居住在屋子西南角的位置。一张席子独坐时，以中为尊，为人子者，即使独坐，也要靠边，不要坐在席的当中。不要走在道路的中间，不要站在门的当中。反过来说，日常生活中不但坐卧立站姿势要端正，还要处于合适的位置，不要坐在本该长辈坐的位置，不要站在道路中间或门中间妨碍他人。

一个具有涵养的人，他的举手投足之间就透露出一种令人欣赏的贵族气质。贵族的等级不同，所展示出的精神气度也应该不

---

① （清）孙希旦：《礼记集解》，中华书局 1989 年版，第 5 页。
② 同上书，第 833 页。
③ 同上书，第 20 页。

同。《礼记·曲礼下》记载："天子穆穆，诸侯皇皇，大夫济济，士跄跄（翔举舒扬），庶人僬僬（不谨饬）。"① 天子要深沉肃穆、诸侯要显赫轩昂、大夫要端庄稳重、士要容貌舒畅、庶人要急促紧张，不同的人其仪容神态要显示出不同的精神特征。所以说，贵族之贵，并不仅仅表现为拥有田产和爵位，他们看人的眼神，坐立的神态和位置等日常生活中的点点滴滴，都要透露出贵族的气质。这种精神气质需要几代人的积淀才能形成，那些暴发户可以快速地拥有财富，但是却不可能在短时间内具备这种内在的精神气质。

四　周代贵族的日常行为举止之美

举止美，指的是一个人的举手投足、言语行动要适度、优美。当然，这是一个具有时代性的概念，在一个时代被视为优美的举止，在另一个时代，就有可能显得迂腐、造作和繁琐。因而，我们只有将对象置于它所赖以存在的历史文化语境之中进行讨论，才能是一个有意义的问题。就周代贵族的行为举止而言，首先建立在对他人存在的关注的基础之上；其次，贵族的举止大多符合一定的行为规范，显示出温文尔雅、不急不躁的气度。

周礼的目的就是维护上下尊卑的等级秩序，而周礼的重要内容就是对人的行为进行规范，因而行为的规范化是周代贵族生活方式的又一特征。就算平时在家里起居也要符合一定的行为规范，据《礼记·玉藻》篇记载："君子之居恒当户，寝恒东首。若有疾风、迅雷、甚雨，则必变，虽夜必兴，衣服冠而坐。"② 即贵族平时在家里生活要面向门坐着，睡觉的时候头要朝东。如

---

① （清）孙希旦：《礼记集解》，中华书局 1989 年版，第 143 页。
② 同上书，第 786 页。

果夜晚突然刮风下雨打雷闪电，就应当穿好衣服，戴好帽子，端端正正地坐起来。贵族的这一行为不仅表现了他们对日常起居规范的遵循，而且表现出对自然界的变化的敬畏意识，足见贵族的行为不是随便和散漫的，而是充满了警惕和对生活原则、自然变化的畏惧情怀。

《礼记·玉藻》记载周代大夫将要去宫里朝君时，不但要提前一天斋戒，静心养性，还要"既服，习容观玉声"①，即临出发前还要在家里穿好朝服，先检查一下自己的仪容和举止是否得当，走动一下，听听佩玉所发出的声音是否与步伐协调。《玉藻》篇还记载着："古之君子必佩玉，右徵、角，左宫、羽，趋以《采齐》，行以《肆夏》，周还中规，折还中矩，进则揖之，退则扬之，然后玉锵鸣也。故君子在车则闻鸾、和之声，行则鸣佩玉，是以非辟之心无自入也。"② 佩戴着玉的贵族行走的时候，玉佩上的玉也随着走路的节奏而发出悦耳的声音，右边的玉佩发出徵声、角声，左边的则发出宫声、羽声。贵族们向前走的时候，玉佩发出的声音与乐曲《采齐》的乐调相似；向后退的时候，玉佩发出的声音与《肆夏》的乐调相似；返转回身，要走出弧线的样子；拐弯则要走得像直角一样。贵族车子行进时鸾、和发出悦耳的声音，行走时玉佩又发出美妙的乐音，周代贵族走过去了，他们的身后总是留下一串和谐悦耳的声音。可以说，周代贵族生活在一个创造美、又欣赏美的艺术氛围之中。

《礼记·玉藻》篇也指出贵族行祭祖礼仪时步行的规矩："君与尸行接武，大夫继武，士中武。""武"，指足迹。"接武"，指每走一步，后脚应踏在前脚所留足迹的一半之处。"继武"是

---

① （清）孙希旦：《礼记集解》，中华书局1989年版，第787页。
② 同上书，第820页。

一个脚印接着一个脚印。"中武"是一个脚步与下一个脚步之间隔着一个脚印的距离。天子、诸侯和代祖先受祭的尸行走时，迈出的脚应踏在另一只脚所留足迹的一半之处；大夫的足印则一个挨着一个；士行走时步子间可以留下一个足印的距离。如果实际体验一下，就会发现，贵族祭祖时走路的步伐是非常小的。事实上，贵族日常生活中不仅步伐小，而且神态也很讲究。《礼记·曲礼上》记载着贵族日常生活中的步行规范："帷薄之外不趋，堂上不趋，执玉不趋，堂上接武，堂下步武，室中不翔。""步武"，是指足印一个挨着一个。"不翔"，是指行走时不要大摇大摆。总体来看，贵族的步伐又慢又沉稳。

就是穿鞋子这一日常生活细节，在有修养的贵族做来也要显出温文尔雅的气质，也要考虑到不要让别人看着不舒服。《玉藻》篇记载着君子穿鞋的规范："退则坐取屦，隐辟而后屦，坐左纳右，坐右纳左。"① 即穿鞋子的时候不要当着别人的面，要退到避人的地方，跪坐着拿起鞋子，跪左腿穿右脚的鞋，跪右腿穿左脚的鞋。《礼记·曲礼上》记载："侍于长者，屦不上于堂，解屦不敢当阶。" 意思是侍坐于长者，侍坐于长辈，不穿鞋上堂，要将鞋子脱于堂下，解系鞋的带子也不敢正对着台阶。下堂穿鞋的时候，跪着拿起鞋来，到侧阶去穿。如果在长辈面前穿鞋就要跪下，挪开鞋子，然后背着长辈弯腰穿鞋。穿鞋的细节显示出周代贵族稳重从容的气质和对他人存在的关注。他人既是自己行为的监督者，同时又是自己行为的鉴赏者，正是因为心中有他人的存在，所以周代贵族才能在他人这面镜子中更好地审视自己的行为，使自己的行为具有审美性。他人不是地狱，不是魔鬼，而是促使自己向善向美的契机，这是周代贵族和谐人际关系的出

---

① （清）孙希旦：《礼记集解》，中华书局 1989 年版，第 792 页。

发点。

　　周代贵族乘车马的规矩也有很多，如："车上不广咳，不妄指。立视五巂，式视马尾，顾不过毂。国中以策彗恤勿驱，尘不出轨。"①"入国不驰，入里必式。"②车上大声咳嗽会显得自矜。车上乱指，容易引起他人的迷惑。所以一个行为端正的贵族，坐在车上不会大声地咳嗽，不会随意地妄指。站立在车上，向前看车轮转五周远的距离，凭轼俯身的时候，眼睛看到马尾，回头看时，视线不要超过车轴两端。在城里行车，要用马鞭轻轻地赶马，不要让马跑得太快，以至于尘土到处飞扬。

　　在周代贵族的眼中，举止符合规范，就具有审美价值。没有规矩不成方圆，行为的规范化使贵族的一举一动都优雅、得体，使贵族的仪容仪态显示出一股特别的精神气质，也使日常生活中的一招一式都成为具有可观赏性的行为。佩玉的贵族把周人的行为美和身体节奏的音乐美发挥得淋漓尽致，甚至穿鞋的细节中都体现着一个人的教养，都能体现出贵族的举止之美。

五　日常交往的艺术性

　　周代贵族之间除了在重大仪式中互相走访之外，日常生活中也相互来往。我们这里对日常生活中的贵族交往所遵循的原则和行为举止进行分析。周代贵族非常关注与他人相处，而如何与他人和谐相处，关注他人的存在，这是周代贵族礼仪文化中很重要的一环。这里我们从如何到他人处进行拜访，拜访时，如何谈吐、坐卧等几个方面探讨贵族日常交往方式中的艺术气质。

---

①　（清）孙希旦：《礼记集解》，中华书局 1989 年版，第 101 页。
②　同上书，第 99 页。

（一）　日常交往的礼仪及其艺术性

在周代贵族的交往中，一般来说，两个人初次相见，必先有介绍人，然后还要拿着挚去相见。《礼记·曲礼下》记载："凡挚，天子鬯，诸侯圭，卿羔，大夫雁，士雉，庶人之挚匹，童子委挚而退。野外军中无挚，以缨、拾、矢可也。妇人之挚椇、榛、脯、脩、枣、栗。"① 意思是说，天子用黑黍米酒做见面礼，诸侯用圭，卿用羔羊，大夫用雁，士用野鸡，庶人用鸭子。妇人用枣、榛等做见面礼。在野外驻军时，彼此相见，可以更随便一些，用军中能找到的物品如缨、拾、矢等都可做见面礼。

宾客拿着这些见面的礼物，见面以后要说某某让他来见，主人推辞说请他回去，主人随即要拜访他去。宾说"某不足以辱命，请赐见"，经过几番谦让之后，主人才同意相见。对于宾拿来的见面礼，主宾之间同样要几番谦让之后，主人才收下。即使是日常生活中的走访，宾客进门时，主人也要与宾行揖让之礼，主人从门右而入，宾从门左而入，每进一道门，主客之间都要谦让。宾到了寝门前，主人就要客气地请求先进去为宾铺席。礼毕，宾出门后，主人让人转达希望再叙谈之意。宾于是又一次返回，与主人相见，叙毕退出。主人送宾到大门外，行再拜之礼。宾回家后的第二天，主人要回拜宾，且奉挚而还，说"曩者吾子辱使见，请还挚于将命者"，经过几番推让后，挚仍然归还原主。

可见，仪式化的生活方式渗透在周人生活的方方面面。仪式化的日常交往方式，在现代人看来极为繁琐，但在社会事务较为单一的周代社会，却有其存在的合理性。程式化的礼仪，表达着宾主之间交往的严肃性和对彼此的诚敬情怀，也使贵族的行为散

---

① 　（清）孙希旦：《礼记集解》，中华书局1989年版，第159—161页。

发着典雅的气息。

（二）侍坐的艺术

周代贵族的日常生活主要是在室内进行的，而室内的主要行为方式就是席地而坐。在贵族日常交往中侍坐又是交往中的重要环节，坐的姿势和礼节是周代贵族精神气质和艺术精神的重要体现。

古人坐时两膝着地，两脚的脚背朝下，臀部落在脚踵上。如果将臀部抬起，上身挺直，就叫长跪，也叫跽，是将要站起身的准备姿势，也是表示对别人的尊敬。将两腿平伸，上身与腿成直角，形成簸箕状的一种坐法，叫做箕或踞。古人认为箕踞是对他人的不敬，所以，《礼记·曲礼上》强调："坐毋箕。"

周代贵族坐时常常是坐在席上，因而坐席也有一定的行为规范。"群居五人，则长者必异席"，即一张席子只能坐四个人，四个人中的长者应坐席端（合坐以端为上），多了一个人，不能尊卑挤在一起，于是请其中的尊者到另外一张席子上去独坐。已经坐在席上，如果有尊者离席或走到跟前来，就用"避席"的办法表示谦卑。席子在堂屋中要放正。《论语·乡党》中讲道："席不正，不坐。"因为席子正了，心情也就郑重严肃了。古人室内的座次也是很重要的，《礼记·曲礼上》记载："席南乡北乡，以西方为上；东乡西乡，以南方为上。"① 意思是，席子是南北向的，就以西为上位；如果是东西向的，则以南为上位。

侍坐于国君的坐席规范是："侍坐则必退席，不退则必引而去君之党。登席不由前，为躐席。徒坐不尽席尺。读书，食，则齐。豆去席尺。"② 即士大夫奉陪国君而坐时，为了表示地位低

---

① （清）孙希旦：《礼记集解》，中华书局1989年版，第35页。
② 同上书，第789页。

下，不敢与国君同起同坐，必须先向后移一移席子，如果国君不让移动席子的话，那么入座时也要尽量坐得靠后一些，尽量离国君所坐之处远一些。升席时，要由席的下端，不能从席的前端径直进入。由席前径直升席，叫做躐席，是失礼的行为。无事而坐的时候，双膝要距离席的边缘有一些距离。只有在读书、吃饭的时候，为了让国君听清楚、为了不把席子弄脏，才双膝与席边一样齐。放食物的器皿也要离席子有一尺远的距离。这是周代贵族坐的规矩。

侍坐于客人时，要与客人相互谦让之后才能就座。《礼记·曲礼上》记载："若非饮食之客，则布席，席间函丈。主人跪正席，客跪抚席而辞。客彻重席，主人固辞。客践席，乃坐。"①意思是如果来的不是饮酒吃饭的客人，就将宾主的坐席对铺，两席之间相距一丈远。主人跪坐下来替客人整理席位，客人跪下来按住席子婉言推辞。主人为客人铺设两重席，客人要请求撤去一重席，主人一再请他别撤，客人这才上席就座。

侍坐于尊长，将要上席就座，容颜不要羞惭拘谨，两手提起衣服，使衣服的底边离地一尺来高，不要大幅度地扇动衣服，脚步不要慌张。如果先生的书策琴瑟在前面，就跪下将其移开，不能从上面跨过去。不吃饭时，坐在席子上，尽量往后坐，这是谦恭的表现。吃饭时，尽量往前坐，是为了不污染席子。坐时一定要坐安稳，容颜庄敬。侍坐于长者，长者没有提到的，就不要插嘴乱说。侍坐于君子，如果君子打哈欠、伸腰，问日之早晚，就告诉他晚饭是否做好。如果君子变动坐的姿势，那就表示他已有倦意，这时就应当请求退下。侍坐于所尊敬的人，就尽量靠近尊者，而不要留出很多余席。见到同辈的人，不用起身。烛火端来

---

① （清）孙希旦：《礼记集解》，中华书局1989年版，第36页。

了，要起立；食物上来了，要起身；贵客来了，要起身示意。关
于侍坐的规矩还有："侍坐，弗使不执琴瑟，不画地，手无容，
不翼也。"① 意思是，如果尊长者没有让弹琴瑟，就不要自作主
张地弹琴瑟。侍坐于长者时，手不要在地上乱画，不要弄手，也
不要漫不经心地为自己扇着扇子。《礼记·曲礼下》还记载：
"侍于君子，不顾望而对，非礼也。"② 即奉陪君子时，如果君子
有所问，不看看还有没有其他人要回答，就率然作答，这是不礼
貌的行为。侍坐，在轻松的氛围中体现了贵族的仪态之美。

　　侍坐是贵族交往中的重要环节，从这些有关侍坐的文献记载
来看，贵族的侍坐要遵循较为严格的行为规范。一方面要对客
人、长辈、国君等表示谦让和恭顺；另一方面侍坐时要安静，手
不能乱动，眼睛不能随意乱看，即使是看到长辈的琴瑟、扇子之
类的器物，也不要随意拿过来弹奏和扇动。从侍坐的主要特征来
看，周代贵族是比较喜欢安静的生活格调的。安静而不浮躁是贵
族性情的一个重要方面。

　　从以上分析可以看出，贵族之间的日常交往虽然没有场面宏
大的仪式，但也很讲究，一言一行、一举一动都要遵循一定的规
范。规范化的日常举止使贵族的行为高贵优雅，富于艺术性。日
常生活中的礼节也是判断一个贵族是否具有修养的重要标志。

　　格罗塞在《艺术的起源》中关于游戏与艺术的关系有一个
讨论，他认为："游戏和艺术的不同之处，就因为它和实际活动
一样，常常追求一种外在目的，而游戏和实际活动的区别，却因
为它本身也含有愉快的情感因素；只有艺术是仅仅注重活动的本
身，而毫不注重那无关紧要的外在目的。……我们上文已经说

---

　　① （清）孙希旦：《礼记集解》，中华书局 1989 年版，第 928 页。
　　② 同上书，第 111 页。

过，直接得到快乐，是艺术活动的特性。"① 意思是艺术的特性是毫不关注外在目的，而游戏介于艺术和生活之间，因为一方面游戏追求一种外在目的，但另一方面游戏本身也含有愉快的情感因素。事实上，这一理论也可以用来解释周代贵族生活中的艺术性与艺术的关系。假如说艺术是完全没有外在目的的，那么，周代贵族的行为肯定不是艺术，但周代贵族的行为方式并不完全关注行为的外在目的，而且还关注行为本身是否到位，是否优雅等因素，因而，我们也认为周代贵族的行为具有艺术性的因素。这种追求生活艺术性的精神就是艺术精神。

以上我们分析了周代贵族的礼仪生活及日常生活中的几个具有代表性的方面，可以看到周代贵族生活方式主要有以下特征：第一，周代贵族的行为举止大都符合一定的规范。规范化的行为方式具有艺术表演的性质，虽有些做作，但从另一个角度看，也充满了诗化的情调，生活就是诗。第二，周代贵族的举止具有文雅的特征。周代贵族的行为举止要尽量避免粗俗和草率，要在非常细微的地方见出贵族的修养和沉稳的心性。正如《国语·周语下》中所说要"立无跛，视无还，听无声，言无远。言敬必及天，言忠必反意，言信必及身，言仁必及人……"② 这才是一个君子的风范。举止的文雅化是遵循行为规范的必然结果。如穿鞋，先穿哪一只鞋，再穿哪一只鞋，在什么位置穿都是有章可循的。正是在这些符合规范的行为中体现了贵族温文尔雅的精神气度，使贵族的行为举止具有了艺术性。第三，生活的精细和考究。这一点突出地表现在贵族的饮食、洗浴等方面。食物要切得

---

① ［德］格罗塞：《艺术的起源》，商务印书馆1984年版，第38页。
② 徐元诰：《国语集解》，中华书局2002年版，第88页。

细致，做得精细；洗浴的方式要非常讲究，洗完之后还要饮酒听乐，这些都是有闲阶层的生活状况。衣食无忧为贵族超越直接功用目的之上，追求考究化的生活提供了条件。正是在这样的生活方式中表现了贵族对行为举止之美的追求。第四，周代贵族的日常生活虽然不像仪式生活一样，具有隆重的仪程，但是仪式性和规范化的特征是周代贵族日常生活的一个重要特点，也可以说仪式的观念渗透到了贵族生活的方方面面，而且，程序化的行为方式是使周代贵族的日常行为也具有艺术性的一个重要原因。第五，各种祭祀和典礼中的揖让周旋、宴享嬉戏，日常生活中的举手投足、侍坐交游成为周人审美关注的焦点。人的行为成为观赏的对象。第六，周代贵族的行为中有着深厚的文化蕴涵。这主要表现为对神灵存在的敬畏和对他人存在的关注。如在尊贵的客人面前不要呵斥狗，不在主人让食的时候吐唾沫，以免他人产生误解等。这些都是与人相处的一些基本行为规范。如果说这些行为规范在后世成为僵化的教条，那么，在周代它们还具有鲜活的生命活力，而且，这些规定基本上都是人之常情。正是因为遵循了这些礼仪规范，所以贵族的行为才独具一种迷人的魅力，这种魅力来源于对他人存在的关注。如果说存在主义者所说的他人就是地狱，就是限制主体自由的障碍，那么，在中国古代社会生活中，建立的则是一种和谐与互让的人际关系。人与人的关系是从正视他人的存在开始的。只有坦然地将他人的存在当成自己生命中无法逾越的一个因素来考虑的时候，才能具有平和的心态，建立一种和谐的人际关系。并且，周代贵族不仅正视他人的存在，而且将他人理解成自己行为的欣赏者、关注者和评判者，因而，在他人的眼光中，举止都要做得优雅和具有可观赏性。

第三章

礼乐与周代贵族生活方式的艺术化

礼乐文化是周代贵族文化最突出的特征之一，《礼记·乐记》中讲："乐由中出，礼自外作。乐由中出，故静；礼自外作，故文。"[①] 礼、乐共同构成了周代文化的两个重要方面，使意识形态通过艺术和审美的形式得到了传播。在周代贵族的生活中音乐具有沟通天地神人、点缀燕饮气氛等作用。音乐在周代贵族的生活中具有举足轻重的作用，如果没有音乐，周代贵族的文化特征就不存在了。我们这里所说的音乐是一个比较宽泛的概念，既包括音乐，也包括舞蹈和诗歌。

第一节　沟通天地神人的音乐

从史前时期开始，人们就认为音乐是具有神性的，音乐可以使人进入迷狂状态，从而达到通神的目的。到周代人文理性精神得到了长足进展，但在周代的祭祀音乐中，依然保留了一定程度

---

① （清）孙希旦：《礼记集解》，中华书局 1989 年版，第 987 页。

的原始音乐观念。

一　祭祀神灵是王室乐队的重要职责

　　周王的生活中有着对音乐的广泛需求，吃饭时要以乐侑食，吃完饭要以乐撤膳，洗完澡要听音乐静养，周王举行燕饮礼仪、大射礼都要用到音乐。然而周王的乐队更为重要的职责是在祭祀典礼中演奏礼乐。在周代的官制体系中，有一系列的乐官，如大司乐、乐师、大胥、小胥、磬师、钟师、笙师、镈师、韎师等，这些礼官掌管着不同门类的音乐，并在祭祀礼仪中担当着重要的职责。

　　有关乐师的职责，在《周礼》中有较为详细的记载。《周礼》中记载着大司乐的职责是，大祭祀的前夕，负责悬挂好各种乐器，并试奏检查。祭祀时，周王出入要下令演奏《王夏》，尸出入时要下令演奏《肆夏》，牲出入令奏《昭夏》。大射时也一样，周王出入要下令演奏《驺虞》。王告教诸侯时，大司乐要率领着诸侯执弓挟矢演习揖让进退之仪。朔月月半以乐侑食时，大司乐要三次下令演奏钟鼓之乐以劝王饱食。

　　在周王举行大祭祀时，大师就会率瞽蒙登堂演唱歌曲，命令敲击拊作为开始歌唱的命令。堂上唱毕，堂下开始演奏管乐以及其他乐器。镈师则会在周王举行祭礼、飨礼、射礼时，击晋鼓，配合钟镈演奏。在出征凯旋而大献战功时，击鼓配合演奏凯旋之乐。

　　鼓人则"以雷鼓鼓神祀，以灵鼓鼓社祭，以路鼓鼓鬼享，以鼖鼓鼓军事，以鼛鼓鼓役事，以晋鼓鼓金奏，以金镯和鼓，以金镯节鼓，以金铙止鼓，以金铎通鼓。凡祭祀百物之神，鼓兵舞帗舞者。凡军旅，夜鼓鼜。军动，则鼓其众。田役亦如之。救日月，则诏王鼓，大丧，则诏大仆鼓。"① 仅仅鼓这一类乐器，就有雷鼓、灵鼓、路鼓、鼖鼓、鼛鼓、晋鼓等这样多的名目，而且，不同的鼓用在不同的场合。祭祀天神时击雷鼓，祭祀地神时击灵鼓，祭祀宗庙时击路鼓，军事行动时击鼖鼓，有役事击鼛鼓。敲击钟和镈时以晋鼓来配合，以金镯来与鼓声相配合，以金镯作为鼓声的节奏，用金铙停止行军时的鼓声，用金铎统一鼓的节奏。在祭祀百物之神时也要舞兵舞、帗舞。凡出征，夜里敲击鼖鼓。军队冲锋时，夜击鼓鼛舞士气。田役时也击鼓鼛舞士气。遇到日食、月食鼓人就要告诉王击鼓。有大丧，鼓人也要告知大仆击鼓。从有关鼓人的记载中，可以看到，鼓主要用于祭祀神灵的场合和军事场合，与祭祀礼仪活动有密切关系。

在周礼中，对祭祀时所用的音乐有着明确的规定，如演出的仪制、场合都有明确的规定。据《周礼·春官·宗伯》记载，祀天神的时候，奏黄钟，歌大吕，舞《云门》；祭地祇的时候，奏大蔟，歌应钟，舞《咸池》；祀四方之神时，奏姑洗，歌南吕，舞《大韶》；祭山川之神时，奏蕤宾，歌函钟，舞《大夏》；享先妣时，奏夷则，歌小吕，舞《大濩》；享先祖时，奏无射，歌夹钟，舞《大武》。这里的《云门》是黄帝之乐，《咸池》是唐尧之乐，《大韶》是虞舜之乐，《大夏》是夏禹之乐，《大濩》是商汤之乐，《大武》是周武王之乐。周代祭祀不同的神灵要用不同的乐舞与之相配合，而且表演这六部舞蹈的都是周王室和贵族的子弟。

在周代贵族的生活中，音乐具有非常广泛的用途，是其生活中不可分割的一部分。尤其是为了祭祀的目的，周王室配备了成套的乐队，有成套的礼乐可以用在不同的祭祀场合。

---

① （清）孙诒让：《周礼正义》，中华书局 1987 年版，第 899—910 页。

二　使神人感应的礼乐

在周代贵族的观念中，神灵与人一样有着精神上的需求，所以，以乐舞娱神就成了祭祀仪式中的重要内容。以器乐娱神在殷商时代就有，《礼记·郊特牲》记载："殷人尚声，臭味未成，涤荡其声，乐三阕，然后出迎牲。声音之号，所以诏告于天地之间也。"① 就是对用音乐娱神状况的记录。

在祭祀中音乐制造出一种神秘的气氛，使天地神人相互感应。在隆隆的鼓声中，人与神相沟通，通过乐声神灵会现身。《礼记·乐记》就讲到："地气上齐，天气下降，阴阳相摩，天地相荡，鼓之以雷霆，奋之以风雨，动之以四时，暖之以日月，而百化兴焉。如此，则乐者，天地之和也。"② 祭祀的礼乐使万物感应，使天地和谐。《周礼·春官·大司乐》中记载，大司乐"以六律、六同、五声、八音、六舞大合乐，以致鬼神示，以合邦国，以谐万民，以安宾客，以说远人，以作动物"③。在周代贵族的眼里，音乐的作用是重大的，六律、六同、五声、八音和六代的舞蹈配合起来，在冬至演奏，可以使天神人鬼感应，在夏至日演奏，可以使地神感应，从而使邦国之间关系协调，使民众和谐相处，使宾客安定，使远人悦服，使动物繁衍。

《周礼·春官·大司乐》也记载着音乐与神灵感应的状况："凡六乐者，一变而致羽物及川泽之示；再变而致臝物及山林之示；三变而致鳞物及丘陵之示；四变而致毛物及坟衍之示；五变而致介物及土示；六变而致象物及天神。"④ 祭祀的礼乐使羽物

①　（清）孙希旦：《礼记集解》，中华书局 1989 年版，第 711 页。
②　同上书，第 993 页。
③　（清）孙诒让：《周礼正义》，中华书局 1987 年版，第 1731 页。
④　同上书，第 1753 页。

及川泽之神、蠃物及山林之神、鳞物及丘陵之神、毛物及坟衍之神、介物及土神、象物及天神都有了感应。所以，周人重视祭祀和一切仪式中的礼乐，认为礼乐具有沟通天人的作用，人间的喤喤钟鼓之声能使神灵听见。

在周人的世界中，舞也是沟通神人的渠道。通过舞蹈的形式达到与神灵的沟通，文献中也有很多记载。《尚书·舜典》就记载着帝命夔典乐，使"八音克谐，无相夺伦，神人以和"①。夔说他将"击石拊石，百兽率舞"②，即拍打着石制的乐器，率领着扮演成各种野兽的人一起舞蹈来达到与神灵的沟通。可见在祭祀仪式中普遍存在着以乐舞的形式达到与神灵相互沟通，使神人相和的情形。

祭祀时的乐舞主要是《云门》、《咸池》、《大韶》、《大夏》、《大濩》、《大武》等六种"大舞"。此外，还有六种"小舞"，包括《帗舞》、《羽舞》、《皇舞》、《旄舞》、《干舞》、《人舞》等。这六种舞蹈所用的道具和祭祀的对象也有明确的规定。《周礼·地官·舞师》记载："舞师掌教兵舞，帅而舞山川之祭祀；教帗舞，帅而舞社稷之祭祀；教羽舞，帅而舞四方之祭祀；教皇舞，帅而舞旱暵之事。"③ 意思是舞师所教授的兵舞是祭祀山川之神时表演的舞蹈，舞者手执兵器而舞；帗舞是祭祀社稷之神时所表演的舞蹈，舞者以竿挑长丝条而舞；羽舞是祭祀四方名山大川时所表演的舞蹈，舞者执白色鸟羽或雉尾；皇舞是为解除旱涝灾害时所表演的舞蹈，舞者头上插着鸟羽，上衣饰以羽毛，手也执五彩鸟羽；旄舞，舞者手持牦牛尾而舞；干舞，舞者手持盾牌

① 李民、王健：《尚书译注》，上海古籍出版社2000年版，第19页。
② 同上。
③ （清）孙诒让：《周礼正义》，中华书局1987年版，第911—914页。

而舞；人舞，舞者徒手运长袖而舞。这些舞蹈都与周代贵族的祭祀和求神仪式有关。也正是这些舞蹈、礼乐以及酒的存在，使周人在祭祀仪式中处于一种迷狂状态，达到与神灵的沟通，同时也使祭祀具有了艺术性。

《诗·邶风·简兮》中较为详细地描述了王公举行祭祀乐舞的场景。一阵鼓乐响过，舞师雄姿英发地站在队列前方领头的位置上。他先领头跳起了武舞，动作像猛虎那样雄健有力，手执缰绳骑在马上的舞姿又是那样优美而富有节奏感。接着他又领头跳起了文舞，动作文质彬彬、雍容有仪，左手执籥管，右手执鸟羽，模拟凤鸟翱翔的姿势又是那样的活泼矫健而又富有激情。舞蹈结束时，舞师依然满面红光。《诗·王风·君子阳阳》则描述了祭祀乐舞结束后，沉浸在乐舞之中的情感体验。这些诗歌将周代祭祀中的舞蹈场面和舞师沉浸其中的痴迷状态作了较为真切的描述。

在周代贵族的祭祀礼仪中，诗是沟通天地神人的媒介。在周代贵族的观念中，语言具有神秘的力量，生活中重大的事件都应该通过语言向神灵禀告，或问卜于神灵。诗就是一种伴着音乐和舞蹈与神灵进行沟通的独特言语形式。在伴随着音乐和舞蹈的反复演唱中，就可以使神灵得到感应，从而使神灵现身、到场。

尤其是在对祖先神的祭祀中，周人通常是通过追述和颂扬祖先的丰功伟绩，从而与神灵相沟通，获得神的护佑。如《大雅·绵》写了公刘迁都于豳，古公亶父又迁都于岐的历史，歌颂了古公亶父迁国开基的功业，是周人在神前咏唱的诗歌，也是周人将现实世界的功绩唱给神灵倾听的诗歌。《周颂·思文》是周王祭祀上帝和后稷，祈祷年谷丰收所唱的乐歌。《周颂·执敬》是周王合祭武王、成王、康王时所唱的乐歌。《周颂·时迈》是周王望祭山川时所唱的乐歌。《周颂·载芟》是周王在秋收以后，用新谷祭祀宗庙时所唱的乐歌。《周颂·维天之命》是告祝之辞。《周颂·维清》是仪式最后的舞诗。

祭祀仪式中除了歌舞、音乐等形式外，还有祝辞。祭祀中的祝辞既是与神沟通的神秘力量，又是具有独特感染力的艺术品。周人向神灵祷告求福的仪式上就有"六祝之辞"。《周礼·春官·大祝》记载："大祝掌管六祝之辞，以事鬼神祇，祈福祥，求永贞。"① 颂辞大都虔诚、恭敬地诉说着祖先神的丰功伟绩和他们对后世的恩惠。祝辞同时也是祈祷和感恩，祈祷神灵继续赐福，感谢神灵赐予祥和喜乐的生活，等等。通过这些具有魔力的语言，神就有了感应，就会更好地庇护周人，周人也就可以得到神灵更多的恩赐。后来这些祭祀时具有实用目的的祝辞逐渐脱离了祭祀的场域，也与音乐和舞蹈分离了，成为只有言辞而没有音乐和舞蹈的诗歌，再后来，这些诗歌中的神性也渐渐消失了。

神秘的音乐使一切不可见的东西现身在场。在这样的氛围中每一个人无形中都会以庄重肃穆的心情来感受天地、鬼神的到场，从而获得灵魂的升华。这就是祭祀场合所蕴涵的天地神人相融相和的艺术精神。"大乐与天地同和，大礼与天地同节。和，故百物不失；节，故祀天祭地。明则有礼乐，幽则有鬼神。如此则四海之内合敬同爱。"② 这是多么宏大的气派，与天地融通为一体，使四海之内充满了和谐友爱的气氛。这就是和谐的音乐的境界，也是礼乐统治的最高境界。

音乐是有灵性的，在周人的观念中，音乐能使神灵现身人间，音乐能带给人快乐，但凡遇到凶恶之事，也会在乐器上引起感应，发出凶音，所以在遇到凶险之事时，就不能用乐了。礼制

---

① （清）孙诒让：《周礼正义》，中华书局1987年版，第1985页。

② （清）孙希旦：《礼记集解》，中华书局1989年版，第988页。

规定："凡日月食，四镇五岳崩，大傀异灾，诸侯薨，令去乐。大札、大凶、大灾、大臣死、凡国之大忧，令弛悬。凡建国，禁其淫声、过声、凶声、慢声。"① 《礼记·丧大记》也有记载："疾病，外内皆扫。君、大夫彻悬，士去琴瑟。"②

《左传·襄公十年》所记载的一件事从一个侧面说明了音乐中神性的存在。相传成汤推翻了夏王朝，成为天下新的君主，恰好遇到了一场特大旱灾，整整五年，天未降雨，草木枯焦，颗粒无收。成汤焦急万分，便来到殷都亳附近的桑山之林，祈祷上天降雨。成汤说："上帝啊，如果我一个人有罪，就不要殃及万民；如果万民有罪，就让我一个人来承担吧！"他的话语非常虔诚，正在这时，天上乌云滚滚，不一会儿就降下了大雨。人们欣喜若狂，于是头插五彩羽毛，手执五色鸟旗，跳起了《桑林》之舞，以感恩上帝。其后殷商以及宋国都奉桑林为圣地，而立神以祀之，殷于是有桑林之乐，这是天子之乐，而宋国作为殷商的后裔可以沿用这种天子之乐。襄公十年，宋公享晋侯于楚丘，宋国请以桑林之乐舞享晋侯。晋大夫荀罃知道晋侯不应该享用此乐，所以建议不要用桑林之乐，但荀偃和士匄表示愿意享用。结果宋国的乐师举着以雉羽缀于竿首，又将羽毛染成五色的旌旗一入场，晋侯就被吓得退入房中。可见商人舞蹈中的怪异、恐怖气氛是非常浓重的。宋国去掉了这些带有五色羽毛的旗子继续表演完毕。可是，当晋侯享用完这样的乐舞回国，经过著雍时，就病倒了。经过占卜发现是桑林之神在作怪。也许在这件事中有一定的夸张成分，但是，从中也可以看出音乐在周人的心目中是有神性的，只是这神性到了春秋时期逐渐不为人们所敬畏，如荀偃和

---

① （清）孙诒让：《周礼正义》，中华书局1987年版，第1786—1792页。
② （清）孙希旦：《礼记集解》，中华书局1989年版，第1128页。

士匄竟然敢贸然享用不该自己享用的乐舞。

三 阴阳和谐的音乐美学思想

在周代贵族看来，音乐不仅能达到人神沟通的作用，而且音乐的演奏能够使阴阳平衡。音乐平衡阴阳的作用，在史前时期就已经存在了。据《吕氏春秋·古乐》篇记载，炎帝时，多风而阳气蓄积，万物散解，果实不成，炎帝就命令一个叫士达的大臣制作了五弦瑟，以来阴气，以定群生。可见，五弦瑟有平衡阴阳的作用。音乐平衡阴阳的作用在周代依然存在着。据《周礼·春官·大师》记载：

> 大师掌六律六同，以合阴阳之声。阳声：黄钟、大蔟、姑洗、蕤宾、夷则、无射；阴声：大吕、应钟、南吕、函钟、小吕、夹钟。皆文之以五声：宫、商、角、徵、羽；皆播之以八音：金、石、土、革、丝、木、匏、竹。①

在周人的音乐观念中，黄钟、大蔟、姑洗、蕤宾、夷则、无射等为阳声，大吕、应钟、南吕、函钟、小吕、夹钟等为阴声。祭祀时所用的乐器主要是金、石类的打击乐器，所演奏的乐曲，以齐奏为主，曲调简单，节拍缓慢，追求阴阳之间的和谐。

音乐中的阴阳之声在乐器制作时就要考虑到，这个职责主要是"典同"来完成。《周礼·春官·典同》记载："典同掌六律六同之和，以辨天地四方阴阳之声，以为乐器。……凡为乐器，以十有二律为之数度，以十有二声为之齐量。凡和乐亦如之。"②

---

① （清）孙诒让：《周礼正义》，中华书局1987年版，第1832页。
② 同上书，第1873—1879页。

在制作乐器的过程中，"典同"要将六律、六同之声的和谐与天地、四方、阴阳等因素综合起来予以考虑，然后以十二律来确定乐器的度数。从乐器的材质到各种乐器所发出的声音，再到工匠制作乐器的过程中对阴阳之声的把握，这一切无不使周代贵族的音乐充满神秘的气息。以神秘的天地鬼神为背景，这是周代贵族艺术精神的突出特征。

第二节　协调社会秩序的音乐

礼乐是贵族生活中的重要内容，为贵族营造出诗意的生活氛围，同时典雅的礼乐也传达着人与人之间和谐相处、相互敬让的理念，培养了贵族追求和美的艺术精神。

一　营造燕饮诗意氛围的礼乐

诗乐在周代贵族的生活中占有重要地位，各种各样的场合都需要音乐伴奏，用音乐来烘托气氛。礼乐烘托出一种异于日常生活的氛围，使仪式显得严肃、隆重。礼乐在各种礼仪中还有调节贵族行为节奏的作用。音乐使周代贵族的礼仪活动分出步骤，划出阶段，从而产生仪式感，礼仪、诗歌和音乐成为不可分割的一体。

在燕饮礼仪中，从宾进门到燕饮礼仪结束，宾离开，都有固定的礼乐。如在燕礼中，如果有异国之宾进入，就要演奏音乐，甚至有舞蹈。演奏迎宾礼乐的一般情况是，当宾进门走到庭前时，开始演奏《肆夏》。宾尝酒后向主人拜酒，主人答拜时，音乐停止。当主人向君献酒，君行拜受礼时，又开始演奏《肆夏》。当君饮干爵中酒时，音乐停止。如果表演舞蹈的话，就表演《勺》舞。可以说，礼乐是一道无形的屏障，它将散漫的日常生活与贵族的礼仪生活区分开来，烘托和渲染了一种不同于日常生活的燕饮气氛。作为个体的人不由自主就受到了这种氛围的感染，从而使参与者得到精神的陶冶，乃至得到灵魂的净化。

　　在燕饮礼仪中，当主人与宾及众宾的献、酢、酬仪节都丝毫不含糊地举行完之后，开始是乐工在堂前铺设席位。乐工四人来到堂前，其中瑟工二人由协助者引领升席就座。等坐定后，协助者将瑟交给瑟工。瑟工就演唱《鹿鸣》、《四牡》、《皇皇者华》等三首乐曲。"呦呦鹿鸣，食野之苹。我有嘉宾，鼓瑟吹笙。吹笙鼓簧，承筐是将。人之好我，示我周行。"一群神态悠闲的麋鹿在不远处吃着野地里的蒿草，我迎来了自己的嘉宾……诗中所唱的情景与眼前的饮酒礼交相辉映，诗就是生活的写照，生活是正在进行的诗。宾主都沉浸在优美的歌声中，思绪随着呦呦的鹿鸣声飘到遥远的地方……演唱完毕，主人向乐工献酒，乐工用酒和脯醢祭祀先人。堂上以歌唱为主，是为了表示对人声的尊崇。古人认为声之出于人者精，寓于物者粗。

　　堂上唱毕，接着是笙入堂下，磬南北向摆放。笙工吹奏《南陔》、《白华》、《华黍》三首曲子。吹奏完后，主人给笙工献酒。

　　接着是堂上弹瑟歌唱与堂下笙乐吹奏交替进行。堂上歌《鱼丽》、堂下笙奏《由庚》；堂上歌《南有嘉鱼》，堂下笙奏《崇丘》；堂上歌《南山有台》，堂下笙奏《由仪》。

　　演唱和笙奏交替表演结束后，是堂上和堂下一起演奏《周南》中的《关雎》、《葛覃》、《卷耳》三首曲子，以及《召南》中的《鹊巢》、《采蘩》、《采蘋》三首曲子。

　　当这六首诗乐演奏完毕，乐工之长向乐正报告说："规定的乐歌均已演奏完毕。"乐正也向宾这样报告，然后下堂。至此，贵族乡饮酒礼中此起彼伏、肃穆庄重的乐曲演奏就暂时告一段落。

但音乐的旋律还要在乡饮酒礼中继续蔓延。在互相饮酬的仪节中，宾主之间可以不计杯数地随意饮酒，然后撤俎，脱屦升堂，坐宴进馐，这时可以随意演奏贵族喜爱的一些乐曲，称为无算乐。

宾主尽欢之后，宾开始离开，当宾退席走到西阶时，乐工开始演奏《陔夏》，主人送于门外，再拜。在微弱的火把之光的烛照下，宾已经走远，但是，音乐似乎还在辽远的夜空中演奏着，觥筹交错的热闹气氛似乎还在夜空中弥散。

仪式化的生活是周代贵族生活方式的一个重要特征。周代贵族的生活离不开温文尔雅的礼仪形式。礼乐在礼仪化生活方式中的最初作用在于协调贵族上下贵贱尊卑之间的关系，同时使贵族礼仪中的行为符合一定的节奏。礼乐在完成这一实用目的的同时，也起到了营造交往气氛和使交往和乐有序的作用。正因为音乐的存在，贵族的交往礼仪拥有了诗性的浪漫气质。乡饮酒礼为我们呈现的是周代贵族富有诗意的生活场景。升歌三终，笙奏三终，间歌三终，合乐三终达到高潮，然后戛然而止。礼乐演奏实际上是在贵族的燕饮礼仪中专门开辟出一定的时空举行一个音乐会，从而使人们都沉浸在艺术的氛围之中。这是有闲阶层与平民百姓的不同。作为有闲阶层，贵族有经济实力去享受音乐，有条件生活在一种超越实际功用目的之外的诗意境界之中，同时也是因为他们所受的教育使他们具备了享受音乐的素养。音乐不仅仅存在于乡饮酒礼之中，而且还存在于乡射礼、燕礼等各种礼仪之中，音乐生活是贵族生活的一个标志，音乐使贵族沉浸在诗意的氛围之中，也使贵族的生活富有艺术韵味。正是因为在贵族的生活中有礼乐的调节，所以周人的生活不同于自然状态，衰麻哭泣、婚姻冠笄，以及射享食飨，虽不是艺术，但其中都具有了审美性。这就是周代贵族生活的艺术性所在。

二　协调社会秩序的礼乐

乐的作用与礼一脉相承，都是用来调节社会秩序，使其摆脱粗卑的自然状态，而具有文化和文明的手段。

音乐对社会秩序的协调作用首先表现为通过一定的音乐规定贵族的等级。如前面曾论述过的，举行射礼时，不同等级的贵族射箭时都要以不同的音乐为节奏。"凡射，王奏《驺虞》，诸侯奏《狸首》，卿大夫奏《采蘋》，士奏《采蘩》。"① 在这里，音乐是礼仪中趋避揖让的韵律节奏，也是贵族等级的标志。而在升歌礼节中，大夫士及诸侯用《小雅》，两君相见用《大雅》或《颂》；在金奏送宾的礼节中，诸侯、大夫士金奏送宾，均奏《陔夏》，天子奏《肆夏》；天子、诸侯金奏用钟鼓，大夫士仅用鼓。在贵族的舞蹈中只有天子的大尝禘才能"升歌《清庙》，下而管《象》，朱干玉戚以舞《大武》，八佾以舞《大夏》"。这些都是协调贵族生活秩序的音乐。

音乐对贵族社会的协调作用还具体表现为对人的行为动作的协调作用，即人伴随着音乐而行动。如玉佩所发出的声音具有调节行走节奏的作用，鸾铃所发出的声音具有调节行车节奏的作用等等，这些都是音乐协调人的行为举止作用的最好体现。

在诸侯相见的飨礼中，一路都伴随着音乐。正如《礼记·仲尼燕居》中所记载：

> 　　两君相见，揖让而入门，入门而悬兴。揖让而升堂，升

---

① （清）孙诒让：《周礼正义》，中华书局1987年版，第1885页。

堂而乐阕，下管《象》、《武》、《夏》，籥序兴，陈其荐、俎，序其礼乐，备其百官。如此而后君子知仁焉。行中规，还中矩，和鸾中《采齐》，客出以《雍》，彻以《振羽》，是故君子无物而不在礼矣。入门而金作，示情也。升歌《清庙》，示德也；下而管《象》，示事也。是故古之君子不必亲相与言也，以礼乐相示而已。①

　　宾主相见，迎宾入室，就要用钟、鼓、磬等乐器奏乐，称为"金奏"、"悬兴"。行献礼时，堂上唱《清庙》之歌，堂下管乐奏《象》曲，舞蹈的内容有《大夏》、《大武》等。送客出门则要奏《雍》乐。可见，在飨礼中从两君进门、升堂，到客人离开都由礼乐来控制着整个仪程，礼乐是两君之间进行沟通的节奏和背景。

　　音乐对人间秩序的调节作用，在《礼记·乐记》中得到了较为全面的论述："是故先王之制礼乐，人为之节。衰麻哭泣，所以节丧纪也。钟鼓干戚，所以和安乐也。昏姻冠笄，所以别男女也。射享食飨，所以正交接也。"② 这一段话中指出，先王制礼作乐，就是想用礼乐来节制人们的行为。具体来说，就是用钟鼓干戚的节奏来促使人们和谐相处。《乐记》还指出："鞉、鼓、椌、楬、埙、篪，此六者，德音之音也。然后钟、磬、竽、瑟以和之，干、戚、旄、狄以舞之。此所以祭先王之庙也，所以献、酬、酳、酢也，所以官序贵贱各得其宜也，所以示后世有尊卑长幼之序也。"③ 这一段话的意思是，先王制定礼乐，就是要通过

---

① （清）孙希旦：《礼记集解》，中华书局1989年版，第1269—1270页。
② 同上书，第986页。
③ 同上书，第1018页。

音乐来协调人的行为，进而达到协调整个社会秩序的目的。鞉、鼓、椌、楬、埙、篪这六种乐器所发出来的声音，能够提升人们的道德水平，如果再用钟、磬、竽、瑟与之相配合，用干、戚、旄、狄作为道具来舞蹈，这就构成了祭祀先王的宗庙之乐。有了这样的音乐，人在宗庙之中的献、酬、酳、酢就能够井然有序，贵贱长幼尊卑之间就能够各得其所。

音乐还具有文化认同的作用。《礼记·明堂位》说周王室太庙广泛采纳各方国的音乐："升歌《清庙》，下管《象》。朱干玉戚，冕而舞《大武》；皮弁素积，裼而舞《大夏》。《昧》，东夷之乐也；《任》，南蛮之乐也。纳夷蛮之乐于大庙，言广鲁于天下也。"[1] 明堂中所演奏的《清庙》、《象》、《大武》是周人之乐，《大夏》是夏朝之乐，而《昧》、《任》分别是东夷与南蛮之乐，然皆用于周人大庙之中，正反映了周代统治者保留并接纳各种文化和习俗的努力，也体现了蛮夷对周人统治的服从。

三　声音之道与政通

在周人的观念中，音乐不仅具有使神灵得到感应的作用，音乐和人心之间也具有相互感应的关系。人心感于物，就形成了音乐，音乐反过来又对人具有极强的影响力。

音乐与人间的政治生活之间具有冥冥之中的相互契合性。尤其是宫、商、角、徵、羽五声与人间的生活具有神秘的对应性。宫对应着君，商对应着臣，角对应着民，徵对应着事，羽对应着物。所以"宫乱则荒，其君骄；商乱则陂，其官坏；角乱则忧，其民怨；徵乱则哀，其事勤；羽乱则危，其财匮。五者皆乱，迭

---

[1] （清）孙希旦：《礼记集解》，中华书局 1989 年版，第 845 页。

相陵，谓之慢。如此，则国之灭亡无日矣”[1]。五音与社会结构中的几种社会角色具有这样的对应关系，所以周人特别追求五声之间的和谐。五声相和也就意味着社会的和谐。

音乐与人之间的这种神秘的对应关系也表现在各种乐器之中：

> 钟声铿，铿以立号，号以立横，横以立武。君子听钟声，则思武臣。石声磬，磬以立辨，辨以致死。君子听磬声，则思死封疆之臣。丝声哀，哀以立廉，廉以立志。君子听琴瑟之声，则思志义之臣。竹声滥，滥以立会，会以聚众。君子听竽、瑟之声，则思畜聚之臣。鼓鼙之声欢，欢以立动，动以进众。君子听鼓鼙之声，则思将帅之臣。[2]

可见，在钟、磬、丝、竽瑟、鼓鼙等乐器和人的情感之间有着奇特的对应关系，不同的乐器可以勾起人的不同情感反应，所以，周人非常重视各种乐器之间的搭配关系，并推崇具有昂扬气魄的钟磬鼓鼙之声，而对丝竹之音比较谨慎。

总体来说，音乐对人的行为的协调作用主要表现在两个方面：第一，礼乐在各种场合和仪式中起着协调个体行为举止的作用，使个体行为富有节奏感，成为符合礼乐规范的行为，也成为具有艺术性的行为；第二，音乐的社会作用还表现为对群体之间关系的协调，"乐在宗庙之中，君臣上下同听之则莫不和敬；在族长乡里之中，长幼同听之则莫不和顺；在闺门之内，父子兄弟

---

① （清）孙希旦：《礼记集解》，中华书局 1989 年版，第 980 页。
② 同上书，第 1018—1020 页。

同听之则莫不和亲"①。这就是音乐对人间生存秩序的协调作用。

　　当然从音乐的和谐，到身体行为的和谐，再到整个社会生活的协调，其最终目的还是要维护周代贵族的等级秩序。在周代的雅乐体系中，钟和钟乐是宗法等级的一个物质载体，是定名分，分等级的标志。钟鸣鼎食是天子特殊地位的象征，大夫和士是无权享用钟乐的。《礼记·祭祀》记载了天子举行祭祖礼仪活动时的用乐规格："夫大尝、禘升歌《清庙》，下而管《象》，朱干玉戚以舞《大武》，八佾以舞《大夏》，此天子之乐也。"《国语·鲁语下》记载了音乐的等级性："夫先乐金奏《肆夏》、《樊遏》、《渠》，天子所以享元侯也，夫歌《文王》、《大明》、《绵》，则两君相见之乐也"②，这就是对乐舞享受的等级划分，维持了这样的秩序，就维持了周代贵族生活的和谐有序性。统治阶级希望通过一种神秘的、和谐的音乐美学思想的建构来达到社会统治的目的。应该说，这是一种统治的艺术。

　　由以上分析可以看到，在周王的生活中饮食时要钟鸣鼎食，洗浴完了后也要以音乐来颐养性情。音乐是沟通天地神人的渠道，有着通神的作用，同时音乐也是协调贵族社会秩序的方式，音乐使周人的生活世界充满了艺术气息，这就是周代贵族的生活艺术和统治艺术。

---

①　（清）孙希旦：《礼记集解》，中华书局 1989 年版，第 1033 页。
②　徐元诰：《国语集解》，中华书局 2002 年版，第 178—179 页。

第四章

以物为载体的贵族艺术精神

礼乐文化有三个关键特征：其一是行为符合一定的礼仪规范；其二是有一定规模的礼乐和成熟的音乐观念；其三是对器物有审美化、艺术化的追求。前面我们分别对周代贵族仪式和日常生活中的行为艺术的美学精神进行了分析，对周代贵族生活中的音乐美学精神进行了分析，本章我们将对礼乐精神的物质载体的美学蕴涵进行分析。在周代贵族的生活世界中有祭器、陪嫁的媵器、生活中的日用器，等等。周代贵族的物质财富并不是非常富有，但是在生活的各个领域中，都贯穿着他们对器物之美的追求。器物在周代贵族的生活中既是实用的器具，又是等级身份的标志，还是周代贵族艺术精神的载体。器物既有实用价值，又富于装饰功能，还凝结着周代贵族对美的理解和追求。

第一节　周代贵族的服饰审美观念

可以说，人类在史前时期就形成了对服饰的朴素的审美意识。考古工作者在山顶洞人的遗址中发现了白色带孔的小石珠、黄绿色的钻孔砾石和穿孔的兽牙等物。还发掘出不少用天然美石、兽齿、鱼骨、河蚌和海蚶壳等打磨而成的发饰、颈饰和腕饰等装饰品。仰韶文化中期，人们不仅大量地制造和使用石制的农业生产工具，同时也制造了相当精巧的工艺品。大汶口和姜寨文化遗址发现的玉手镯、玉指环和绿松石串饰等，可称作这个阶段装饰工艺品的代表作。服饰发展到周代已远远超出避寒、遮体的实用功能，而具有丰富的社会文化内涵和审美功能。本节力求从有关周代服饰的文献资料整理入手，对周代服饰的主要特征予以粗浅的梳理，并对服饰中所蕴涵的周代贵族的艺术精神予以挖掘。

一　周代贵族服饰中的审美意识形态性

　　周代贵族对服饰非常重视，认为"不学杂服，不能安礼"①。衣冠整洁而符合礼仪，这在周代是人际交往中应当遵循的基本原则。《礼记·檀弓下》记载，季孙的世亲死了，曾子和子贡去吊丧，守门人知道国君在里边，就不让他们进去。等到他们在马厩中收拾了一番后，这才允许他们进去。宾客看见他们衣冠整洁也对他们大加礼敬。可见服饰在周代贵族交往中的重要性。周代贵族服饰的审美性主要体现在以下两个方面。

　　（一）周代贵族服饰的等级性

　　在周代贵族的生活中，衣食住行、言谈举止等各个方面都表现出明显的等级特征。城之广狭、宫之大小是贵族身份最显著、最直观的标志。从田产的面积来说："天子之田方千里，公侯田方百里，伯七十里，子男五十里。"② 从房屋的高低来看，"天子

---

　　① （清）孙希旦：《礼记集解》，中华书局 1989 年版，第 962 页。
　　② 同上书，第 310 页。

之堂高九尺，诸侯七尺，大夫五尺，士三尺"①。还有庙制、丧葬制度等方面的等级："天子七庙，诸侯五，大夫三，士一。……天子崩，七月而葬，五重八翣；诸侯五月而葬，三重六翣；大夫三月而葬，再重四翣。"②即天子有七所祖庙，诸侯五庙，大夫三庙，士一庙。天子驾崩，七个月后埋葬，垫棺椁的茵、抗席、抗木五重，遮挡棺椁的障扇八个。诸侯死后五个月埋葬，三重垫席六个障扇。大夫死后三个月埋葬，两重席四个障扇。可以说器物的等级化是周代贵族生活方式的一个重要特点。

周代贵族的等级制在服饰的形制和图案之中也得到了集中的体现。天子拥有至高无上的权力，同时也拥有最高层次的审美特权。冕冠是天子和百官参加祭祀典礼时所戴最尊贵的礼冠。周代贵族的冕冠前后垂有旒。旒以五彩丝条作绳，穿系五彩圆珠，一串为一旒，每旒穿的五彩玉珠多为十二颗。天子的冕冠前后各十二旒，用玉二百八十八颗，而其他层级的贵族则根据爵位的等级，冠冕上的旒数依次递减，分别为诸侯九，上大夫七，下大夫五，士三。弁是次于冕的另一种比较尊贵的冠。皮弁是用白鹿皮制作而成，在皮块的接缝处有五彩玉石，称为璂，皮弁饰璂也有等级规定，天子用五彩玉石十二枚，侯伯用三彩玉石七枚，子男五枚，卿饰二彩玉三枚，大夫二，士无饰。这是对审美权力的等级划分。

此外，只有天子可以拥有集十二种美丽图案于一身的章服。天子的上衣绘有日、月、星辰、山、龙、华虫六种图案，下裳绣有宗彝、藻、火、粉米、黼、黻六种图案，合称十二章纹。天子穿有十二种图案的冕服，表示他对美有着绝对的拥有权。而其他

---

① （清）孙希旦：《礼记集解》，中华书局 1989 年版，第 639 页。
② 同上书，第 630—633 页。

级别的贵族的礼服不能用日、月、星辰来装饰，只能用山、龙以下的图案，所以公爵穿有九种图案的衮服，侯伯穿有七种图案的鷩服，子男的毳服上绘着五种图案。可以看出，随着贵族爵位的降低，服饰上的图案的数量也在递减。

在周代贵族的审美观念中色彩既能使生活绚烂而多彩，而且色彩时常是贵族等级的标志，因而周代贵族对身边事物的色彩之美，尤其是服饰的色彩搭配非常关注。如冠的颜色和冠所配的丝带的颜色都被纳入到贵族的等级体制之中。"玄冠朱组缨，天子之冠也。缁布冠缋缕，诸侯之冠也。玄冠丹组缨，诸侯之齐冠也。玄冠綦组缨，士之齐冠也。"① 这是说，天子的冠是玄冠配上朱红色的丝织冠带；诸侯的冠是缁布冠配上加穗的丝织冠带；诸侯的斋冠是玄冠配上丹红色的丝织冠带；士的斋冠以玄冠配上青黑色的丝织冠带。在这里色彩之美与贵族的等级融为一体，成了区别等级的标志。

不仅冠和冠带的色彩美被做了等级的划分，而且从蔽膝到绅带等都被纳入到等级体制之中。《礼记·玉藻》载："韠，君朱，大夫素，士爵韦。"② 意思是，国君一级的贵族其蔽膝应是朱红色的，大夫一级的贵族是素白色的蔽膝，士一级的贵族就是赤而微黑色的蔽膝。蔽膝本是原始社会人类用来遮蔽下身的兽皮，到了周代它的实用价值就被它的装饰价值以及它作为等级标志的价值所代替。

（二）服饰图案及形制中的象征意义

周代贵族服饰的意识形态蕴涵，往往是通过服饰的象征性来完成的。周代贵族的服饰中充满了意识形态象征意味。如冕延是

---

① （清）孙希旦：《礼记集解》，中华书局 1989 年版，第 794 页。
② 同上书，第 811 页。

一块后高前底的木板，上面是黑色，下面是赤色，象征着天玄地黄。延的前后垂有组缨，其上穿有玉珠，叫做旒，因为一串串透明的玉珠似繁多的露水珠，所以也叫繁露。周天子的冕有十二旒，象征着一年有十二个月。冕服上的图案中日、月、星辰象征三光照耀；山象征稳重、镇定；龙象征神气变化，善于适应；华虫作雉鸡形，雄性雉鸡的毛美尾长，象征文采昭著；宗彝是宗庙中的盛酒器，作尊形，并绘有虎蜼形象，象征着孝；藻是深水中的水草，取其清洁之意；火象征光辉照耀；粉米指的是洁白的米粒，比喻滋养万民；黼是用黑白两色线绘成的斧形图案，象征决断；黻为两"弓"相背的图案，表示明辨是非。祭服的裳一般是前三幅，后四幅，分别象征阳和阴。

正如《礼记·郊特牲》所说："祭之日，王被衮以象天。戴冕璪十有二旒，则天数也。乘素车，贵其质也。旂十有二旒，龙章而设日月，以象天也。天垂象，圣人则之，郊所以明天道也。"[1] 天子祭祀时所着的服饰，被衮以象天；十二旒以象天数；龙章而设日月，以象天。天为人类展示了这样的景象，人类进行郊祭时只是彰明了天道而已。这是中国古代仰观俯察观念的体现，也是周代贵族服饰象征意义的文化渊源。

深衣的形制中也有丰富的象征意义。"制十有二幅以应十有二月，袂圆以应规，曲袷如矩以应方，负绳及踝以应直，下齐如、权衡以应平。故规者，行举手以为容，负绳、抱方者，以直其政、方其义也。"[2] 意思是深衣用布十二幅，以象征一年十二个月。袖底裁圆，象征做人应合规范。领下方如矩尺，象征处事方正。背后衣缝以直线贯通，象征为人正直。下摆平如秤杆，象

---

① （清）孙希旦：《礼记集解》，中华书局 1989 年版，第 692—693 页。
② 同上书，第 1381 页。

征着公平。这是儒家以物"比德"思想的最初萌芽,物和伦理道德之间有着异质同构的关系,也是通过象征的途径,服饰的意义得到了升华,服饰成为超越实用目的之上,实现统治有序化的桥梁。这就是周代贵族服饰中的意识形态蕴涵和象征意义。

二 周代贵族服饰中的审美追求

毫无疑问,在礼乐文化体制之中,服饰首先被当成贵族等级的标志,传达着丰富的意识形态蕴涵,但是在意识形态的背景下,服饰依然表现了周代贵族的审美追求和艺术精神。从服饰的审美特征来讲,周代贵族的服饰具有以下几个特征。

(一)重视色彩搭配

除了祭祀天地等重大的祭祀活动,诸侯朝见天子时都要敞开外面的衣服,露出里面的裘衣,显露出服饰的美丽。可见周代贵族对色彩美的关注。从文献记载可以看出,周代时色彩还不是非常丰富,但是,周代贵族非常重视有限的几种色彩的搭配。通过色彩的搭配,以及对所搭配出来的色彩的关注使简单的生活充满了意义。

周代贵族对染色的过程充满了敬畏感。《礼记·祭义》记载,制作祭服时:"夫人缫,三盆手,遂布于三宫夫人、世妇之吉者,使缫。遂朱、绿之,玄、黄之,以为黼黻、文章。"① 即制作祭服时,夫人要在盆中洗三次手之后才开始缫丝,将丝染成朱色、绿色、玄色、黄色,等等,然后将各种不同颜色的丝搭配、编织成黼、黻、文、章等不同的花纹。

《周礼·冬官·画缋》记载着周代贵族的色彩与色彩搭配美学原则:

① (清)孙希旦:《礼记集解》,中华书局1989年版,第1223页。

> 画缋之事，杂五色，东方谓之青，南方谓之赤，西方谓
> 之白，北方谓之黑，天谓之玄，地谓之黄。青与白相次也，
> 赤与黑相次也，玄与黄相次也。青与赤谓之文，赤与白谓之
> 章，白与黑谓之黼，黑与青谓之黻，五采备谓之绣。①

周人的色彩与方位有着密切的关系，分别是东青，南赤，西白，北黑，天玄，地黄。其中暗含着太阳在不同的位置给人的不同感觉。所以说，周人的色彩也来源于人的感觉与天地四时的变化，蕴涵着天人合一的观念。从色彩搭配来讲，虽然当时的色彩比较单一，但是人们对色彩寄予了极大的兴趣，因而工匠如何上色，色彩如何搭配都受到了人们的关注。

色彩搭配的原则主要有两种：一种是相对的方位的两种颜色相互配合，叫做"次"，即东方之青与西方之白相次；南方之赤与北方之黑相次；天之玄与地之黄相次。另一种搭配法是按照顺时针方向，将相邻的两种色彩进行搭配，即东方之青与南方之赤搭配，谓之文；南方之赤与西方之白搭配，谓之章；西方之白与北方之黑搭配，叫作黼；北方之黑与东方之青搭配，叫做黻；综合五种颜色叫做绣。这就是周人的色彩美学，简单而充满了神秘感。周人的服饰美学思想就是建立在这种色彩搭配美学基础之上的。

周人还讲究上衣与下裳之间的色彩搭配，认为青、黄、赤、白、黑（即玄）五种色彩是正色，而用其中两种颜色混杂而成的颜色就是间色。天色为玄，玄色也是正色。所以，上衣可以是玄色。赤黄相杂为纁，纁色为间色，又是地色，所以可以为下裳

---

① （清）孙诒让：《周礼正义》，中华书局1987年版，第3305—3306页。

之色。礼服衣裳皆用正色，燕居之服衣正色、裳间色。还有一种说法是，正色指的是青、赤、黄、白、黑等五方之色，故为正色，衣在上为阳，故用正色。裳在下，为阴，用间色。

　　裘衣与裼衣的色彩搭配。《礼记·玉藻》篇载："君子狐青裘豹褎，玄绡衣以裼之；麛裘青豻褎，绞衣以裼之；羔裘豹饰，缁衣以裼之；狐裘，黄衣以裼之。锦衣狐裘，诸侯之服也。"①这一段话讲的是上衣袖口的装饰以及裘衣和裼衣的色彩如何搭配的原则，意思是如果国君穿着狐青裘衣，就要用豹皮来装饰袖口，外面要穿玄色绡制的裼衣；穿小麛鹿皮做的裘衣，就要用青色野狗皮来装饰袖口，外穿苍黄色的裼衣；穿羔裘衣就用豹皮来装饰袖口，再配缁衣作为裼衣；狐裘衣，就要配黄色裼衣。从中可见，周代贵族很关注一套服饰中的色彩和质地是否协调。

　　贵族儿童所穿的衣服也体现了贵族的色彩美学思想。"童子之节也，缁布衣，锦缘，锦绅并纽，锦束发，皆朱锦也。"②镶边是周人服饰中重要的装饰之一。在周代贵族的服饰中，常常用锦来镶嵌服饰的边缘。锦镶边在周代也发展到非常富丽精细的程度。贵族儿童的服饰以黑青色为主色调。但是在这一略显灰暗的色调的基础上却镶以朱红色的边，这样周代贵族儿童上身穿着缁布衣，镶着朱红色的锦边，衣带、纽扣以及发饰都是朱红色的锦做的。缁布与朱红锦搭配素朴中透出活泼，应当有很好的搭配效果。

　　（二）重视装饰效果

　　注重服饰的装饰效果，是周代贵族注重文饰美的表现。《周礼·天官·典丝》中记载，在周王的官制中有典丝之官，专门

---

　　①　（清）孙希旦：《礼记集解》，中华书局 1989 年版，第 805—806 页。
　　②　同上书，第 823 页。

提供祭祀和丧事中装饰器物所用的丝，可见服饰器物的装饰在周代贵族的生活中是很重要的。

周代贵族对服饰的装饰表现在各个方面，如首服中的弁是贵族比较尊贵的帽子，有皮弁、爵弁等。爵弁红中带黑，颜色类似于雀头。皮弁由几块鹿皮拼结而成，缝结处叫做璙，上面缀着五彩玉石十二颗，称为琪（或綦）。《诗·卫风·淇奥》就曾说贵族的皮弁"璙弁如星"，意思是贵族皮帽帽缝的缝合处缀有一行行闪闪的玉石，晶莹剔透，看起来就像天上的星星一样美丽。可见周代贵族对装饰的审美效果非常关注。

带是周代贵族服饰中的重要组成部分，一般有大带和革带两条。大带用帛制成，其色泽与缘饰都有等级规定。《礼记·玉藻》记载："天子素带，朱里终辟；诸侯素带，终辟；大夫素带，辟垂；士练带，率下辟；居士锦带；弟子缟带"。"辟"即带边的缘饰，"终辟"是全部加缘，"辟垂"是下垂加缘。《礼记·杂记》也记载："率带，诸侯大夫皆五采，士二采。"① 意思是诸侯大夫的带都用五彩来装饰，士的带以二彩装饰。这是贵族大带上色彩的级别规定。革带专用于佩物，周代贵族的革带上左佩玉，右佩觿、燧等日常生活中的小工具。

还有深衣的边缘装饰也是很讲究的。《礼记·深衣》记载："具父母、大父母，衣纯以缋。具父母，衣纯以青。如孤子，衣纯以素。纯袂、缘、纯边，广各寸半。"② 缋，同"绘"。纯，是衣服的镶边。这段话的意思是：父母和祖父母都健在的人所穿深衣用画有彩色的布条来镶边；只有父母健在，而无祖父母的人，所穿深衣以青色布条来镶边。父母祖父母都不在的人，所穿深衣

① （清）孙希旦：《礼记集解》，中华书局1989年版，第1065页。
② 同上书，第1382页。

用白色布条来镶边。一般来讲，袖口、下摆、衣边的镶边宽度都是半寸。重视装饰，尤其是重视服饰的镶边艺术成为周代贵族服饰审美的一个突出特征。

（三）服饰的精细化

与生活的精细和考究相一致，周代贵族的审美情趣还表现在对细微装饰之美的鉴赏方面。在礼乐文化的大背景下，周代贵族的审美追求是礼制生活中的一举一动、一事一物之中所蕴涵着的美。周代贵族的审美是与细微的日常生活密切相关的，而且在他们的眼里，生活中到处都充满美。这种对细微之美的鉴赏主要表现在贵族对服饰和车马饰等细微之处的关注上。如前所述，周代贵族对冠的带子也要进行美化，用五彩丝线编织而成，使其具有审美价值。再如衣服袖口的装饰也集中体现了贵族细腻的审美追求。《礼记·玉藻》篇还讲道："凡带，有率，无箴功。"① 箴，通"针"。意思是绅带要用暗线缝制，使人从外面看不出针脚，以显得精细、美观。

周代贵族服饰的精细化特征随处可见。如冠的装饰就非常精细，甚至有些繁复。其中纩是系在冠圈上，垂在耳孔外的小圆玉，也叫瑱。天子的瑱以玉石为质地，臣的瑱以美石或象牙为质地。纮，是系玉的丝绳。人君用五种颜色的丝绳，臣用三色的丝绳。这里的玉石和缀玉的丝绳都可谓精美的艺术品。

在首服中，还有笄也是很讲究的装饰品。笄主要是用来固定冠的，但是事实上，它的装饰效果更加吸引人。笄首通常是雕刻精巧的装饰品。在各地出土的文物中也常见到笄，如陕西宝鸡竹园沟西周墓地出土的铜发笄八件，呈"干"字形。宝鸡茹家庄墓地出土一组（24件）铜发笄，形制相同，笄身呈圆锥状，细

---

① （清）孙希旦：《礼记集解》，中华书局1989年版，第814页。

长，笄顶饰立鸟，高冠，作展翅腾飞状，形象十分生动。[①] 另外，河南浚县辛村西周末至东周初的卫国贵族墓葬发掘出一对鸳鸯笄首，用骨料雕着羽毛细致、昂首翘尾的鸳鸯。在鸳鸯的腹下有一个小孔，刚好可以把锥形的笄杆插进孔洞。[②] 在考古发掘资料中还有陕西咸阳沣西张家坡西周墓地出土的笄 700 多件，大都磨得很细。"有少数还雕刻着鸟形花纹或镶嵌绿松石，制作十分精致，是很好的艺术品。"[③] 其中 M129 出土的鸟形笄帽，造型为一蹲伏状小鸟圆雕，器高 1.9 厘

张家坡西周墓地出土的笄头饰

米，长 2.3 厘米，小鸟尖喙，圆睛，双翅向后，雕卷云纹及平行凸棱以像翅羽，小巧精致，非常可爱。这种鸟的眼睛和胸部都镶有绿松石的笄，表现了周代贵族细腻精巧的审美趣味，也折射出他们生活方式的考究程度。

这种细腻的审美情趣还表现在鞋子的装饰上。周代贵族的鞋子除了鞋帮、鞋底之外，还有綦、绚、繶、纯等集实用与装饰于一体的附件。綦是鞋带。绚是鞋头上的一种装饰，其形状像翘起的鼻子，有孔，可穿系鞋带。繶是鞋牙（即今之鞋帮）与鞋底相连接处装饰的丝绦。沿着鞋口的镶边叫纯。据《仪礼》记载：

---

①　卢连成、胡智生：《宝鸡強国墓地》，文物出版社 1988 年版，第 315 页。

②　郭宝钧：《浚县辛村》，科学出版社 1964 年版，第 68 页。

③　中国科学院考古研究所编著：《沣西发掘报告——1955—1957 年陕西长安县沣西乡考古发掘资料》，文物出版社 1962 年版，第 106 页。

"爵弁纁屦，黑约、繶、纯、纯博寸。"① 意思是爵弁服的鞋子是黑色的鞋头饰，鞋底与鞋帮相接处的丝绦，以及鞋口的边都是宽一寸的黑色镶边。

在周天子的生活中，屦人要为王及后提供各种各样的鞋子和鞋上的装饰品。《周礼·天官·屦人》记载："屦人掌王及后之服屦。为赤舄、黑舄，赤繶、黄繶；青约，素屦；葛屦。"② 屦指的是单底的鞋，舄指的是复底的鞋。从有关屦人职责的记载中可以推知，周王和王后的鞋子主要有红色、黑色的复底鞋，鞋底和鞋帮之间装饰着红色和黄色的绦子，青色的鞋头装饰。此外，还有素色的单底鞋和葛制的单底鞋。

周代贵族讲究鞋子与衣服相搭配，即讲究穿颜色与衣服相近的鞋子。《仪礼·士冠礼》中记载着衣服和鞋子以及鞋子上的装饰搭配的基本原则，即周代贵族夏天穿的鞋子是用葛麻布制成的，如果穿玄色祭服就要配黑色的鞋子，鞋头的装饰约要用青色，鞋牙与鞋底相接处的装饰繶也要是青色。鞋口的镶边纯宽约一寸；如果穿素色的裳，要配白色的鞋，鞋的约、繶、纯都要是缁色的，鞋口的装饰宽也是一寸；如果穿爵弁服，就要穿纁色的屦，屦的约、繶、纯，都是黑色，鞋口的装饰宽一寸。贵族冬天穿用革制作的鞋。从鞋子的这些装饰和色彩搭配，都可以看出，周代贵族的服装装饰非常细致，甚至有些繁复。周代贵族对细微之美的看重，表明他们有着敏感的审美心性。

周代贵族的审美对象是非常有限的。与我们今天这个五彩纷呈的世界相比，周代贵族的服饰色彩显得比较单调，但是他们却能够对极细微的衣服镶边和色彩以及系冠的带子都表现出强烈的

---

① 杨天宇：《仪礼译注》，上海古籍出版社 2004 年版，第 21 页。
② （清）孙诒让：《周礼正义》，中华书局 1987 年版，第 620 页。

审美兴趣，从而使最不起眼的审美对象，如鞋子的绚、繶、纯等，都成为人们观注的审美焦点。这使我们认识到，一个时代有没有美，有没有审美的心态和审美追求，这与审美对象是否丰富并没有绝对的关系，对一个没有审美情趣的时代和阶层来说，再繁华、惹眼的审美对象都有可能引不起欣赏者的兴趣，而对追求美，热爱美的时代和阶层来说，即使是最微不足道的美，也能定格在他们的视域中，成为他们玩味的审美对象。

第二节　周代贵族的青铜器及玉器审美观念

青铜器和玉器是周人进行祭祀、宴飨、丧葬等礼仪活动时使用的器物。这些器物首先是作为贵族身份、等级、权力的象征而存在的，是礼制思想的外在载体。同时，它们又以色彩、造型、纹饰等方面的魅力，成为精美的艺术品，虽然它们不是为艺术目的而制造的，但却蕴涵着周代贵族的审美趣味。

一　青铜器与周代的意识形态审美

（一）作为等级身份标志的青铜器

青铜器在周代贵族的生活中，首先是身份和权力的象征，具有浓厚的意识形态蕴涵。一般来说，天子、诸侯在宗庙举行祭礼时，身份尊贵者用爵盛酒，身份微贱者用散酌酒。《礼记·礼器》就有"宗庙之祭，贵者献以爵，贱者献以散；尊者举觯，卑者举角"[①] 的记载，表明爵、散、觯、角与贵族的贵贱尊卑之间的关系。

---

① （清）孙希旦：《礼记集解》，中华书局1989年版，第638页。

鼎是青铜礼器中的重要食器，在祭祀和宴飨礼仪中主要用来盛放牲。鼎更是贵族等级最典型的标志。九鼎就是天子身份和权力的象征。簋是祭祀时盛放煮熟的黍、稷、稻、粱等饭食的器用，是商周时代重要的礼器。簋在祭祀和宴飨时以偶数组合与奇数组合的列鼎配合使用。一般来说，天子九鼎八簋，诸侯七鼎六簋，大夫五鼎四簋，元士三鼎二簋。贵族拥有鼎的多少与其地位的尊卑成正比。

陕西眉县李村出土的盠驹尊

有时候青铜器也具有纪念意义。如 1955 年出土于陕西眉县李村的驹形尊，其铭文就记载了这样一件事情：在十二月甲申这一天，周穆王在渭河岸边举行了一次"执驹"大礼。周王命史官把盠叫来，并亲自册命了盠，赏赐给他两匹马驹。盠制作了青铜驹来纪念这件事。驹形尊标志着王室对盠的地位的认可，使盠感到万分荣幸。同时，昂首挺胸的青铜马驹也表达了当时人的审美趣味。

（二）青铜器的形制和纹饰之美

商周青铜器承载着深厚的意识形态的蕴涵，然而意识形态并没有完全遮蔽礼器的美学价值。恰恰是在等级礼制的背景下，礼器的美学价值得到了凸显。就青铜器纹饰来看，商代的青铜器纹饰以饕餮纹为代表，饕餮形象往往占据器物的主体位置，表现出强烈的统治感。周代的礼器上也有非常丰富的纹饰图案，但宗教的意义逐渐减弱，纹饰的代表图案有窃曲纹、波曲纹、重环纹、瓦棱纹等几何形纹饰。如毛公鼎只在口沿下饰着一周十分规整的重环纹，显得格外简洁朴素。大盂鼎也是在口沿下饰以饕餮纹装饰带，三足上饰以兽面纹，其他部位则光洁无饰，整个造型雄伟凝重，典丽堂皇，

毛公鼎

但无繁复压抑之感。青铜器的纹饰体现了周人简洁质朴、疏朗条畅的审美趣味。

从青铜礼器的造型特点来看，周代器物上的动物也一反商代器物上装饰动物的怪异、神秘、恐怖气息，而变得平和温顺了许多。如现存上海博物馆的四虎镈，在镈两侧饰有四只老虎，每两个一组，两两相随，沿镈身下行。四只老虎的造型小巧可爱，没有变形怪异之态，而且四只老虎的尾巴被有意塑造成弯曲的 S 形曲线，使整个镈器显得柔和优美。

周代贵族对青铜器文饰化审美风格的追求在先秦文献记载中可以得到充分的证明。《周礼·春官·司尊彝》记载了各种精美的酒器的形状及其用途：

　　　　春祠夏禴，裸用鸡彝、鸟彝，皆有舟；其朝践用两献
　　尊，其再献用两象尊，皆有罍，诸臣之所酢也。秋尝冬烝，
　　裸用斝彝、黄彝，皆有舟；其朝献用两著尊，其馈献用两壶
　　尊，皆有罍，诸臣之所酢也。凡四时之间祀追享朝享，裸用
　　虎彝、蜼彝，皆有舟；其朝践用两大尊，其再献用两山尊，
　　皆有罍，诸臣之所酢也。①

从这段文献可以看出，周代有一系列制作精美、纹饰别致的酒
器，如鸟彝、鸡彝、象彝、虎彝、黄彝、斝彝等，共六彝。献
尊、象尊、著尊、壶尊、大尊、山尊，共六尊。象尊，是用象骨
装饰的尊。山尊，指的是一种器体刻画有山云之形的尊。舟，指
的是酒器的托盘。罍，是一种盛酒的器具，形状像壶。整段话的
意思是：周王春天举行祠祭，夏天举行禴祭时，行裸礼用有托盘
的鸡彝、鸟彝。行朝践礼用两牺尊，行再献礼用两象尊，都设有
罍，以供诸臣酌酒行自酢礼用。秋天举行尝祭，冬天举行烝祭
时，行裸礼用斝彝、黄彝，都有托盘；行朝献礼用两著尊，行馈
食礼用两壶尊，也都备有罍，供诸臣酌酒行自酢礼时用。凡四季
之间的祭祀，如追享、朝享，行裸礼用虎彝、蜼彝，都有托盘。
行朝践礼用两大尊，行再献礼用两山尊，都备有罍。从《周礼》
所记录的情况来看，周王举行祭祀时的酒器名目种类相当繁多，
纹饰、形制也非常考究。

　　近年来出土的实物可以使我们对周代酒器的纹饰、造型之美
有一个更加直观的印象。如 1967 年岐山贺家村挖掘出一件铜牛
尊，是西周初期之器。该尊整体为水牛型，牛体浑圆，四蹄粗壮，
翘首伸颈，双目圆睁，好像在鸣叫。尊口开在牛背上，口上加盖，

---

　　①　（清）孙诒让：《周礼正义》，中华书局 1987 年版，第 1514 页。

盖上铸一立虎，虎四足向前，身体后缩，作扑食状。整体造型浑圆精美，全器饰云纹，夔纹。整个牛尊在敦厚沉重中又有牛背上小巧的虎形点缀，寓厚实、灵巧于一体，显示着西周青铜礼器的另一种审美风格。

陕西岐山贺家村出土的牛尊

能代表周代礼器风格的还有北京琉璃河西周燕国墓地出土的一系列器物。如标号为 M253：13 的兽面蕉叶纹簋，其腹之两侧附接大耳高鼻的兽头形半耳环。全器饰满花纹，口沿下饰一周用雷纹组成的蕉叶纹。又如标号为 M253：2 的"作宝"尊，为喇叭口，鼓腹、高足。颈之上部饰以兽面组成的蕉叶纹，颈下部饰四只鸟头两两相对的长尾大鸟，圈足饰四只垂尾大鸟。纹饰精美。

这一件件出土的实物，用无声的语言为我们讲述着周人祭祀礼仪的辉煌，祭祀时酒器的精美。它们表明周代贵族的饮食和祭祀器具，不仅有器之用，还有器之美。出土实物资料给我们的启示是，《周礼》、《仪礼》以及《礼记》等文献中对礼器之美的记载，还远远没有这些实物资料丰富多彩。可以说，"三礼"中所反映的周代贵族对礼器的审美追求并不是后世审美想象的结果，而是历史事实的部分记录。

（三）青铜礼器构成的审美世界

青铜器在周代贵族生活中主要扮演礼器的角色，青铜礼器所点缀的周代贵族的审美世界，文献中有多处记载，如《礼记·

明堂位》就记载了天子祭祀时，礼器如何点缀着祭祀的盛况："季夏六月，以禘礼祀周公于大庙，牲用白牡，尊用牺、象、山罍，郁尊用黄目，灌用玉瓒大圭，荐用玉豆、雕篹（馔），爵用玉琖（盏）仍雕，加以璧散、璧角，俎用梡嶡。"[①] 这是天子祭祀时的盛况，丰富多样的酒器使人感到目不暇接。有牛形的牺尊、象形的象尊、刻有山形图纹的山罍。郁金香与黍米合酿的香酒盛放在刻有黄目的酒尊里。祭礼中酌酒灌地用的是玉制的酌酒斗。荐献食品用的是玉制的豆，以及加雕饰的笾。国君献酒用的是雕刻着图纹的玉盏，诸臣加爵时使用的是用璧玉饰杯口的璧散和璧角，盛放肉的俎案用的是梡、嶡形的木几。精美的礼器是周代贵族精细和考究生活方式的集中体现，折射出周代贵族生活艺术化的精神追求。

器物点缀着周人的祭祀礼仪和燕饮礼仪。酒器的纹饰和形制之美，表现了周人对生活的文饰化追求。这些丰富的食物与精美的酒器、食器并不仅仅是为了口腹之欲而设，其精致繁复的背后蕴涵着无形的礼制内涵。同时，对祭器的重视，也反映了周人对精神生活的重视，正如《礼记·王制》中讲："大夫祭器不假；祭器未成，不造燕器。"[②] 祭器是不能随便给别人的，在祭器没有制成的情况下，大夫是不会造燕饮的器皿的。周代贵族将精神的安顿看得比肉身的生存更加重要，但是精神世界又不是抽象的、空洞的，而是集中体现在这些精美的器物之中。

二 玉器中的贵族审美意识

在中华文明史上，玉文化源远流长。最早的玉器距今已有七

---

① （清）孙希旦：《礼记集解》，中华书局 1989 年版，第 844 页。
② 同上书，第 389 页。

千多年的历史了。并且从已经发掘的实物资料观察，玉石最初基本是比较纯粹的装饰品，即玉最初是以它的审美价值为人们所关注的，只是后来才被赋予了各种复杂的社会观念。商周时期，玉不仅具有通神的作用，而且也是重要的装饰品和等级的标志，以及贵族之间往来的信物。玉在周代贵族的生活中扮演着多种角色，有着广泛的运用，周代贵族生活在一个琳琅满目的玉石世界之中。

（一）玉与周代贵族的生活

在周代贵族的社会体制中，玉府、典瑞和大宗伯等都是掌管周王之玉的专门机构。其中玉府是专门负责周王的金玉、玩好、兵器，以及其他珍贵器物的机构和官职；典瑞是专门掌管玉瑞、玉器收藏，辨别玉器的名称和种类，并为它们设置装饰物的官职。与玉府的职能相比，典瑞更侧重于掌管周王及各等贵族用玉的法度；玉人是专门制作各种玉器的工匠。

关于玉的主要用途，从《周礼·天官·大宰》中所载大宰之职责中可略见一斑。在祭祀天神、地示以及先王时，大宰要帮助周王拿玉器、币帛和爵；大朝觐、大会同时，大宰要协助周王接受诸侯进献的玉币和其他玉器玩好，协助周王设置玉几，协助周王接受诸侯向周王进酢酒的玉爵；大丧时，大宰要协助周王行赠玉、含玉之礼。由大宰的职责可见周代的玉有祭祀的功能，在诸侯交往时要用玉，举行丧礼时要用玉。

关于玉在周人生活中的应用，《周礼·天官·玉府》也有所记载："玉府掌王之金玉、玩好、兵器，凡良货贿之藏。共王之服玉、佩玉、珠玉。王齐，则共食玉。大丧，共含玉、复衣裳、角枕、角柶。"① 共，即"供"。从这段文献可知，玉府主要掌管

---

① （清）孙诒让：《周礼正义》，中华书局 1987 年版，第 451—457 页。

着周王的服玉、佩玉、珠玉、食玉、含玉、玩好之玉，以及献给
王的金玉等。综合以上文献，我们可以看出，周礼中的玉，第
一，作为祭祀用玉；第二，作为礼宾客之玉；第三，作为丧礼中
的含玉。我们将周代贵族生活中常见的玉分为祭玉、瑞玉、佩
玉、含玉等几个方面来进行分析，力求通过这几种玉器的分析来
透视玉器中所蕴涵的艺术精神。

（二）祭玉及其象征艺术精神

祭玉主要指的是各种祭祀礼仪中所用的玉。《周礼·春官·
大宗伯》记载："以玉做六器，以礼天地四方，以苍璧礼天，以
黄琮礼地，以青圭礼东方，以赤璋礼南方，以白琥礼西方，以玄
璜礼北方，皆有牲币，各放其器之色。"① 周人冬至礼天，夏至
礼地，立春礼东方，立夏礼南方，立秋礼西方，立冬礼北方。从
颜色来说，所选择的玉器要分别与六个方位的神的颜色一致，天
为苍，地为黄，春为青，夏为赤，秋为白，冬为黑。牲币也根据
六方之色，礼天用苍币、苍牲；礼地以缥币、黄牲；礼东方的牲
币与礼天相同；礼南方以朱币、骍牲；礼西方以素币、白牲；礼
北方以玄币、黝牲。进行祭祀的玉，其形状也要和祭祀的对象相
对应：璧圆，象天；琮八方，象地；圭锐，象春物初生；半圭曰
璋，象夏物半死；琥猛象严秋；半璧曰璜，象冬闭藏。所以这几
种玉分别被用来礼天地和四方。

除了祭祀天地四方之神外，玉还较为广泛地被运用在其他祭
祀场合。如《左传·僖公二十四年》记载，公子重耳为了表白
自己与子犯的同心一意，将玉璧沉到河里。《左传·文公十二
年》记载，秦伯将玉璧沉到河里，祈求战争的胜利。《左传·襄
公十八年》也记载，晋侯伐齐，将过河，献子用朱丝系着玉，

---

① （清）孙诒让：《周礼正义》，中华书局1987年版，第1389—1398页。

进行祈祷。《左传·昭公二十四年》记载，王子朝将成周之宝圭沉于河。从这些文献记载可以看出，祭祀河神时，基本上都是将玉器沉到河水中。

（三）瑞玉：以玉为贵的周代交往艺术

瑞玉指的是人际交往中使用的玉器。瑞玉主要有三种类型：一是四方之国来献的玉；二是出使四方之国的使者所奉的玉；三是周王赏赐给诸侯的玉。如在觐礼、盟誓、诸侯之间往来等场合都要用瑞玉。诸侯国之间往来，要行束帛加璧之礼，这时所用的玉就是瑞玉。

瑞玉中最重要的是玉圭。天子于分封建国之后，要赐以命圭作为诸侯守国的符信。《周礼·春官·大宗伯》载："以玉作六瑞，以等邦国。王执镇圭，公执桓圭，侯执信圭，伯执躬圭，子执谷璧，男执蒲璧。"① 即天子用长一尺二寸的镇圭；公用长九寸的桓圭；侯用长七寸的信圭；伯用长七寸的躬圭；子爵用谷璧；男爵用蒲璧。不同等级的贵族用的圭形制不同，是为了区别诸侯贵族的等级。这就是瑞玉的等级制度。

《周礼·春官·典瑞》也记载了不同场合中圭的运用情况："王晋大圭，执镇圭，缫藉五采五就，以朝日。公执桓圭，侯执信圭，伯执躬圭，缫皆三采三就；子执谷璧，男执蒲璧，缫皆二采再就，以朝觐宗遇会同于王。诸侯相见，亦如之。璩圭、璋、璧、琮，缫皆二采一就，以覜（眺）聘。"② 这一段讲各等贵族用玉的情况。缫，通"藻"，意为文彩。周王行拜日礼时，插着大圭，手执镇圭，圭垫上以玄、黄、朱、白、苍等五色为装饰。桓圭、信圭、躬圭的圭垫都用朱、白、苍三种颜色作为装饰。谷

---

①　（清）孙诒让：《周礼正义》，中华书局 1987 年版，第 1380—1382 页。

②　同上书，第 1574—1582 页。

璧、蒲璧，其圭垫都用朱、绿两色来装饰。公侯伯子男分别执着这样的圭来向周王行春朝、秋觐、夏宗、冬遇和临时会同之礼。诸侯之间相见也要用同样装饰的瑞玉。大夫众来叫眺，寡来叫聘。诸侯向王行眺聘之礼要执有隆起刻纹的圭、璋、璧、琮等瑞玉，它们都用朱、绿两种颜色绘饰一匝的衬垫。

作为瑞玉的圭，在贵族的生活世界中扮演着非常重要的角色。《礼记·礼器》记载："圭、璋特，琥、璜爵。"① 意思是圭、璋是玉中的贵重者，在贵族的朝聘礼仪中，可以单独作为信玉使用，不需要加币帛。琥、璜的重要性次于圭、璋，在天子飨诸侯，或诸侯相飨、举爵相酬的时候，要同时进献虎形的琥，半璧形的璜才行。

在瑞玉中还应有挚玉。挚是宾主相见，宾送主人的重要见面礼物。《周礼·大宗伯》中讲到以禽作六挚，以等诸臣，其中孤执皮帛，卿执羔，大夫执雁，士执雉，庶人执鹜，工商执鸡，不同等级的贵族所用的挚是不同的，挚有着明确的等级性。在挚之中又以玉最为重要。在《周礼·射人》中记载着公、孤、卿和大夫朝见天子时的朝位，以及所执挚的不同情况："三公执璧，孤执皮帛，卿执羔，大夫执雁。"三公的地位尊贵，所执的挚是玉璧。诸侯国之间聘问、诸侯觐见天子时表达敬意的礼物也要用玉器。《仪礼·觐礼》记载，"至于郊，王使人皮弁用璧劳"，就指的是以璧作为挚。《周礼·秋官·小行人》记载诸侯献给天子的玉帛时，要用不同的瑞玉配马、皮、帛、锦、绣、黼等，即所谓"合六币"：圭以马，璋以皮，璧以帛，琮以锦，琥以绣，璜以黼。

作为瑞玉的玉笏在周代贵族的生活中也很重要。关于笏的形

---

① （清）孙希旦：《礼记集解》，中华书局 1989 年版，第 636 页。

制《礼记·玉藻》中记载："笏，天子以球玉，诸侯以象，大夫以鱼须文竹，士竹。本，象可也。"① 周代的社会生活中以玉为贵，所以天子的笏板以玉为材料做成；诸侯的笏是用象牙做成的；大夫和士的笏则是用较为常见的竹子制作，以鲛鱼须装饰在笏的侧面，只有手持的部分可以用象牙制作。不仅笏的质地要有等级的区别，而且笏的名称和形状也因等级的不同而有所变化。从笏的形制说，"天子揸珽，方正于天下也。诸侯荼，前诎后直，让于天子也。大夫前诎后诎，无所不让也"②。天子的笏叫珽，四角方正；诸侯的笏叫荼，前圆后直；大夫的笏前后都是圆的。不同的等级只能用不同的笏，这就是周代贵族等级制的体现。

（四）佩玉之美

古人喜欢佩戴各种各样的佩饰，如香囊、手巾、玉佩等。服饰的佩件中以玉为最贵。《礼记·月令》记载天子四季所佩的玉：春服苍玉，夏服赤玉，秋服白玉，冬服玄玉。天地四时的变化就蕴涵在各色的佩玉之中了。

周代贵族很重视玉本身的色泽和缀玉所用的绳子的色彩的搭配，但玉佩的美依然要遵循着等级的规定。"天子佩白玉而玄组绶，公侯佩山玄玉而朱组绶，大夫佩水苍玉而纯组绶，世子佩瑜玉而綦组绶，士佩瓀玫而缊组绶。"③ 这里体现了玉的等级和贵族等级的关系。组绶，是用来穿系玉佩的丝带。天子佩戴着白色的玉，用的是天青色的丝带；诸侯佩的是山青色的玉，配以朱红色的丝带；大夫佩的是水苍色的玉，配以黑色丝带；天子和诸侯

---

① （清）孙希旦：《礼记集解》，中华书局 1989 年版，第 809 页。

② 同上。

③ 同上书，第 822 页。

的太子所佩玉的丝带是彩色的；士佩着美丽的石头，用赤黄色的丝带。温润的玉再配以不同色彩的丝带使玉的色彩美更加突出，表现出了周代贵族在等级体制之中对玉石和色彩之美的特殊爱好。

蔽膝与贵族身上所佩的珩（又写作"衡"、"璜"）一起成为贵族身份的象征。不同级别贵族命服上的蔽膝和珩的色彩搭配也是很讲究的："一命缊韨幽衡，再命赤韨幽衡，三命赤韨葱衡。"① 赤黄间色的蔽膝和黑色的珩是国君赏赐给一级命官的服饰；赤色的蔽膝和黑色的珩是国君赏给二级命官的服饰；赤色的蔽膝和青色的珩，这是最高贵的命服，是国君赏赐给三级命官的佩饰。《诗·小雅·采芑》曾对命服上的装饰之美进行了描述："服其命服，朱芾斯皇，有玱葱珩。"意思是朱红色的蔽膝配上天青色的玉珩，而且佩玉在行走的时候还发出悦耳的玱玱声，这是多么令人神往的审美境界。由此可见，等级之中并不是没有审美空间的存在，相反，周代贵族戴着等级的脚镣跳舞，同时也在等级脚镣的伴奏下，跳出了那个历史时期最为精美的审美之舞。

西周的玉佩可以分为组玉佩和单件玉佩两种，组玉佩主要由衡、璜、琚、瑜等玉石，以及绿松石、玛瑙珠、煤精、水晶等各种颜色的管、珠等组成，有的还会杂有玉鱼、玉龙、玉蚕、玉人等动物形玉器。单件玉佩以琢刻成鹿、牛、虎、鳖、鱼等形态的各种象生玉造型为主。

《诗·郑风·女曰鸡鸣》表现了男女之间琴瑟和鸣的情感，以及希望白头偕老的美好愿望。最后写道："知子之来之，杂佩以赠之。知子之顺之，杂佩以问之。知子之好之，杂佩以报之。"可见玉佩在周代还具有传情达意的媒介功能。

---

① （清）孙希旦：《礼记集解》，中华书局1989年版，第812页。

　　考古发现的实物中有许多组玉佩，使周代贵族的佩玉制度得到了实物的证实。扶风云塘、丰镐遗址、战国中山王墓等都曾出土过精致的玉串饰，以实物的形式为我们展示了周代礼仪文化框架中的审美追求。这些串饰大多由玉璜和玛瑙珠、玛瑙管、绿松石、水晶等组合在一起，绮错相间，光彩夺目。如山西天马—曲村遗址的北赵晋侯墓地曾发现了惊人的组玉佩。其中晋侯苏夫人墓出土的玉佩有400多颗料珠、玛瑙串珠、六枚玉璜，整个玉佩跳珠泻露，红艳明灭。宝鸡茹家庄墓地出土的装饰玉器也非常丰富。标本 BRM1 甲：82 是一件由玛瑙珠、玛瑙管、玉管、菱形料管、料珠、料管、圆形饰物等共计 245 件组成的串饰。在三门峡虢国墓地梁姬墓（M2012）中可以看到，在墓主人颈部有两组玛瑙珠、玉佩组合项饰，胸腹部有一组五璜联珠玉组佩，两个手腕分别有一组腕饰，其中一组用红玛瑙与绿松石珠、料管组合而成，另一组用玉蚕、玉蚱蜢和玉管相间串联而成。可见西周到春秋早期贵族已经拥有了非常丰富多彩的玉石饰物，也可见当时玉饰物在贵族服饰中占有非常突出的位置，贵族们又是如何浓墨重彩地展示它所蕴涵的身份价值和审美价值。

陕西韩城芮国墓地出土的玉颈饰

在出土的实物资料中，有许多地方都出土过动物形的小型单件玉佩。如琉璃河西周燕国墓地出土有虎形、凤形、鱼形、蚕形、马形、龟形等佩件。尤其引人注目的是在宝鸡茹家庄墓地出土了各种玉雕动物形象113件。这些动物形象造型生动优美，在写实的基础上，加以艺术的夸张，充分显示了当时玉石雕琢的工艺水平，具有较高的艺术价值。如标本 BRM1 甲∶14 和标本 BRM1 甲∶15 是两件鹿形玉饰，一昂首前视，一回首张望，都晶莹剔透，造型非常可爱。除玉鹿之外，还有玉虎、玉牛、玉兔、玉鸟、玉鱼等饰物。扶风贺家村西周墓出土的玉器90多件，其中的玉鱼、玉贝、玉串饰等都很别致，有不少是精雕细琢的工艺品。张家坡西周墓地出土有人物、动物玉饰 387 件。这些玉饰都属于装饰品，制作精美，造型生动。

宝鸡茹家庄出土的玉鹿

这些精美的动物形玉器，形象生动可爱，表现出活泼的生命姿势，向我们展示出西周贵族的审美情趣，折射出周人热爱生活的情怀。更为重要的是，这些丰富多彩的出土遗存使我们认识到在森严的等级礼制社会中，美并不是停滞不前的。可以说，无论在什么样的时代，人们的爱美之心都会隐隐流露。这些小巧精美的动物形装饰品，虽然时隔几千年依然能默默地为我们讲述着贵族的审美情趣在礼制的制约下是如何存在和发展的。

周代贵族生活在一个晶莹璀璨的玉的世界之中，对玉的喜好，既是中华审美文化的延续，又有着周代的时代特色。周人爱玉，首先是因为玉石美丽而丰富的色彩使人愉悦，玉石细腻的质地能给人温润的感觉；其次是因为玉的质地优劣已被纳入到贵族的等级体制之中，所以人们时常将玉的尊贵与人的尊贵联系在一起，如前所述，各种色彩和形制的玉都被纳入到周王的等级体制之中，所以，人们对玉的追求和尊重也隐含着对等级尊卑观念的认可。

第三节 乐器:无声的礼乐之美

在周代贵族的生活中有着丰富的礼乐演奏，即便是日常生活中也常常是琴瑟和鸣。音乐美学思想不仅体现在乐曲演奏中，也体现在乐器的形制和组合中。乐器不仅承载着天地之灵气，也表现了周代贵族文饰化的审美趣味。

一 乐器及其等级性

周代礼乐文化中乐器扮演着重要角色。乐器的种类繁多，其中打击乐器有铙、钲、金錞、钟、镈、铎、编钟、编磬、鼓，等等；管乐器有埙、籥、篪、箫、竽、笙等；弦乐器有琴、瑟、筝、筑等。按照材质，乐器可分为金、石、土、革、丝、木、匏、竹等八种，这八种不同材质的乐器都来源于大自然。金，指的是青铜乐器，如编钟、铙、镛等；石，指的是石制乐器，如编磬就是由石头打磨而成的；土，指的是陶器，如陶铃、陶鼓、陶埙等；木，就是树木，如柷、敔乐器等用木头制成；竹，为竹子，竹子制作的乐器如箫、笛等；丝为蚕丝，以丝制作的乐器如琴、瑟等；匏，为葫芦，葫芦制作的乐器如笙、竽等；革是皮革，以皮革制作的乐器如大鼓小鼓等。这八种材质制成的乐器共同演奏着中国人心灵的乐章，也具有震撼心灵世界的作用。八种乐器虽然材质不同，但有一个共同点，就是都来源于天然的材料。在这些凝聚着天地之精华的材料，以及它们所演奏出的美好乐曲中，我们可以深深地感受到，音乐的材质与天地四时之间的统一与和谐。

乐器的多少是贵族等级的标志。从乐器的悬挂来说："王宫悬，诸侯轩悬，卿大夫判悬，士特悬。"① "宫悬"就是演奏乐器时，东西南北四面都要悬挂钟磬。周王的乐器悬挂于四面，称为宫悬；诸侯去其南面乐器，三面悬挂，称为"轩悬"或"曲悬"；大夫仅能左右悬挂，成为"判悬"；士仅一面悬挂，称为"特悬"。毫无疑问，天子的音乐气势最宏大，其次是诸侯，再次是卿大夫和士。这就是乐器中的等级观念。

二　乐器的文饰之美

周代贵族对乐器的理解，还在于乐器的文饰之美。辉煌典雅的礼乐随着时间的流逝消失在久远的历史长河之中。但各地不断出土的周代乐器，以及文献中对乐器的记载，却为我们再现了静态的乐器之美，为我们再现了三千年前贵族对器物文饰之美的追求。

《礼记·乐记》中记载，圣人制作了鼗、鼓、椌、楬、埙、篪六种基本乐器，然后又以钟、磬、竽、瑟等华美之音与之相和，从而形成文质相杂的音乐，并且又伴以干（盾）、戚（斧）、旄、狄（羽）为道具的舞蹈。这就是祭祀先王时，在太庙中演奏的乐舞。

在《诗经》中我们能看到对乐器之美的赞叹。周天子每年三月要举行盛大的音乐会祭祀宗庙，《诗·周颂·有瞽》就是天子大合乐于宗庙时所唱的乐歌。大合乐于宗庙就是将各种乐器汇

---

① 孙诒让：《周礼正义》，中华书局1987年版，第1823页。

合在一起演奏给祖先听。诗中写道："有瞽有瞽，在周之庭。设业设虡，崇牙树羽，应田悬鼓，鞉磬柷圉，既备乃奏，箫管备举。喤喤厥声，肃雝和鸣，先祖是听。我客戾止，永观厥成。"[①]瞽，指的是朝廷的盲乐师。业，是悬挂鼓的木架。虡，是悬挂编钟编磬的木架。在天子的宗庙中，放置着悬挂建鼓的木架和悬挂编钟编磬的木架。在悬挂乐器的横木上有着锯齿状的崇牙，用以悬挂一排大小不等的钟磬。崇牙上插着五彩羽毛作为装饰。此外还有可以手摇的鞉鼓，有玉石制成的乐器磬，有形似方斗的木制乐器柷，有形似伏虎的木制乐器圉（又称为"敔"），还有箫管等。这些乐器一起演奏，发出的喤喤声，肃雝和鸣，先祖听到后一定会很愉快。那辉煌的大合乐我们虽然不能再听到，但是这些文字中不朽的乐器组合，还依然在为我们展示着周人的音乐美学思想。音乐的美不仅在于声音之美，还在于乐器之美，乐器的美既体现在不同乐器的陈列，还表现为乐器本身的装饰之美。

鞉鼓

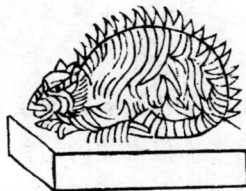

敔

---

① 高亨：《诗经今注》，上海古籍出版社 1980 年版，第 490—491 页。

　　乐器之美，最为突出地表现在悬挂编钟的簨虡的美饰之中。簨虡多为木制，从曾侯乙墓出土的实物看，簨上的纹饰精巧而繁复，虡则被塑造为双手上举的人形，举起的双手正好托着簨，似乎那簨完全是依赖人的力量才被举起来的。各地出土的瑟上也有非常细腻的装饰。曾侯乙墓出土的瑟就有 12 件。瑟身用彩绘和彩雕的方式装饰着各种各样的图案，有盘旋的龙，有飞翔的凤。这些出土乐器，以及文献中的有关记载，为我们提供了一个静态的音乐美学世界，可以使我们透过这些有形的乐器去感受周代贵族的音乐生活，隔着广袤的时空，去领会他们的艺术精神。

　　关于静态的音乐美学的思想最为集中地体现在《周礼·冬官·梓人》中：

　　　　梓人为簨虡。天下之大兽五：脂者，膏者，蠃者，羽者，鳞者。宗庙之事，脂者、膏者以为牲；蠃者、羽者、鳞者以为簨虡；外骨、内骨、却行，仄行，连行，纡行，以脰鸣者，以注鸣者，以旁鸣者，以翼鸣者，以股鸣者，以胸鸣者，谓之小虫之属，以为雕琢。①

这一段讲了各种动物形象在周代贵族文饰化生活中的意义。宗庙祭祀用牛羊猪之类的动物做牺牲，乐器上则用裸类、羽类、鳞类的动物形象来作为簨虡上的刻饰，小虫类的动物形象则适宜雕琢在祭器上作为装饰。

　　就装饰钟虡的动物来讲，它的特点是"厚唇弇口，出目短耳，大胸燿后，大体短脰，若是者谓之蠃属，恒有力而不能走，

————————
　　①　（清）孙诒让：《周礼正义》，中华书局 1987 年版，第 3375—3376 页。

其声大而宏。有力而不能走，则于任重宜；大声而宏，则于钟宜。若是者以为钟虡，是故击其所悬，而由其虡鸣"①。虡是悬挂钟的木架的立柱。在周人的审美观念中，钟虡应当用那些厚唇、深口、突眼、短耳、胸部阔大，后体较小，身体大，但颈项短的裸类动物来装饰。因为这样的动物总是很有力而不能跑，发出的声音大而洪亮。有力而不能跑，就适宜负重。声音大而洪亮，就能同钟声相宜。这样的动物形象做钟虡上的装饰，敲击悬挂的钟的时候，钟声就好像从钟虡上的装饰动物中发出来的一样。

装饰磬虡的动物的特点是"锐喙决吻，数目顾脰，小体骞腹，若是者谓之羽属，恒无力而轻，其声清扬而远闻。无力而轻，则于任轻宜；其声清阳而远闻，则于磬宜。若是者以为磬虡，故击其所悬，而由其虡鸣"②。即作为磬虡的动物的特点是嘴巴尖利，嘴唇张开，眼睛细小，颈较长，身体较小，腹部低陷，像这样的动物属于羽类动物。因为其特点是无力而轻盈，所以适宜于负载轻物。又因为其鸣声清扬而远播，所以与磬声相宜。这样的动物装饰在磬虡上，敲击所悬挂的磬时，声音就好像从磬虡的装饰动物中发出来的一样。

装饰在钟磬架的横木上的动物一般是鳞类动物，这类动物"小首而长，抟身而鸿，若是者谓之鳞属，以为筍"③。即这类动物头小而身长，抟起身就显得肥大。像龙、蛇等动物就具有这样的特点，所以适合装饰在钟磬的横木上。

就筍虡上装饰的动物来讲，周人认为如果刻画的是捕杀抓咬的兽类，就一定要"深其爪，出其目，作其鳞之而"④。因为深

---

① （清）孙诒让：《周礼正义》，中华书局 1987 年版，第 3379—3380 页。
② 同上书，第 3381 页。
③ 同上书，第 3382 页。
④ 同上书，第 3383 页。

藏它的爪子，突出刻画它的眼睛，张起它的鳞与颊毛，看它的人就能感觉到它好像已经勃然大怒。再加上它的色彩鲜明而有力，让这样有气势的动物负重，观看者就以为它一定能发出洪大的声音。反过来说，如果不深藏它的爪子，不突出它的眼睛，也不使它的鳞与颊毛都张起来，而且色彩也灰暗不鲜明，那么，观看者就会感觉到它颓丧不振。如果它显得这样无精打采，那么，使它负载重物，就让人感觉到它好像将要把重物废弃，而它的色彩也不能让人联想到洪大昂扬的声音。

三 乐器中的天人感应思想

不仅天地之间的山川丘陵以及各种动物能通过音乐与神灵相沟通，在周人的观念中，就是不同材质的乐器所演奏的音乐也具有不同的神性。如《周礼·春官·大司乐》记载：

> 凡乐，圆钟为宫，黄钟为角，大蔟为徵，姑洗为羽，雷鼓雷鼗，孤竹之管，云和之琴瑟，《云门》之舞，冬日至，于地上之圆丘奏之，若乐六变，则天神皆降，可得而礼矣。凡乐，函钟为宫，大蔟为角，姑洗为徵，南宫为羽，灵鼓灵鼗，孙竹之管，空桑之琴瑟，《咸池》之舞，夏日至，于泽中之方丘奏之，若乐八变，则地示皆出，可得而礼矣。凡乐，黄钟为宫，大吕为角，大蔟为徵，应钟为羽，路鼓路鼗，阴竹之管，龙门之琴瑟，《九德》之歌，《九韶》之舞，于宗庙之中奏之，若乐九变，则人鬼可得而礼矣。①

从这一段文献可以得知，在不同的时间，演奏不同材质制作的乐

---

① （清）孙诒让：《周礼正义》，中华书局1987年版，第1757页。

器，就会与不同的神灵相感应。孤竹、孙竹、阴竹制作的籥管，云和、空桑、龙门等不同地方的木材制作的琴瑟都会有不同的神性。冬天，用十二律中的圆钟音为宫，黄钟音为角，太蔟音为徵，姑洗音为羽，并用绘有雷纹图案的大鼓和小鼓，用孤竹做的籥管，用云和出产的琴瑟，在地上之圜丘连续演奏六遍，同时配之以《云门大卷》舞蹈，天神就会受到感应而现身；夏天，用函钟音为宫，大蔟为角，姑洗为徵，南宫为羽，并用大小六面鼓，用衍生竹做的籥管，空桑出产的琴瑟，在泽中之方丘演奏八遍，同时，配以《咸池》之舞，地神就会受到感应而现身；用黄钟为宫，大吕为角，大蔟为徵，应钟为羽，用路鼓、路鼗，以及背阴竹做的籥管，龙门出产的琴瑟，配以《九德》之歌、《九韶》之舞，在宗庙之中演奏九遍，祖先神就会受到感应而现身人间。可见，不仅乐器的材质具有一定的神性，就是演奏的遍数也与神灵的感应有一定的关系。这些乐舞的神秘气息，处身其中的人一定能体会得到，它是人神之间冥冥之中的契合与感应。

可以看出，一方面，周代贵族不仅注重瞬间即逝的流动的音乐，而且也关注乐器的美饰。钟磬的簨虡之美表达了周人对音乐的另一种理解；另一方面，也可以看出，周人非常讲究和谐搭配的美学思想，这不仅体现在服饰的搭配方面，也集中体现在簨虡装饰的设计方面。他们认为能够负重的裸类动物就应该装饰在钟虡上，轻盈的羽类动物就应当装饰在磬虡上。因此钟就显得更加沉重，而磬相对来说就显得轻盈一点。此外，可以明显地感觉到周人已经注意到了从接受美学的角度来思考簨虡的装饰问题。他们认为簨虡上装饰的各种动物都应当与所装饰的乐器发出的声音有着同样的风格，让人感觉音乐是从这种动物的口中发出来的，这就增强了音乐的美感效应。乐器有着这样精美的装饰，它们本身甚至可以成为脱离音乐独立存在的艺术品。

第四节　车马、旗、席的纹饰美

在周代社会生活中，车是人们最主要的交通工具，是贵族财富的象征。因而，车在贵族的生活中具有举足轻重的地位。一般来说，古代的达官贵人都要乘车。该乘车而未乘车是违礼的。郭宝钧《殷周车器研究》、朱凤瀚《古代中国青铜器》等著作结合出土实物和文献，对先秦时期车的结构、马的佩件等问题进行了细致入微的论述。本书就不再赘述车和旗的结构，而是对车、旗，以及席文化中所蕴涵的贵族艺术精神和审美意识略作分析。

一　精美的车马饰

（一）车马饰与车马的等级性及场合性

周代贵族的车具有严格的等级性。《礼记·少仪》记载："乘贰车则式，佐车则否。贰车者，诸侯七乘，上大夫五乘，下大夫三乘。"式，同"轼"，这里指凭轼行礼。朝会和祭祀所乘的车叫贰车，行军或打猎所乘的车叫佐车。这段话的意思是，朝会和祭祀场合不同级别的贵族所乘的车的数量是有等级规定的，且乘贰车时要行轼礼。

周代贵族的车还有明显的场合性，而场合性又是通过车马上饰物的细微差别来决定的。如周王的车有五种：

> 一曰玉路（同"辂"），锡，樊缨十有再就，建大常，十有二斿，以祀；金路，钩，樊缨九就，建大旂，以宾，同姓以封；象路，朱，樊缨七就，建大赤，以朝，异姓以封；革路，龙勒，条缨五就，建大白，以即戎，以封四卫；木

路，前樊鹄缨，建大麾，以田，以封蕃国。①

钖，即当卢，是马额上的装饰物。樊，即鞶，指的是马的大带。缨，是系于马胸前的革带。斿，指的是旗正幅旁边的饰物，形如飘带。大常，是一种画有日月徽志的旗。大旗，是一种画有交龙徽志的旗。大赤，是画有隼鸟徽志的旗。大白，是画有熊虎徽志的旗。大麾，是画有龟蛇徽志的旗。从这一段文献可知，周王的车分为玉路、金路、象路、革路、木路等五种。每一种车都有固定的美饰和固定的用途。玉路，以玉石作为装饰的安车，马的当卢点缀着金片，马的樊及缨上装饰着用五彩罽装饰的十二圈彩线，车上建的是画有日月的大常旗，旗有十二条飘带，用于祭祀场合；金路，是以金银为装饰的安车，马额上有金饰的钩形装饰，其樊及缨以五彩罽缠绕九圈作为装饰，车上所建的大旗画着交龙，是周王飨宾、朝觐、封同姓诸侯时用的车子；象路，是以象牙为装饰的安车，配有朱饰的笼头，樊和缨以五彩罽缠绕七圈作为装饰，车上建有画着隼鸟徽志的赤旗，是周王上朝，封赐异姓诸侯时乘坐的车子；革路，配有白黑两色相交的笼头，樊及缨都用丝编织的带子绕五匝作为装饰，车上竖有画着熊虎的大白旗，用于军事以及封赐守卫四方的诸侯；木路，樊为浅黑色，缨为白色，车上竖有画着龟蛇的大麾旗。木路最为简陋，仅在车與上涂一层漆，用于田猎和封赐九州之外的蕃国。可以看到，周王所用的五种车上，马当卢、樊、缨、旗等的纹饰有着区别车的种类的意义。

王后的车也有五种，"重翟，钖面朱總；厌翟，勒面缋總；安车，雕面鷖總，皆有容盖；翟车，贝面，组總，有握；辇车，

---

① （清）孙诒让：《周礼正义》，中华书局1987年版，第2141—2158页。

组挽，有翣，羽盖"①。翟，指的是野鸡，在此指的是野鸡的雉羽。这一段是关于王后的车马装饰的记载。大意是王后的车也有五种。重翟，在马额上饰有缀金的当卢，马笼头的两侧缀饰着红色的缯带；厌翟，指的是车两侧用作屏蔽的雉羽，上一排的羽毛压着下一排的羽根，下一排的羽毛又压着再下一排的羽根。厌翟的马额上饰着杂有黑白两色的当卢，马的两侧缀饰着青黑色的缯带；安车，马额上的当卢画着色彩作为点缀。以上三种车都设有容盖。翟车，马额上饰有用贝壳装饰的当卢，马笼头两旁点缀着丝带，车上设有幄；辇车，有供人牵引用的丝带，车的两旁设有翣扇，车上有用羽毛做的、用来遮蔽阳光的小盖。王后的车也体现着场合性和以装饰物作为标志的特点。

周王以下人乘的车，因爵等不同，在形制、装饰上有别。执行公务的车叫服车，服车也有五种："孤（诸侯）乘夏篆，卿乘夏缦，大夫乘墨车，士乘栈车，庶人乘役车（牛车）。"② 毂，在车轮的正中，中空贯轴，周围为车辐条。车毂的周围刻成如竹节般凸起的篆。夏篆，即以五彩画毂周围凸起的部分；夏缦，是在车毂间画以五彩又鞔革的车；墨车鬃以黑漆，不画，但鞔革；栈车鬃黑漆，不鞔革；役车上设有方箱，可载兵器以供役事。由此可见即便是执行公务的服车，也是将车上的装饰作为不同种类车的标志。

周王还有丧车五种，分别为木车、素车、藻车、駹车和漆车。《周礼·春官·巾车》对丧车有较为详细的记载。周王的各种丧车上也有各种不同的装饰，如木车，用蒲草做车上的藩蔽，车轼上盖着用白狗皮做的幦，车上设有用白狗尾做的放兵器的

---

① （清）孙诒让：《周礼正义》，中华书局 1987 年版，第 2162—2170 页。
② 同上书，第 2180 页。

櫜，鞙和櫜都用粗布饰边，小兵器袋也用粗布饰边。其他几种丧车上的饰物也都体现着丧事的素朴作风，同时又体现出周代贵族器物装饰小巧和细致的风格。

《礼记·玉藻》也记载着周代贵族精美的车马饰："君羔幦虎犆；大夫斋车鹿幦豹犆，朝车；士斋车鹿幦豹犆。"[①] 意思是国君车轼上的覆盖的幦是用羔羊皮做的，并用虎皮镶边。大夫的斋车也是这种装饰。国君朝车的幦是用鹿皮做的，用豹皮镶边。士的斋车，也是这种装饰。看看这些车马饰就会明白，周代贵族对生活是怎样的热爱，最细微的地方，都能够成为他们审美关注的焦点，都能够引起他们特别的关注。

通过以上分析可以看出，周代贵族的生活从生到死都离不开车。而从车的分类和用途可以看出，周代贵族的器物不但有较为细致的装饰，而且场合和等级性非常明确。车是财富和身份的象征，车的尊贵来源于车上的装饰物的尊贵。

（二）意蕴深远的车马文化

在周代贵族的生活中，车马不仅仅只是一种简单的交通工具，更是贵族文化精神的载体。如车的形制中蕴涵着法天则地、天人合一的审美观念。周人认为："轸之方也，以象地也。盖之圆也，以象天也。轮辐三十，以象日月也。盖弓二十有八，以象星也。龙旂九斿，以象大火也。鸟旟七斿，以象鹑火也。熊旗六斿，以象伐也。龟蛇四斿，以象营室也。弧旌枉矢，以象弧也。"[②] 在周代贵族的器物观念中，一个车就是一个世界的缩影，就是一个异质同构的微型世界。车轸的方形象征着大地，车盖的圆形象征着天空。轮辐三十，象征着二十八星宿和日月共同组成

---

① （清）孙希旦：《礼记集解》，中华书局 1989 年版，第 786 页。
② （清）孙诒让：《周礼正义》，中华书局 1987 年版，第 3232—3237 页。

的天空。龙斿九斿和鸟斿七斿，以及熊旗六斿，龟旐四斿都对应着天上的星宿。连弧旌上画着的枉矢也都象征着形如张弓发矢的弧星。这样，车的美饰中就融入了象天法地的哲学观念。

　　周代贵族的车子行进时要符合一定的音乐节奏，《周礼·夏官·大驭》记载："凡驭路，行以《肆夏》，趋以《采齐》。凡驭路仪，以鸾和为节。"① 意思是王之五路在行进时，缓行，其节拍要符合《肆夏》之节奏；疾行，其节拍与《采齐》之节拍要相一致。鸾是车衡上的铃，和是车轼上的铃。凡驾驭五路的舒疾之节，要与鸾铃之声相一致。《诗·大雅·烝民》描述了马车奔驰的情景是"四牡骙骙，八鸾喈喈"，这种行进之中的节奏之美，使周代贵族的生活呈现出韵味悠长的艺术性。

陕西韩城芮国墓地
出土的鸾铃

　　周代贵族墓葬中有较多的车马饰，它们也从另一个侧面为我们展示了周代贵族的车饰文化。出土的车马器主要有轴饰、軏饰、踵饰、衡饰、鸾铃、和铃，马首又有当卢、钩形饰、马鼻形饰、马冠等装饰。可以说，周代贵族的车无处没有装饰，无处不留存着周人审美的信息。

　　鸾铃是插在车衡和马轭上的部件，车行进时，鸾铃则发出动听的声音。在周代贵族墓葬中出土的鸾铃很多，如陕西韩城芮国贵族墓葬出土鸾铃12件，铃部为球形，球形上有三角形镂孔，球内置可以滚动的弹丸，

---

① （清）孙诒让：《周礼正义》，中华书局1987年版，第2591—2592页。

球体外有一周扉棱。铃座上小下大呈梯形，前后面各有四道垂直
细阳线纹。鸾铃既是车上的部件，也是车的重要装饰品。它安置
在车上发出悦耳的声音，美化了贵族的生活。

　　辖是车轴上的销子，上粗下细，顶端一般有兽头装饰，插入
轴末端的方孔内，以防止车轮脱落。车辖虽是车中的一个很小的
零件，却是行车的关键。周人的审美领域也包括这非常细小的辖的
装饰。洛阳北窑村出土的辖，辖首为一个小铜人。山西天马—曲村
遗址出土的辖，则做成一个小人骑在虎背上。三门峡虢季墓出土
的人首辖，戴着小圆帽，有着一对较大的扇风耳，神态像孩童一
样可爱。

　　辕首饰是装饰在车辕头的铜件。陕西宝鸡茹家庄出土的一件
辕首饰造型非常别致，一侧饰浮雕兽面，一侧是一个下体仅穿短
裤，披发纹身，双手搂抱兽面的男子。男子的背部刻有两只相背
回首的小鹿，小鹿双角分枝，似回首鸣叫，形象十分生动。① 琉
璃河西周燕国墓地出土的一件辕首饰，标号为 M202CH：31，形
状为虎头形，作为装饰的小老虎竖耳，高鼻，张口獠牙，作吼
状，造型颇为生动。

　　马轭呈人字形，夹于马颈上以便挽车。在西周时期的马轭外
侧常常用铜片镶包起来，称为"金轭"。当卢是以皮条连系在马
笼头上，置于马额前的装饰物。西周时期的当卢一般呈丫字形，
上面常有兽面装饰，且多为铜当卢。马冠是马额上的装饰，呈扇
面，上面也有兽面图案。

　　从这一系列出土的实物资料和文献资料可以看出，周代的车
马文化丰富多彩，周人对车马寄予了无限的珍视和喜爱之情，表
现为对车马上最精致细微之处都要进行装饰和美化。周人的车

---

① 卢连成、胡智生，《宝鸡强国墓地》，文物出版社 1988 年版，第 401 页。

上、马上几乎无处没有装饰物。这种非常细腻的装饰风格是周代贵族审美趣味的典型代表。更值得关注的是，车马饰的审美趣味表现了周代贵族美饰生活，在现实生活之中创造美和欣赏美的艺术精神，以及对待生活的诗意心态。

车马是周代贵族出行的主要交通工具，车马的形制、色彩以及车马的饰物，在一定程度上，都体现着贵族的审美观念。在各种现代化的交通工具挤满我们生活空间的时代，再去想象三千年前悠悠的车马节奏，想象那和谐的鸾铃声，那宁静的辂头饰，就会深深地感觉到那是一首优美的诗，是一支悠远的歌，它细细地唱着周代贵族精致化、审美化的生活追求。

（三）色彩纷呈的旗文化

在周代贵族的器物中，旗也是引人注目的审美对象之一。据《周礼·春官·司常》记载："司常掌九旗之物名，各有属，以待国事。日月为常，交龙为旂，通帛为旜，杂帛为物，熊虎为旗，鸟隼为旟，龟蛇为旐，全羽为旞，析羽为旌。"[1] 即司常掌管着王的九种旗帜的名称，以及旗帜上所画的纹饰。画着日月的旗帜为常；画着交龙的旗帜叫做旂；旗的正幅和正幅旁的饰物斿用同一色的帛制成的旗子叫旜；正幅与斿以不同色的帛制成的旗帜叫做物；画有熊虎的旗子叫旗；画有鸟隼的旗子叫旟；画有龟蛇的旗子叫旐；将每根羽毛都染为五彩，用来装饰旗杆的旗子叫旞；将每个羽毛染成一种颜色，用不同色彩的羽毛装饰的旗子叫做旌。这真是一个令人眼花缭乱的旗的世界。

据钱玄《三礼通论》整理，旗的斿数、旗色、图案等的搭配如下表：

---

① （清）孙诒让：《周礼正义》，中华书局1987年版，第2200页。

	太常	旂	旗（大白）	旗（大赤）	旐（大麾）	出处
斿数	十二	九	七	六	四	《周礼·巾车》《考工记·辀人》
旗色	缥	青	白	赤	黑	《礼记·曲礼上》
图形	日月	交龙	隼鸟	熊虎	龟蛇	《周礼·司常》

在周人的生活世界中，旗也是贵族等级和身份的标记，如《荀子·礼论》中所记载的："龙旗九斿，所以养信也。"① 即画着龙，有着九条飘带的旗子是天子的标志。在不同的场合，不同身份的贵族要用不同的旗子，并且由大司马"辨旗物之用，王载大常，诸侯载旂，军吏载旗，师都载旗，乡遂载物，郊野载旐，百官载旟，各书其事与其号焉"②。因为要区别等级，所以要有不同的旗。也是因为有不同装饰和图案，所以，旗在周人的审美世界中，不仅是一件单纯的标志物，还是一种审美对象。

旗的应用范围较广，不只用在车上，但是旗更多的时候的确与车联系在一起。旗是标志，也是周人艺术精神的展现。《礼记·曲礼上》记载：

> 前有水则载青旌，前有尘埃则载鸣鸢，前有车骑则载飞鸿，前有士师则载虎皮，前有挚兽则载貔貅。行，前朱雀而后玄武，左青龙而右白虎，招摇在上，急缮其怒。进退有度，左右有局，各司其局。③

① （清）王先谦：《荀子集解》，中华书局1988年版，第347页。
② （清）孙诒让：《周礼正义》，中华书局1987年版，第2322页。
③ （清）孙希旦：《礼记集解》，中华书局1989年版，第83-86页。

即在行军途中，发现前面有水，就竖起画有青雀的旌旗；前面有扬起的尘土，就竖起画有张嘴鸣叫的老鹰形象的旗帜；前面有军队车马，就竖起画有大雁的旗帜；前面有步兵队伍，就竖起画有虎皮的旗帜；前面有怪兽，就竖起画有貔貅的大旗。行军时前面的部队高举画有朱雀的旗帜，后面的部队高举画有龟蛇的旗帜，左边的部队高举画有青龙的旗帜，右边的部队高举画有白虎的旗帜。既有整体的调度，又有各部分的职责。周人行军中的旗帜体现了周代贵族将美饰和实用目的结合在一起的艺术精神。

在《国语》中，我们还可以在吴国和晋国的战争中看到车旗将战争的场面点缀得何等恢宏壮观。《国语·吴语》中写到吴军的阵势是：

> 万人以为方阵，皆白常、白旗、素甲、白羽之矰，望之如荼。王亲秉钺，载白旗以中陈而立。左军亦如之，皆赤常、赤旂、丹甲、朱羽之矰，望之如火。右军亦如之，皆玄常、玄旗、黑甲、乌羽之矰，望之如墨。为带甲三万，以势攻，鸡鸣乃定。既陈，去晋军一里。昧明，王乃秉枹，亲就鸣钟鼓、丁宁、錞于、振铎，勇怯尽应，三军皆铧釪（欢呼）以振旅，其声动天地。①

整段话的意思是，吴军整编了军队，万人一方阵，分为左中右三军，中军以白色的旗帜为标志，赫赫的阵势如白色的海洋；左军以红色的旗帜为标志，其威武的阵势如同红色的火海；右军以黑色的旗帜为标志，其壮观的气势又望之如墨。黎明时分，三军将士整装待发，各种军乐齐鸣，中间夹杂着官兵的欢呼声，这样如

---

① 徐元诰：《国语集解》，中华书局 2002 年版，第 549 页。

火如荼的阵势和声势使晋军大骇。在这里我们可以看到吴军的阵势由于军营的庞大以及车旗色彩的壮观和军乐的作用而显得非常具有气势，具有审美性。时隔几千年，战争中的胜负成败都烟消云散，留在我们眼前的是一幅壮观的车旗文化图式，部队的行军作战最终积淀为关于车旗文化的审美想象。

综上所述，我们认为，首先，周人的车的用途和分工是较为明确和细致的，体现了场合性的特点；其次，各种车都有非常精致的装饰。尤其是在细微的地方有精致的装饰，这是周代贵族器物之美，尤其是车马装饰的一个特征。旗帜文化也很丰富，旗既是战争中各军的标志，又点染了战场的艺术氛围。

二　席以及其他器物中的审美蕴涵

（一）席的美饰

周人一般都是坐在席上的，因而席成为室内重要的陈设，也是贵族审美焦点之一。周王室的席由司几筵供给。席子的多少是贵族身份的标志，《礼记·礼器》记载："天子之席五重，诸侯三重，大夫再重。"这是周代器物等级制的体现。

周代贵族所用的席子花色和品种已经相当丰富。《周礼·春官·司几筵》记载司几筵的职责是："掌五几五席之名物，辨其用与其位。"[1] 这里的五几，指的是左右玉几、雕几、彤几、漆几、素几。五席，指的是莞席、藻席、次席、蒲席、熊席。莞席是铺在下面垫地的席。藻席，是指花纹美丽、色彩鲜艳的席。蒲席，是用昌蒲、香蒲的叶编成的席。熊席，是熊皮制作的席。五席是周代贵族文饰化审美趣味的体现，席子的花色图案和作为装饰的镶边都具有高度的审美价值，同时也是周代等级制度的典型

---

① （清）孙诒让：《周礼正义》，中华书局 1987 年版，第 1541 页。

表现形式。

《司几筵》还记载了天子朝觐、大射等重大场合的铺席状况："凡大朝觐、大飨射，凡封国、命诸侯，王位设黼依，依前南乡设莞席纷纯，加缫席画纯，加次席黼纯，左右玉几。祀先王昨（同"酢"）席亦如之。"[1] 黼，以绛帛为质，绣着黑白相间的花纹。依，其制如屏风。纯，指的是镶边。这段话的意思是在大朝觐、大飨食、大射礼以及封建国家和册命诸侯的重大场合，天子的堂中都要布置上绣有黑白两色斧形图案的屏风。在屏风的前面，面向南铺着黑丝带镶边的莞席，莞席的上面铺着边缘饰有云气图案的五彩蒲席，蒲席的上面还加有绣着黑白花纹镶边的竹席，屏风左右设有玉几。由此看来，周天子盛大场合的席和几都是非常讲究的，席子的镶边具有保护席子和美化席子的两重功能。

一般诸侯的席子铺设情况，《周礼·春官·司几筵》也有相关记载："诸侯祭祀席，蒲筵缋纯，加莞席纷纯，右雕几；昨席莞筵纷纯，加缫席画纯，筵国宾于牖前，亦如之，左雕几。"[2] 诸侯祭祀宗庙时，为神铺设边缘绘有花纹的蒲席，上加黑色丝带镶边的莞席，席右端放着雕刻着花纹的几。诸侯为接受酢酒铺设有黑色丝带镶边的莞席，上加边缘绘有花纹的五彩蒲席。在天子的宗庙里为国宾布置的席子也是这样，在室窗前布席，席的左端设红漆几。

各级贵族其他场合的席子的规定还有："甸役则设熊席，右漆几。凡丧事，设苇席，右素几。其柏席用萑黼纯，诸侯则纷

---

① （清）孙诒让：《周礼正义》，中华书局1987年版，第1542—1549页。
② 同上书，第1551—1553页。

纯，每敦一几。"① 天子田猎时，铺设用熊皮制作的席子，席的右端设漆几。丧事用芦苇编织成的席子，席的右端设有素几。设奠祭的席是边缘饰有黑白两色花纹的萑席，诸侯的奠祭之席则是黑色丝带镶边的萑席，每只敦都放在一张几上。

从有关席子的文献记载来看，周代贵族在不同的场合铺设不同质地和纹饰的席子，同时，不同等级的贵族所铺的席子也要依循等级的规定。在席地而坐的周代贵族生活中，席子是令人关注的等级标志，又是引人注目的审美对象。席之美体现在席子的质料、边缘饰的有机结合，尤其是在现代人看来微不足道的席子的边缘装饰却引起了周代贵族浓厚的审美兴趣，表现了他们对待生活的艺术态度。

（二）射侯的美饰

前文我们分析了乡射礼中的行为举止之美，这里，我们再对乡射礼中的器物之美予以分析。

侯是射箭时的靶子。周代射侯的纹饰很讲究，据《仪礼·乡射礼》记载："凡侯：天子熊侯，白质；诸侯麋侯，赤质；大夫布侯，画以虎豹；士布侯，画以鹿豕。凡画者丹质。"② 即天子的射侯正中画着熊头，旁边饰着云气纹，底色为白色；诸侯的射侯正中画着麋鹿头，底色为红色；卿大夫的射侯为红色布侯正中画着虎或豹；士的射侯是红底色布上画着鹿或猪。在这里，射侯的质地、色彩以及各种作为装饰的动物的形象都成为射礼中备受关注的审美对象。侯的质地也是不同的，据《周礼·天官·司裘》记载王举行大射礼时，司裘提供"虎侯、熊侯、豹侯，

---

① （清）孙诒让：《周礼正义》，中华书局 1987 年版，第 1556—1557 页。
② 杨天宇：《仪礼译注》，上海古籍出版社 2004 年版，第 133 页。

熊侯

设其鹄"①；诸侯举行大射礼时，司裘负责提供"熊侯、豹侯"；卿大夫举行射礼时，司裘提供"麋侯"。射侯是美丽的，但是射侯之美是建立在等级体制之中的。随着等级地位的降低，司裘所提供的侯就越少，档次也就越低。所以说，美丽的射侯不仅是备受关注的审美对象，同时，也都被纳入到等级体制之中，作为贵族等级的标志。

　　此外，贵族举行射礼时用来放置算筹的用具"鹿中"，也是值得关注的精致工艺品。《仪礼·乡射礼》中记载："鹿中，髤，前足跪，凿背，容八筹，释获者奉之先首。"②即"鹿中"用漆漆成，鹿的前腿跪下，作伏地状，鹿背上凿着可放

鹿中

八支筹码的洞。举行射礼时，放筹码的人拿着"鹿中"，使鹿头

---

①　（清）孙诒让：《周礼正义》，中华书局1987年版，第497页。

②　杨天宇：《仪礼译注》，上海古籍出版社2004年版，第133页。

朝前。"鹿中"放置的位置也非常讲究。据《仪礼·乡射礼》记载："释获者执鹿中，一人执筭以从之。释获者坐设中，南当福，西当西序，东面。"① 释获者捧着"鹿中"，另一个人跟随着他。释获者谨慎地坐下，将"鹿中"放在南北位置与辐相应、东西位置与序相应的地方，并且要使"鹿中"的面朝东。在射礼中"鹿中"既是一件实用器具，又是引人注目的审美对象。从关注自己的举止仪态以及关注生活中几乎所有器物的审美价值，这是周人诗意化生存态度的体现。周人的艺术精神就表现在对器物的美饰和对器物的审美关注之中。

（三）美丽的烛光

在周代贵族生活的时代，还没有现代化的蜡烛，他们用以照明的只是火把而已。然而这古老的照明方式，这忽明忽暗的火光也成为周代贵族文化生活中的一个亮点，成为周代贵族的审美对象。同时，像其他器物一样，火炬的多少也是贵族身份和等级的标志。

火光闪耀在贵族生活的多种场合，起着照明的作用，同时，也烘托出一种诗化的氛围，表达着贵族不同场合的审美心境。如婚礼中前去迎亲的队伍要点着火光，照亮前方的路。嫁女之家，在女儿离开娘家之后，要三日不灭烛火。《礼记·曾子问》记载："嫁女之家，三夜不熄烛，思相离也。取妇之家，三日不举乐，思嗣亲也。"② 在这里，深夜还燃着的烛光不只是烘托着一种诗意氛围，也表达了对出嫁的女儿无尽的惦念之情。娶妇之家将因娶到新妇而代替年老的母亲在家中的地位，不免哀戚，所以也无心举乐。

---

① 杨天宇：《仪礼译注》，上海古籍出版社 2004 年版，第 112 页。
② （清）孙希旦：《礼记集解》，中华书局 1989 年版，第 521 页。

如果说在享礼中体现出的是贵族举止的温文尔雅、是贵族举手投足中所呈现出的仪节之美，那么，在燕礼中，气氛相对和缓。尤其是进入夜晚的燕饮场合中，火炬点缀着燕饮和乐的气氛，使燕饮呈现出不同于一般的贵族气派。《仪礼·燕礼》中记载了贵族举行燕礼时，灯火辉煌的情景："宵则庶子执烛于阼阶上，司宫执烛于西阶上，甸人执大烛于庭，阍人为大烛于门外。"① 在载歌载舞、觥筹交错、食物丰盛的贵族燕饮中，在阼阶上、在西阶上、在庭中、在门外分别有专门的人举着火把，这是非常气派的燕饮场面。在这些火把的照耀下，贵族的燕饮充满了温暖诗意的气氛。《礼记·少仪》中也记载："凡饮酒，为献主者执烛抱燋，客作而辞，然后以授人。执烛，不让，不辞，不歌"②，是说为了谨慎，在燕礼中执烛火的人要不让、不辞、不歌。这一段记载也从另一个层面展示了燕礼中用烛的情况。

烛光在丧礼中也有很重要的地位。丧礼中要在堂上、堂下、庭中都点上火把来照明。丧礼中烛的定制是："君堂上二烛，下二烛。大夫堂上一烛，下二烛。士堂上一烛，下一烛。"③ 丧礼中，无论国君还是士死了，都要"终夜燎"④，即出葬前夕整夜在中庭燃烧火炬。

这就是周代贵族丰富的烛光文化。烛光使周人的生活有了光明，有了温暖，同时烛光又成为周人生活的点缀和美饰物，烛光成为周人审美世界中的一个亮点。难怪《诗·小雅·庭燎》以诗化的笔触对贵族燕饮中的烛光进行了描述："夜如何其？夜未央，庭燎之光。君子至止，鸾声将将。"夜还没有尽，夜烛还没

---

① 杨天宇：《仪礼译注》，上海古籍出版社 2004 年版，第 163 页。
② （清）孙希旦：《礼记集解》，中华书局 1989 年版，第 953 页。
③ 同上书，第 1144 页。
④ 同上书，第 1082 页。

有熄灭，贵族上朝的鸾铃声就由远而近地在朦胧的晨光中响起来了。烛光为周代贵族的生活平添了几分诗意。

　　通过以上对有关器物之美的分析，我们发现：第一，这些器物反映了周代贵族非常精细的审美追求。周人总是对生活中最微不足道的地方进行美饰，而且审美修饰的风格是非常细腻的。第二，周代贵族不仅在生活中创造着美，而且，还能够以诗化的眼光来审视生活中的这些审美对象。古往今来，人们的生活中不是缺少美，而是缺少对美的关注。麻木的心，即使对最美丽的景致也会无动于衷。第三，通过等级的划分将美的价值予以肯定和凸显。如对冕冠上的旒数的确定，实际上是对玉石之美和玉石珍贵性的确认。因为对美的价值进行了这样的认定，所以无形中将美的事物推到了引人注目的位置，对身份和地位的关注直接转换为对美的关注。并且平民和下层贵族总是对上层贵族的审美权利和审美对象表现出羡慕和向往之情，从而使等级美变得弥足珍贵。同时，上层贵族会以炫耀的心理来展示自己的审美特权。这样，对美的等级划分使周代贵族的生活中处处以美为标志，使他们生活在美的氛围中，并对美有着高度的关注。周代贵族的艺术精神就体现为对等级礼制中的审美范畴的关注。周代贵族所欣赏的美一般都具有庄重、肃穆、雍容典雅的特征。

第五节　丧祭器物中的贵族艺术精神

　　在周代贵族的生活中器物既是身份的标志，同时又是贵族审美观赏的对象。器物的美往往表现为对器物的文饰之美，即便是在最不起眼的地方也有着最为精美的装饰，这是周代贵族艺术精神中很重要的一个侧面。然而，在丧礼和祭礼中，这种追求文饰的美学精神却被素朴的审美追求所代替，呈现出贵族艺术精神的另一个侧面。

一 哀素之情与丧礼中的美饰

在周代贵族的生活中，因为重视美饰，所以在丧礼中才特别地强调以去除美饰的方式来表达悲哀的情怀。如斩衰是最重的丧服，同时，又是一种最粗糙的服饰，加工极简单，甚至不缝边，颜色也很粗恶。孝子骤然遭逢大丧，哀痛欲绝，无心修饰，所以，斩衰恰好能够表现孝子内心的悲哀之情。《礼记·檀弓下》中也讲到逢丧时去美的情况："袒、括发，变也。愠，哀之变也。去饰，去美也。袒、括发，去饰之甚也。有所袒，有所袭，哀之节也。"① 袒衣、括发是孝子悲哀心情的体现，是去其华美也。丧礼常常要袒露左肩，摘去包发巾，用麻缕绾住发髻。除去身上的美饰，就是除去华美，以表达心中的悲伤。随着亲人离去时日的加长，悲哀的心情渐淡，服装上开始有一些装饰。一般是小祥之后戴练冠，中衣也可以变成练衣，领口可以镶嵌红色的边。大祥之后，服饰基本恢复正常，可以戴缟冠，冠边镶以白绫。禫祭是大祥之后的除服之祭，从此正式脱丧服，衣服可以没有禁忌。这也意味着人们可以对美饰有正常的追求了。

周人日常生活中追求美饰，但是丧礼中的器皿却没有过多的美饰，从而表达去美尽哀之情。《礼记·檀弓下》记载："奠以素器，以生者有哀素之心也。唯祭祀之礼，主人自尽焉尔，岂知神之所飨，亦主人有斋敬之心也！"② 意思是供奉死者的酒食，用质朴的器皿盛放，因为生者的心绪悲哀灰冷。只有埋葬以后的

---

① （清）孙希旦：《礼记集解》，中华书局1989年版，第257页。
② 同上书，第256页。

种种祭礼，主人才用有纹饰的器皿，这也是自尽敬爱之心罢了。丧礼中对哀素风格的重视，从反面表现了美饰对周代贵族的意义。

在丧礼中，周代贵族以服饰和器物的素朴表达悲哀的心情，但另一方面为了不使死者显得过于丑恶，也对尸体、棺椁等进行文饰。虽然周人有事死如事生的主观愿望，但是人死后毕竟会令生者感到可怕。即便是人们主观上希望能以对待生者的态度来对待死去的亲人，还是排除不了对死尸的厌恶和恐惧心理，所以对尸体进行美饰，以达到使人不至于厌恶和恐惧的目的就成为丧礼中的重要环节，也成为周代贵族审美追求的一个重要方面。

丧礼中对尸体的美饰，包括为之洗浴、着装等环节。《周礼·春官·鬯人》记载，王及王后死后，要为其沐洗尸体。这时鬯人就要设置斗，提供涂抹尸体用的秬鬯。沐洗尸体的目的就是使其香美而不致使人厌恶。

沐浴之后为尸穿衣也是对尸进行美饰的重要环节。关于给尸所穿的衣服，《礼记·杂记上》有记载："公袭：卷衣一，玄端一，朝服一，素积一，纁衣一，爵弁二，玄冕一，褒衣一，朱绿带，申加大带于上。"① 即国君死后所穿的衣服有绣着衮龙图案的礼服；有玄衣朱裳的燕居服装；有缁衣素裳的朝服；有皮弁礼服；有玄色上衣，赤黄色下裳，并绣着鸟兽图案的丝质礼服，有玄衣赤裳，绣着青黑相间花纹的礼服。还有腰间束着的带子，缠腰部分用朱色布镶边，下垂部分用绿色布镶边，另外还要加束一条五彩大带。最美丽的服装，最高贵的图案设计，最讲究的滚边装饰，这就是天子在另一个世界对美的霸权式拥有。这是从着装的角度对尸体的美饰。

---

① （清）孙希旦：《礼记集解》，中华书局1989年版，第1070页。

死者的棺椁也要予以美饰。《礼记·丧大记》记载着棺材内部的美饰情况：国君的内棺用朱色和绿色绸衬里，钉上各色金属钉，色彩富丽，装饰精美；大夫的内棺用玄色和绿色绸衬里，钉子用牛骨钉①；士的里棺只用玄色的缯做衬里，不用绿色的缯。这是不同等级贵族棺椁内部的美饰。

棺椁外部的美饰。《礼记·檀弓上》记载："孔子之丧，公西赤为志焉。饰棺墙，置翣设披，周也。设崇，殷也。绸练设旐，夏也。"②公西赤，孔子的弟子，字子华。志，即章识。披，是装饰在柩的两侧，行进中由人牵持着以防倾斜的长带。崇，即崇牙，是装饰在旌旗边缘的饰物。绸练设旐，指的是用练绸装饰旐的杆子。这段话的意思是，孔子死后，学生们尊崇孔子，所以综合运用了三代的礼仪来为孔子送葬。按照周礼装饰了遮挡灵柩的布帷，置办了障棺的翣扇，安装了分披灵车左右的长带；按照殷礼，在旗上装饰了齿牙形的边饰；按照夏礼，以素练缠束旗杆，上面高挑八尺长的魂幡。《礼记·檀弓上》中还记载着子张丧事中棺椁的美饰情况："褚幕丹质，蚁结于四隅，殷士也。"③褚，是覆棺之物，其形似幄。以丹质之布为褚，并在褚的四角画蚍蜉之形来装饰。这是殷礼的规定。无论孔子的丧事还是子张的丧事都说明，在春秋时期人们对棺椁的美饰化追求依然存在。

载尸之车的美饰。据《礼记·檀弓上》记载：天子出殡要用辌车，在辌车的辕上画着龙形图案。棺材上铺着一块刺绣着黑白分明的斧形图案的绣幕。在棺椁上还有四面带斜坡的屋顶；如

---

① 关于周代贵族棺内的钉，河南山彪镇战国墓中出土的棺钉，可作为实物佐证。山彪镇出土棺钉11件，钉盖作铺首衔环形，实用美观。详见郭宝钧《山彪镇与琉璃阁》，科学出版社1959年版。

② （清）孙希旦：《礼记集解》，中华书局1989年版，第198页。

③ 同上书，第200页。

果诸侯出行国外，死于道，"其輴有裧，缁布裳帷，素锦以为屋而行"[1]，即要用缁布做成车帷，用素锦做成帷幄罩在尸上，然后载尸往回运。輴者，载尸车饰之总名。如果是大夫死于道，其载尸车的装饰是，用白布做顶盖、车帷、载尸往本国运行。如果是士死于国外，其运尸车的装饰是以苇席做里面的帷幄，以蒲席做外面的车帷。从这些文献记载可看出不同等级的贵族，其载尸之车的美饰都不相同。

贵族出葬时的棺罩是非常讲究的，要装点得色彩缤纷。如《周礼·天官·缝人》中记载："缝人掌王宫之缝线之事……丧，缝棺饰焉，衣翣柳之材。"缝人的职责就是在丧事中专门缝制棺饰和美饰棺柩。翣上的木框，翣下的木柄，都要用彩缯缠饰，叫做衣翣。柳是出殡的柩车上，在棺柩周围用木框架支撑而用布张起的帐篷形的装饰物，形同生前的宫室。柳上也要用彩缯缠饰，即衣柳。在翣和柳上用彩缯装饰的工作都由缝人来完成。

《礼记·丧大记》有送葬时棺罩的美饰状况：

> 饰棺，君龙帷，三池，振容，黼荒，火三列，黻三列，素锦褚，加伪荒，纁纽六，齐，五采，五贝，黼翣二，黻翣二，画翣二，皆戴圭，鱼跃拂池。君纁戴六，纁披六。大夫画帷，二池，不振容，画荒，火三列，黻三列，素锦褚，纁纽二，玄纽二，齐三采，三贝，黻翣二，画翣二，皆戴绥，鱼跃拂池。大夫戴前纁后玄，披亦如之。士布帷，布荒，一池，揄绞，纁纽二，缁纽二，齐三采，一贝，画翣二，皆戴绥。士戴前纁后缁，二披，用纁。[2]

---

[1] （清）孙希旦：《礼记集解》，中华书局1989年版，第1041页。
[2] 同上书，第1184—1186页。

围绕棺四周的丝或麻制品叫帷，套在棺盖上的叫作荒①。黼荒，其缘边为黼文；画荒，其缘边为云气纹。大夫以上的贵族，其荒上绣着或画着三行火和三行"弓"字形的花纹图案。荒中央安装一个彩绸缝合的瓜形圆顶，叫做齐。在荒和帷之间要用纽来连接。荒和帷的里面还有一层紧贴棺身的棺罩叫裧②。荒的周围悬着承接雨水的池，池是半筒形的长槽，用竹条编架，外面附上青布。池下悬挂画有山鸡图案的幡状丝帛，长丈余，叫做振容。池下还挂有铜鱼、贝壳等装饰物。整套的饰，总称为柳。当棺在路上时，两边有翣扇遮挡着。此外，用六条赤黄色的帛带捆着棺材，绑在车架上。再用两条同色的帛带伸出帷外，以供送葬的人牵引。

这样，灵车行走时，长长的飘带就随风飘动，小铜鱼③和贝壳上下跳动，上拂于池。翣扇在两旁遮蔽着，送葬的人牵引着棺缓缓前行。这就是为贵族送葬的灵车，其装饰的精致、鲜艳和繁复都令人叹为观止。这些经过精心装饰的丧葬器物自然烘托出了一种隆重、肃穆的丧葬氛围。

值得注意的是，在椁的美饰中也存在着鲜明的等级观念：根据等级的不同，就帷和荒来说，诸侯龙帷黼荒，大夫画帷画荒，

---

① 在 2007 年发掘的陕西韩城芮国贵族墓葬中均有荒帷遗迹。同时还有石坠、蚌坠、铜鱼、陶珠等组成的串饰，应当是荒帷外的装饰物。

② 江陵凤凰山 167 号汉墓出土的棺饰，由里外两层组成。紧贴棺身的绣花棺罩，由数块方棋纹和梅花纹绛红色绣绢缝合而成，即为裧。

③ 在河南浚县辛村的多处墓葬中都出土有扁平状铜鱼，有头有尾有鳍，以眼为穿，可以绳串之。如 M21：8 号墓出土铜鱼 69 枚；M18：16 号墓出土铜鱼 22 枚，M1：93 号墓出土铜鱼 2 枚。三处共出土铜鱼 93 枚，应该与棺罩外的铜鱼有关系。在河南三门峡虢国墓地也出土有铜鱼、铜铃、陶珠和石贝等器物，估计是串联后缀在棺罩上的。

士布帷布荒。就齐和贝来说，诸侯的齐用五彩和五贝装饰；大夫的齐用三彩、三贝装饰；士之齐用三彩、一贝装饰。就翣扇来说，诸侯的翣扇黼翣二，黻翣二，画翣二；大夫黻翣二，画翣二；士画翣二。

关于椁的美饰，在出土实物资料中，可以参见河南浚县辛村出土的椁顶饰，如 M21：11、12 号墓出土有象首饰，为两个左右对称的象首形饰物，长鼻的特征甚显。还有 M1：81 号墓出土的卷曲作云纹形的椁顶铜饰。① 从中依稀可辨西周丧葬礼仪的美饰化特征。

此外，丧礼中的美饰化特征还体现在祖庙中各种器物的布置和美饰方面。《尚书·顾命》记载了成王去世后祖庙的布置状况：掌管宗庙的官员摆设好饰有斧形花纹的屏风和先王的礼服，然后在祖庙门窗间朝南的位置，铺设几重镶着黑白色丝边的篾席，未加装饰的五色玉摆在几案上；在西墙朝东的位置，铺设几重镶着图画花边的竹席，带有花纹的贝壳放在几案上；在东墙朝西的位置，铺设有几重镶着云气花边的莞席，未加装饰和雕刻的玉器摆在几案上；在西墙朝南的位置，铺设着几重青竹席，席子镶着黑色丝边，未加装饰的漆器摆在几案上。这些质地、色彩各异的席子，以及摆放在几案上的五色玉、贝壳、雕刻的玉器、漆器等显示着丧礼的考究和贵族审美趣味的细腻。戴着黑色礼帽的卫士分别站在祖庙大门的里面、堂外台阶的两边、堂前、堂外、台阶下层等位置，使丧礼的气氛隆重又森严。从成王的丧礼来看，祖庙的布置富贵、肃穆而不华丽，体现了周代丧礼重视美饰，但在丧礼中又要体现丧葬哀素气氛的特点。

丧礼是周代贵族等级礼制思想的集中体现，也是等级美学思

---

① 郭宝钧：《浚县辛村》，科学出版社 1964 年版，第 59 页。

想的集中体现。丧礼的器物中一方面要用最素朴的服饰、器物表达哀素之情，另一方面，也要对灵车等进行最隆重的美饰。最悲哀的心情却衬以最繁琐的礼仪、最精致的美饰，这是自古至今中国丧葬文化的一个共同特点。

二　富有神性的祭品

祭祀是人们对神灵敬仰之情的体现，祭品是奉献给神灵享用的天地间之精华，所以在祭礼中也受到特别的关注。从《周礼》中的有关记载可知，膳夫在各种祭祀中专门为天子提供祭品；甸师在祭祀时，主要提供萧茅和野果之类的祭品；笾人负责不同场合中笾中所盛放的祭品；醢人提供祭祀中豆中所荐献的祭品。

祭品是神灵恩泽的凝聚物，所以选择祭品要谨慎小心。在祭天大典中要选用没有交配过的、健壮的、毛色纯正的小牛犊作为牺牲。这是因为牛犊纯真诚朴，还不懂得牝牡之情。祭天只用一头牛来祭，这是因为郊天之祭，贵在内心的恭敬笃诚，而不需要繁多的牲体。不同的祭祀要选择不同的祭品，而且不同等级的贵族祭祀的祭品也不同。据《礼记·王制》篇记载，祭天时所用的牛的品级最高，是牛角只有茧栗般大小的牛犊；宗庙祭祀次于天地之祭，故可用角长到用手能握住的程度的牛；宾客燕饮置放在俎上的牛就更大一些。这是以小为贵，而不求丰大。《国语·楚语》也记载了不同等级的贵族所用的祭品，认为牛最尊贵，是国君的祭品，羊是大夫的祭品，猪是士以下人的祭品，庶人只能用鱼来荐。

祭品包蕴着天地四时之和气。除了牛、羊、猪等牲畜以外，作为祭品的还有谷物、果蔬乃至虫草等。祭祀时所用的食物讲究顺应自然天时，据《礼记·祭统》载："水草之菹，陆产之醢，小物备矣。三牲之俎，八簋之实，美物备矣。昆虫之异，草木之

实，阴阳之物备矣。凡天之所生，地之所长，苟可荐者，莫不咸
在，示尽物也。"[①] 天之所生，地之所长，水草之菹，陆产之醢，
皆可以成为祭品，而且祭品中还秉承了天地间之和气。《礼记·
郊特牲》载："恒豆之菹，水草之和气也；其醢，陆产之物也。
加豆，陆产也；其醢，水物也。笾豆之荐，水土之品也。"[②] 笾
豆中所盛放的各种干、湿食品都是水中、土里生长的各种食物，
它们是四时之和气所生，将这些包蕴着天地四时和气的物产供奉
给神灵，是对神灵给予人间美好之物的感谢。《礼记·祭统》中
也对天子大飨时的食品之美进行了由衷的赞美，认为三牲、鱼、
腊是四海九州之美味。笾、豆中荐献的祭品，凝聚着四时之和
气。这里虽然讲的是天子举行飨礼时的美味佳肴，其实在祭礼中
为神所供的祭品也是这样的。周襄王元年，齐桓公完成了自己的
霸业，邀集诸侯在葵丘聚会，并准备举行封禅大典。管仲劝说：
古代封禅时，需要鄗上的黍，北里的禾，盛在簠簋里，以作供
品。江水、淮水一带所产的灵茅，东海送来的比目鱼，西海送来
的比翼鸟，此外，还有一些不必征召而自己会来的物品。而现在
凤凰、麒麟不肯来，美谷不肯生，可是一些没有用的杂草，如蓬
蒿、灰灰草、狗尾巴草，反倒长得很茂盛。还有一些又怪又坏的
鸟，如鸱鹰、猫头鹰，倒是常常飞来。像这种情形，想要封禅，
恐怕是不行吧。从管仲对祭品的论述中，可以看出当时人认为祭
品中应当包蕴着神秘的气息，凝聚着四时之和气，会聚着天地之
精华。

　　《诗·小雅·鱼丽》就是一首赞美祭品的诗歌。诗人通过重
章叠句的手法，写到鲿鲨鰋鲤等各种各样的鱼都被捕鱼的竹篓子

----

① （清）孙希旦：《礼记集解》，中华书局 1989 年版，第 1238 页。

② 同上书，第 699—700 页。

捕住，成为祭祀时的祭品。"物其多矣，维其嘉矣。物其旨矣，维其偕矣。物其有矣，维其时矣"①，表达了诗人对丰盛、繁多的祭品的欣赏，也表达了周代贵族对祭品美味的欣赏，以及对适合时令的祭品的赞叹，因为在祭品与节令的配合中隐含着自然界生命周流不息的精神。

祭品还体现了周人对自然的崇敬。禴祭是用煮新菜去祭祀先祖的祭礼。《诗·采蘩》说："于以采蘩，于沼于沚。于以用之，公侯之事。"《诗·采蘋》说："于以采蘋，南涧之滨；于以采藻，于彼行潦。"《诗·行苇》说："敦彼行苇，牛羊勿践履。方苞方体，维叶泥泥……或肆之筵，或授之几。"都指的是采摘蘩、蘋、藻与行苇之苞等菜类祭祀先祖的行为。《左传·隐公三年》说："苟有明信，涧、溪、沼、沚之毛，蘋、蘩、蕴、藻之菜……可荐于鬼神，可羞于王公。"也讲的是用来自大自然的菜蔬去祭祀的礼节。这种祭祀方式反映了植物在周人生活中的重要地位，以及周人对植物的珍视。

三　祭礼中的素朴美学观念

追求文饰是周代贵族艺术精神的一个特征，但是周人在祭祀礼仪中却也追求素朴美。正如《礼记·礼器》篇所说："至敬无文"②，最虔诚恭敬的心情要通过最质朴的形式来表达。

就天子所乘的车马来看，天子祭天时所乘的车，最为尊贵却相当质朴。周王祭天时用的车，叫大路，也叫木路。木路是木头制作的车，该车只刷漆，不加雕饰，也不覆革，上面铺着蒲席，非常素朴。天子祭天时用的就是这朴素的木路。天子乘坐的其他

---

① 高亨：《诗经今注》，上海古籍出版社1980年版，第235页。
② （清）孙希旦：《礼记集解》，中华书局1989年版，第642页。

车马的装饰，就繁缨而言，"大路繁缨一就，先路三就，次路五就"①，即马颈上的装饰繁缨，有三股丝线编织的，有五股丝线编织的。天子用来祭天所用的车的马颈上，只有一股五彩丝线编织的缨作为装饰。相对而言，祭天的车马的装饰就是最简单朴素的了。

天子所居住的殿堂的堂基高九尺，体现了高门大宅的气魄。天子祭天是最隆重、最诚敬的大祭，却只是扫地为坛，在坛上燔柴升烟告祭天神。周代有茅草屋，有瓦屋。天子用来祭祀的太庙，却是覆盖着茅草的茅屋。用最质朴的形式表达了最虔敬的心。周人认为只有这样才能与神灵相沟通。

周代贵族已经有了非常考究的饮食文化，但是祭祀时却用最为素朴的食物和食具。《礼记·礼器》篇记载，天子祭天大典不讲求纹饰，祭天时所设的肉汤，不加任何调料。祭天礼中的牺牛形的酒尊，用粗麻布覆盖尊口，用白理木做的杓来酌酒。这些都体现了对素朴之美的追求。

这种贵质尚本的审美追求还表现在酒和酒器的陈列方面。在祭祀时"玄酒在室，醴、醆在户，粢醍在堂，澄酒在下。陈其牺牲，备其鼎、俎，列其琴瑟管磬钟鼓，修其祝、嘏，以降上神与其先祖……"②玄酒，即清水。在祭祀中，要将玄酒放在室中北墙下，以示尊崇。将盛放麹少米多的甜醴酒的酒尊和盛着白色糟滓很多的醆酒的酒尊放在室内靠近室户的地方，将盛放着红色糟滓很多的粢醍放在堂上接近室户的地方，将糟滓下沉、酒色稍清的澄酒放在堂下。酒味越薄，发明的年代越古，陈列的位置越尊贵，正所谓"酒醴之美，玄酒、明水之尚，贵

① （清）孙希旦：《礼记集解》，中华书局1989年版，第670页。
② 同上书，第588页。

五味之本也"①。对玄酒、明水的尊崇是为了表达对五味之本的尊崇。

祭祀中返璞归真的审美追求表现了对事物初始状态的崇敬之情。《礼记·礼器》指出，礼就是为了使人返其本性，遵循古制，不忘其最初的渊源，尤其在祭天大礼中，从祭祀的方式到祭器、祭品的选用都充分体现了对古朴艺术精神的追求。《礼记·郊特牲》中也指出，南郊祭天的目的在于报本返始，在于使人回归最原初的状态，因而祭祀时：

> 黼黻、文绣之美，疏布之尚，反女功之始也。莞簟之安，而蒲越、稾鞂之尚，明之也。大羹不和，贵其质也。大圭不琢，美其质也。丹漆雕几之美，素车之乘，尊其朴也。贵其质而已矣……祭天，扫地而祭焉，于其质而已矣。醯醢之美，而煎盐之尚，贵天产也。割刀之用，而鸾刀之贵，贵其义也，声和而后断也。②

这一段文字集中论述了周人祭天仪式中对古朴美的追求，以及追求古朴之美的意义。刺绣着各种花纹的丝绸是很华美的，但祭祀中却崇尚用粗麻布覆盖酒尊，这是为了追念女功之始；日常生活中所用的莞蒲席，上面铺着竹席，坐着很舒适，而在祭天礼中却使用谷秆编制的粗席，在宗庙祭祀中为神铺设着蒲草垫，这是为了表明祭祀的对象是神灵；祭祀的大羹是不加调料的肉汤，这是为了珍视它的本质。天子用的大圭，并没有雕琢精美的花纹，这表示对本质之美的推崇；天子平常所坐的车，既有丹漆涂饰又雕

---

① （清）孙希旦：《礼记集解》，中华书局 1989 年版，第 700 页。
② 同上书，第 701—702 页。

刻着花纹，非常华美，但是去祭天时，天子却乘坐着素车，这也是对素朴之美的尊崇；醴醯虽美，但祭礼中却将放盐块的竹笾置放在上位，这是珍视天然物产的意思；日常生活中所用的割刀方便好使，而祭礼中却用带着铃的鸾刀来切割，这是因为鸾铃随着手的切割会发出悦耳的声音，铃声和谐而牲肉应声而断开，这也是追求古朴之美的表现。

祭礼中的质朴之美，从另一个角度说，表现了对神明的崇敬和对个体欲望的超越。正如《礼记·郊特牲》中所言：

> 笾豆之荐，水土之品也，不敢用常亵味而贵多品，所以交于神明之义也，非食味之道也。先王之荐，可食也，而不可耆也。卷冕、路车，可陈也，而不可好也。《武》，壮而不可乐也。宗庙之威，而不可安也。宗庙之器，可用也，而不可便其利也。所以交于神明者，不可以同于安乐之义也。①

祭器中陈列的各种祭品，不敢用精心烹调的美味，而以品类众多为贵，因为这些食品是敬奉神明的，而不是为了食用。衮冕、路车尊贵，虽可陈列，但不可时常穿着、乘用，或者说衮冕、路车不是为了实用的目的而制作的。《大武》之舞，发扬蹈厉，阵容壮勇，但不可常奏之以为娱乐。宗庙之中，庄严肃静，但不可常处之以为安好。宗庙之器，供事神明，但不是为了方便利用。祭祀之物，不同于寻常安乐之义，这是对质朴之美的追求，也是为了对个体自我欲望予以限制。对欲望的限制，与对古朴的、初始状态的尊崇，就形成了这种追求素朴之美的艺术精神。

---

① （清）孙希旦：《礼记集解》，中华书局1989年版，第700页。

第六节　周代贵族墓随葬器物及其艺术精神

随着考古工作的长足进展，许多周代贵族墓地得到发掘。如三门峡虢国贵族墓地、河北琉璃河燕侯墓、西安沣西井叔墓、宝鸡茹家庄墓地、韩城芮国贵族墓地等，其墓主皆属周代高级贵族。这些墓葬形成了相对完整的文化群落，能够较为完整地反映某一诸侯贵族的生活状况，尤其是成套的随葬器物，不仅再现了周代贵族的生活状况，弥补了文献的不足，而且，精美的随葬器物还较为直观地再现了周代贵族的艺术精神和审美追求，很好地丰富了我们的研究课题。这里我们选择具有代表性的墓葬予以论述。

一　強国墓随葬器物及周代贵族艺术精神

考古工作者 1974—1981 年在陕西宝鸡茹家庄、竹园沟、纸坊头三处墓地进行了发掘。发掘表明，这三处墓地都是西周強国文化遗存。古強国大约活动于西周早中期。这批強国贵族墓葬保存较好，布局完整，出土文物丰富，组合有一定规律。三处墓地分布着 27 座贵族墓葬和 6 座车马坑，共出土各种随葬器物 2675 件，有各种纹饰精美的青铜器礼器，有色彩斑斓的大型玉佩，有神态可爱的动物形玉雕制品，还有各种精致的铜佩饰。这些具有审美价值的墓葬遗存为我们展示了一个多姿多彩的审美世界，也为我们直观地感知西周早期贵族的审美情趣提供了难得的实物资料。

強国墓地出土的青铜器中有许多纹饰非常繁缛，如竹园沟七号墓出土的伯各青铜卣有着繁复的纹饰，高扉棱，提梁上铸有两个牛首。这些纹饰繁复的青铜器承载着浓厚的意识形态功能，是

神秘统治力量的载体，又是商
周贵族身份和地位的标志。这
些纹饰繁复的青铜礼器是商代
中后期繁缛装饰风格在西周的
延续。

在弸国青铜器中有一批形
象生动的动物形青铜器。如茹
家庄出土的象尊，象体肥硕、
丰满，象鼻高挑，鼻头翻卷，
象鼻中有圆孔与体腔相通为
流。象口微张，齿外露，两圆
目突出，圆耳耸起，背部坦
阔。通体饰四组凤鸟纹，用粗
线条阳线勾勒，凤鸟垂冠，卷
体成圆涡形。茹家庄出土的鸟
尊，鸟身挺立，昂首远眺，体
态丰满，强健有力。

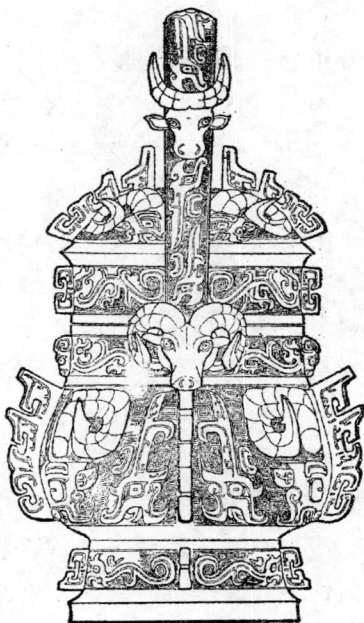

竹园沟七号墓出土的伯各青铜卣
（BZM7：6）①

茹家庄一号墓出土的青铜象尊
（BRM1乙：23）

茹家庄一号墓出土的三足鸟尊
（BRM1乙：25）

---

① 本章图片未注明出处者均采自相关的发掘报告。

在強国墓地出土的青铜器中特别值得一提的是，几乎每一个墓葬中都出土有青铜装饰品。在強国墓地出土的青铜装饰品主要有两类：一类是置放于死者头部的铜发笄。几乎每个墓葬中都出土有"干"字形的铜发笄。这是周代贵族生活考究，注意个人形象的审美追求在墓葬文化中的表现。另一类青铜装饰品是大量出土的铜佩饰。铜佩饰在大部分墓葬均有出土，出土时大都在墓主贴身部位，墓主下腹部及双腿部尤为多。这些佩饰形体小，质轻薄，顶部均有穿孔，部分佩饰穿孔中还残留丝线绳痕。这些铜佩饰可能为墓主袍服上的佩饰。強国墓地出土的铜佩饰主要有船锚形、鱼形和榆叶形三种。锚形佩饰，形状像船锚，大多通高在 3 厘米左右。鱼形佩饰出土数目最多，形态大小各异。大多数为片状，鱼眼圆鼓，吻部突出，上有小圆穿孔，长在 5 厘米左右。最精巧可爱的是榆叶形的铜佩饰。大多数榆叶形佩饰，叶脉纹路清晰，叶根部有圆穿孔，长 4 厘米左右。这些散落在棺内的铜佩饰小巧、精致，向我们传达着周代贵族审美的信息。

竹园沟出土的鱼形铜佩饰
（BZM13：103）

竹园沟出土的锚形铜佩饰
（BZM13：126）

強国贵族墓地出土了大量的玉器，有璜、璧、玦等玉礼器，也有各种玉组佩，还有形象生动的动物形玉雕。如同青铜礼器是各种青铜装饰品的大背景和青铜器文化的主旋律一样，璜、璧、玦等玉礼器也是玉文化的大背景和主旋律，然而色彩鲜艳的玉佩

和动物形玉雕更加富有生命活力和
审美价值。

　　在出土的装饰品中最为引人注
目的是那色彩鲜艳的玉串饰。玉串
饰一般多出土于死者颈部。如标本
BZM13：86 由 25 件玛瑙管、13 件玛
瑙珠组成。串法是：每两件玛瑙管
由一件玛瑙珠相隔，用丝线串联而
成。玛瑙管和玛瑙珠都有殷红和橘

竹园沟出土的榆叶形铜佩饰
（BZM13：127）

红两色。这组串饰色彩斑斓，非常漂亮。此外，标本 BZM13：
122 由 4 件绿松石管和 33 件绿松石珠，以及 25 件石珠相互间隔
串成。绿松石珠，形似绿豆；石珠，大理岩，白色，小圆球体，
有孔。绿松石和大理岩石珠都是非常漂亮的料珠。还有数量更为
巨大的串饰，如标本 BRM1 甲：81，由玛瑙珠 311 件和 2 件圆形
饰物组成。此外，还有腕部的串饰。如茹家庄一号墓出土的两件
腕饰均由玉贝组成。这些玉贝，形制与海贝相同，灰白色，不透
明，琢工精细，均有穿孔。从出土的玉组佩来看，玛瑙管、玛瑙
珠、绿松石等之间的组合带有较大的随意性，但其装饰的目的是
一致的，那就是追求色彩的有序搭配，追求不同形质的装饰料器
之间的有序搭配。

　　在強国墓地出土的玉器中还有一类动物形的玉雕给人留下了
深刻的印象。如竹园沟出土的动物玉雕有鱼、鸟、蚕、龟、蝉、
牛、蚂蚱、兽头等八种。这些动物玉雕，一般都运用写实的手
法，将山川河流中的各种飞禽走兽等都生动地刻画出来。茹家庄
一号墓出土的玉鹿，神态各异，温润光滑，雕工细腻。如标本
BRM1 甲：13 是件灰绿色的玉鹿，鹿身有灰褐斑，不透亮，两
面磨光，均以阴线雕出圆目、鼻、口、蹄、尾等纹。鹿角分枝，

蟠曲直上，张耳，圆目平视，前胸微凸，后背拱起，尾短，后肢前屈，作奔跑状，形神逼肖。标本 BRM1 甲：14 是件深灰色的玉鹿，器表光亮，不透明，鹿的两角对称分枝，短尾，蹄足，阴线雕出圆目、鼻子、口、蹄子等，鹿做回首张望状，形象十分逼真。标本 BRM1 乙：181 是件深灰色，略透明的圆雕玉鹿，鹿作站立回首张望状，无角，头顶两大耳耸起，小尾翘起，鹿身健美，充满稚气和活力。茹家庄还出土有两只神态可爱的小玉兔，

茹家庄一号墓出土的玉鹿
（BRM1 乙：181）

茹家庄一号墓出土的玉牛
（BRM1 甲：19）

其中一件作奔跑状，长耳伏后，臀部隆起，短尾微翘，形象非常可爱；还有一件作蹲伏状，双目前视，长耳后耸，短尾，警觉地张望着，神情生动、自然。茹家庄还出土有浅黄褐色的圆雕玉龟，作爬行状，头前伸，圆目鼓起，短尾。背甲呈椭圆形，鼓起有脊棱，背部有阴雕方格、三角形纹饰。玉龟胸前有穿孔，可供佩戴。这些可爱的动物形玉雕令人目不暇接，给人带来愉悦的审美享受。

　　由上述宝鸡强国贵族墓葬出土的随葬器物可以看出，繁琐的青铜礼器依然存在，但神态生动的动物形青铜器也大量出现，而且，这些动物形青铜器，造型多传神、可爱，其中蕴涵的神秘气息逐渐减弱。从玉器来看，强国贵族墓地出土的玉组佩和动物形

玉佩，都从不同角度显示出周代早起贵族清新、明朗的审美情趣。

二 虢国墓随葬器物及周代贵族艺术精神

中国科学院考古研究所 1950—1957 年间，在河南三门峡上村岭发掘了周代虢国墓地[①]，出土文物中有丰富的成组串饰，如标号为 1619：3—4 的串饰由 1 件玉璜、25 件管形珠（鸡血石）、1 件方形铜珠、1 件贝形玉饰等组成，放置在墓主的头侧；标号为 1642：2 的串饰由 74 件管形珠（鸡血石）、6 件马蹄形饰（玉）、1 件椭圆形玉饰组成，放置在墓主的颈部；标号为 1691：7 的串饰由 8 件管形珠（鸡血石）、4 件绿松石组成，放置在墓主的腿侧。

上村岭虢国墓地出土的项饰
（1619：3—4）

上村岭虢国墓地出土的腿饰
（1691：7）

1990—1999 年再次对西周晚期到春秋早期的虢国墓葬[②]进行了发掘，清理出包括虢季、虢仲两国君及夫人在内的 18 座墓葬，出土了大量的精美随葬品。虢季墓随葬3200 多件器物，墓葬中成组的玉器和成套的青铜礼乐器、兵器十分精美。虢季墓出土的成套青铜礼器包

---

① 中国科学院考古研究所：《上村岭虢国墓地》，科学出版社 1959 年版。
② 发掘报告见河南省文物考古研究所：《三门峡虢国墓》（第一卷），文物出版社 1999 年版。

三门峡虢季墓出土的龙纹铜盉（M2001：96）

括 7 鼎、6 簋。7 鼎的形制、纹样及铭文均相同，大小依次递减。口沿下饰一周 C 形平目窃曲纹，腹部饰三周垂鳞纹，在两种纹样之间界以一道浅凹槽，耳的内外侧面均饰重环纹。虢季墓出土的龙纹盉（M2001：96）的顶部为龙形握手，器足为跪坐状人形。虢季墓也出土了大量铜鱼，大部分散落于椁室内。虢季墓出土的玉佩饰有组佩和单佩两类，其中组佩 4 组，有由玛瑙珠、玉管、环等组成的发饰，有由佩、璜、玦组成的发饰，有由玛瑙珠、玉佩组成的项饰，有七璜联珠组成的玉佩。单佩中有人形、动物形、器物形等佩饰，其中鹿形佩 1 件（标本 M2001：546），出土于内棺盖上，青玉，呈棕褐色与浅土黄色，玉质细腻。鹿张口，翘首，竖耳，耸角，短尾，作奔跑状，鼻部有一穿孔。鸽形佩（标本 M2001：572）出土于内棺盖上，青玉。正背面纹饰相同，鸽子翘首，垂尾，胸部有一小穿孔。

梁姬墓出土有 5 件实用鼎，4 件实用簋，其中鼎的形制、纹饰相同，大小依次递减。口沿下饰一周勾连 C 形无目窃曲纹，腹部饰有垂鳞纹，簋皆饰 S 形平目窃曲纹。梁姬墓出土的玉器除作为礼器的璧、璜、戈等外也有大量佩饰，分为组佩和单佩两种，组佩中有玛瑙珠、玉佩组合项饰二组，有五璜联珠组玉佩一组，有腕饰二组。标本 M2012：104，由 1 件黄白色半透明人龙合纹佩、6件冰青色束绢形佩，83颗红色或橘红色玛瑙珠相间串系而成的项饰。梁姬墓还出土鹿形、鱼形等各种玉佩。

太子墓出土7件形制、纹饰相似，大小相次的铜鼎。太子墓出土的玉组佩中，右手腕部的串饰由6件兽首形饰、81颗红色或橘红色玛瑙双行相间组合而成。左手腕部串饰由8件兽首形佩饰、70颗红色玛瑙珠和2颗绿松石组成。

三门峡虢国虢季墓出土的人首辖
（M2001：128）

三门峡虢国虢季墓出土的鸽形佩
（M2001：572）

三门峡虢国梁姬墓出土的项饰
（M2012：150）

三门峡虢国梁姬墓出土的项饰
（M2012：104）

三门峡虢国太子墓出土的右手腕饰
（M2011：449）

综合虢国墓出土的随葬器物可以看出：第一，这些器物体现了周代贵族器物的等级制特征，如虢季墓出土的七鼎六簋，其形制、纹样及铭文均相同，大小依次递减，这显然是周代列鼎制度的体现；第二，从虢国墓出土的青铜器大多都装饰有鱼鳞状纹饰和重环纹，体现了周代青铜器纹饰趋于简洁、明了的时代趋势；第三，虢国墓地出土的玉器非常精美，从中不大能看出等级制特征，更多地体现了周代贵族对玉器装饰的广泛运用和对玉器美的追求。

三　芮国墓随葬器物及周代贵族艺术精神

近年来，陕西韩城发掘了一系列的芮国贵族墓葬，其中 M27 是芮国的国君芮公之墓，而 M26 和 M19 分别为芮公夫人仲姜及次夫人的墓葬。M28 的墓主虽然不能确定，但也应是芮国国君一级的贵族。

M19[1] 装饰物及随葬器物丰富，遍及椁室和棺内。椁室周壁悬挂大量串饰，摆放规整，可分为两种：一种由两条青铜鱼和

---

① 发掘报告见陕西省考古研究所等《陕西韩城梁带村遗址 M19 发掘简报》，《考古与文物》2007 年第 2 期。

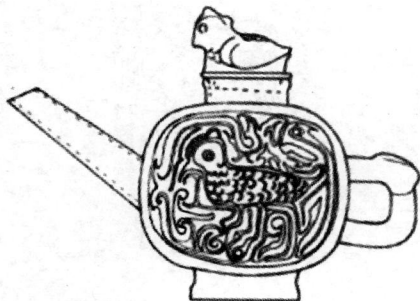

芮国 M19 出土的盉

（M19：195）

芮国 M19 出土的铜铃

（M19：257）

3—4 串玛瑙珠串饰相间组成，玛瑙珠串饰则由陶珠、玛瑙珠和两枚海贝穿连而成；另一种由青铜鱼和陶珠串饰相间组成，陶珠串饰则由陶珠和两颗石坠穿联而成。该墓出土青铜礼器鼎、簋、壶、瓿、盉等。其中盉盖铸成鸟形，

芮国 M19 出土的腕饰中的玉鸟

（M19：281）

栩栩如生。腹腔正面背面均饰有凤鸟纹，鸟呈站立凝视状，鸟冠高竖，鸟首高昂，鸟喙呈弯钩状，鸟尾低垂。该墓出土的车马器中的銮铃两面各饰一组纤细的凸线兽面纹。该墓墓主左手腕的玉腕饰由玉贝、玉鸟、玉蚕、玛瑙珠等穿联而成。组成腕饰的玉鸟为圆雕，青白玉，受沁略泛黄。鸟呈蹲伏状，大弯钩喙，鸟兽高昂，翅膀卷收，背部阴刻以心形纹饰，通高 1.9 厘米，非常精巧。

芮国 M26 出土的弄器方鼎
（M26：136）

芮国 M26 出土的玉立人佩饰
（M26：186）

　　陕西韩城梁带村 M26[①] 的椁室侧板和挡板悬挂大量串饰，从其摆放情况看应是椁室的装饰物。具体组合有两种：一种由铜鱼、陶珠、玛瑙珠、海贝组成，另一种由铜鱼、料珠、玛瑙珠、海贝组成。M26 还出土了一些玩赏性的铜器，如铜方鼎、罐、盒等。其中玩赏性的方鼎 M26：136，通高 10.3 厘米，由大小两鼎套铸在一起，小鼎鼎足为瑞兽，呈跪立状背负鼎身，大鼎鼎足为跪立状裸体女奴形象，大鼎器身上部饰有窃曲纹，下部饰重环纹。M26 出土的玉器分为礼器和佩饰两大类，玉礼器中引人注目的有七璜联珠，由 1 件圆形玉佩、7 件玉璜和 727 件玛瑙珠组成，出土时佩戴在墓主胸前。在玉佩饰中有人物形佩、花朵形佩，以及虎、鸟、熊和蝉等动物形佩。其中玉立人一件（M 26：186）高 5.7 厘米，出土于墓主腰腹侧，青白玉圆雕，呈站立状，面部、发束、服饰均用阴线刻出，头上雕有两辫束，竖直向上对折垂于肩部。鸟形佩（M26：641）高 2.7 厘米，青白玉，圆雕。

---

　　① 发掘报告见陕西省考古研究所等《陕西韩城梁带村遗址 M26 发掘简报》，《文物》2008 年第 1 期。

鸟呈蹲踞状，大弯钩喙，鸟首高昂，翅膀卷首，尾部分叉。双凤
首花蕾佩（M26：653）高5.1厘米，青玉，豆青色，双面雕琢，
花蕾居于中央，两侧各伸出一鸟首，两首相背，共用一身。鸟身
下雕一环形钮，以便系佩。玉蝉（M26：240）长2.7厘米、宽
1.5厘米，青玉，豆青色，圆雕，呈伏卧状，圆目，尖翅鼻，背
面阴刻两道横线勾出蝉颈，背腹部略凹，用弧线雕出浮雕蝉翼。
这些佩饰都晶莹美丽，是不可多得的艺术珍品。

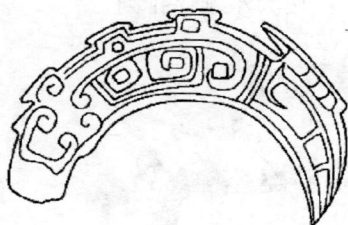

芮国 M26 出土的龙形觿

（M26：665）

芮国 M26 出土的鸟形佩

（M26：641）

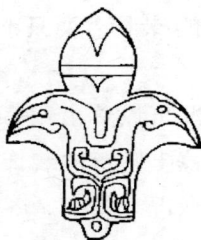

芮国 M26 出土的双凤首花蕾佩

（M26：653）

芮国 M26 出土的蝉形佩

（M26：240）

芮国 M27 出土的盉（M27：1005）

芮国 M27① 出土的盉为子母口盖，鸟形捉手。腹正背面边缘部及錾两侧均饰重环纹。该墓出土的玉器中有七璜联珠组佩 1 组，由 7 件玉璜、1 件圆形玉牌与 737 颗玛瑙珠相互串联组成。璜自上而下按大小顺序排列。

芮国墓 M28，② 出土青铜礼器 5 鼎 4 簋、编钟 8 件、石磬 10 件。铜饰物中有铜鱼 45 件，大小有异，柳叶形，菱形目，有的背上有单鳍，腹部有双鳍，燕尾形尾。车马器中的辖、軏首等都富有艺

芮国 M28 衡饰物（M28：163）

术性，而两件衡饰，用细铜管制成，上面还装饰着两只小鸟，别具特色。

综合以上芮国墓地各墓葬的出土情况可以看出：第一，在各墓葬中都有大量小型装饰物，应是棺椁上坠落的装饰物。这些装饰物体现了文献中有关棺椁的美饰状况。第二，各墓葬中

---

① 发掘报告见陕西省考古研究所《梁带村墓地 M27 发掘简报》，《考古与文物》2007 年第 6 期。

② 发掘报告见陕西省考古研究所《陕西韩城市梁带村芮国墓地 M28 的发掘》，《考古》2009 年第 4 期。

的随葬青铜器基本上体现了贵族器物的等级特征，但从出土情况来看，周代贵族生活中的青铜器并不仅仅作为等级的标志而存在，还有大量精美的青铜器有着明显的装饰和观赏价值。如M26中出土的青铜弄器就反映了青铜器的观赏价值。第三，芮国墓地出土的七璜联珠组佩反映了玉器的等级制特点，但是在等级礼制的旁边还有大量生动、活泼的各式玉器，如玉鸟、玉人、玉花蕾等。从芮国墓出土的玉器的状况来看，我们认为在周代贵族的生活中等级礼制是存在的，但是等级礼制确实不能涵盖贵族生活的所有层面，总有丰富多彩的审美情趣在礼制的大背景下存在着。

四 燕侯墓随葬器物及周代贵族艺术精神

1973—1977年，考古工作者对北京房山琉璃河西周燕国都城和燕国贵族墓地进行了发掘①，出土了大量的礼器、兵器、车马器等青铜器，以及玉器和陶器等。1981—1983年，考古工作者又对北京房山琉璃河燕国墓地进行了清理，发掘了燕侯墓②（编号为1193号）。

北京琉璃河1193号燕侯墓出土盉1件。该盉的盖和颈部各饰有四组鸟纹，鋬作兽首状，有双目双角。琉璃河燕侯墓地出土有鼎、簋、罍、爵、尊、卣等铜礼器，有辕首饰、衡首饰、轭、銮、曹、当卢等丰富的车马器，其中M1043：18为一装饰为兽头形的当卢。琉璃河很多墓中都出土有玉、石、玛瑙等装饰品，

---

① 发掘报告见北京市文物研究所《琉璃河西周燕国墓地（1973—1977）》，文物出版社1995年版。

② 发掘报告见中国社会科学院考古研究所《北京琉璃河1193号大墓发掘简报》，《考古》1990年第1期。

如 M1029[①] 出土的玉鱼数量众多，多数为扁平体，鱼身细长，背腹有鳍，口部有一小孔。

琉璃河燕侯墓地出土的铜盉
（M1193：167）

琉璃河燕侯墓地出土的玉鱼
（M1029：1、16）

五　晋侯墓随葬器物及周代贵族艺术精神

1992 年开始发掘的山西曲沃北赵西周晋国墓地，出土了大量的青铜器、玉器。其中天马—曲村 M1 和 M2[②] 出土的铜辖为人骑虎头形状，椁内四周出土有石鱼 48 件。

天马—曲村 I11M8[③] 出土兔尊 3 件，其中 I11M8：21 和

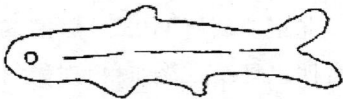

天马—曲村 M2 出土的铜鱼
（M2：011）

----

① 中国社会科学院考古研究所等琉璃河考古队：《1981—1983 年琉璃河西周燕国墓地发掘简报》，《考古》1984 年第 5 期。

② 北京大学考古学系、山西省考古研究所：《1992 年春天马—曲村遗址发掘报告》，《文物》1993 年第 3 期。

③ 北京大学考古学系等：《天马—曲村遗址北赵晋国墓地第二次发掘》，《文物》1994 年第 1 期。

I11M8：22 两件兔尊造型相同、大小相次，均在兔背上开长方形口，口上有盖。此外，I11M8：20 为匍匐状兔尊，腹部两侧各有同心圆纹饰三周，由里向外依次为圆涡纹、

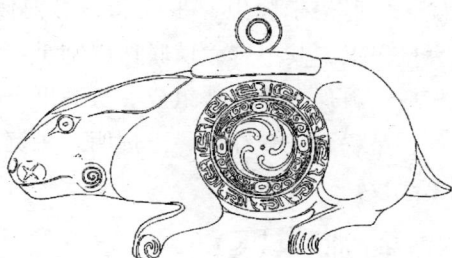

天马—曲村出土的铜兔尊（I11M8：21）

四目相间的斜角云雷纹及勾连云雷纹。

天马—曲村 M31[①] 属于西周中期晋侯夫人墓，墓中出土铜盉1件，扁椭圆体，顶有长方形口，上有鸟形盖，鸟首有冠，尖

天马—曲村 M31 出土的盉
（I11M31：8）

喙，圆目，张翼，曲爪，呈伏卧状。鸟颈下饰羽纹，翼为单线纹，翼下至尾部饰流云纹。鸟身后有一环，通过一熊形链与器身一环相连。流作曲体管状，龙首形口，龙首有冠，双角，有眉，眼圆睁，张口，口上有须。盉的鋬为半环状，饰高浮雕龙首衔环。盉的足为两个半蹲的裸体人，人头上

① 山西省考古研究所等：《天马—曲村遗址北赵晋国墓地第三次发掘》，《文物》1994 年第 8 期。

无发，曲肘架于腿上，手拢膝，身前倾，背负器身。M31 还随葬大量佩玉，其中有六璜联珠串饰 1 组，出自墓主胸部，由 408 件玉璜、料珠、玛瑙珠组成。玉蝉出土时散置于墓主腹部、胸部等处，呈褐色或青绿色，半透明。头宽尾尖，双目突出，翼部饰有单线纹。

天马—曲村 I11 M31 出土的玉蝉
（I11 M31：62）

天马—曲村 I11 M31 出土的鸟形饰
（I11 M31：47）

天马—曲村 M63 出土的玉鹿
（I11 M63：165）

天马—曲村 M64、M62、M63[①]是三座排列有序、墓向基本一致的墓葬。依用鼎数目看，M64 为五鼎四簋，M62 为三鼎四簋，M63 为三鼎二簋。依据铜器铭文推测 M64 为"晋侯邦父"，M62 陪葬三鼎四簋应当是晋侯邦父正夫人，M63 陪葬三鼎二簋，应为晋侯邦父的次夫人。M63 出土各类玉质小件器物，有玉马、玉鹰、玉鹿、玉牛，等等。

———————

① 发掘报告见《天马—曲村遗址北赵晋国墓地第四次发掘》，《文物》1994 年第 8 期。

天马—曲村 M63 出土的玉马

（I11M63：155）

天马—曲村 M33[1] 出土的銮铃，上端为椭圆形扁体铎铃，周有镂空宽边，铃的一侧中央有一圆穿，四周有呈辐射状的三角形镂孔。銮座正背两侧各有 4 枚菱形凸饰，中部有 3 道纵向弦纹。M33 出土的軎有的外侧饰鳞状变体云纹，有的饰宽体卷云纹，细云雷纹衬底，非常精致、考究。M33 出土的辖首有的作鸟形，有的作虎头形，有的作兽首形。

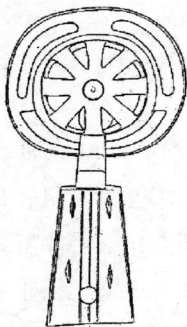

天马—曲村 M33 出土的銮铃

（M33：170）

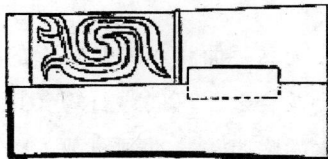

天马—曲村 M33 出土的车軎

（M33：2）

① 发掘报告见北京大学考古学系等《天马—曲村遗址北赵晋国墓地第五次发掘》，《文物》1995 年第 7 期。

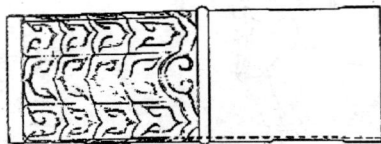

天马—曲村 M33 出土的车軎
（M33：166）

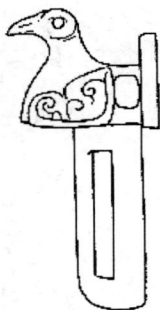

天马—曲村 M33 出土的车辖
（M33：4）

天马—曲村 M102 出土的匜 （M102：13）

　　天马—曲村 M92[①] 出土的玉、石器总数达 4000 余件。从质料上看有玉、玛瑙、石等。其中四璜四珩联珠玉佩一组，出土于墓主的胸腹部，过颈佩戴。整组佩饰由 4 件玉珩，4 件玉璜，以及玉圭、束腰形玉片、玉贝、绿松石等组成。该墓还出土有 4 件玉鱼，位于墓主头下。鱼身呈墨绿色，鱼嘴部有小圆孔。玉龙 2 件，为青玉质，单面雕刻团身卷尾龙纹。玉鸟 2 件，青玉质，昂

---

　　① 　发掘报告见北京大学考古学系等《天马—曲村遗址北赵晋国墓地第五次发掘》，《文物》1995 年第 7 期。

首站立。玉鹿 2 件，皆为站立回首状，长角，大耳，短尾。玉牛 1 件，青玉质，前肢跪屈，后肢站立，短尾。

天马—曲村 M92 出土的玉鹿
（M92：94）

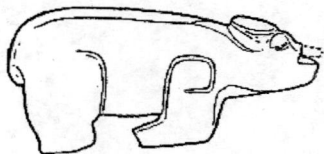

天马—曲村 M92 出土的玉牛
（M92：96）

天马—曲村 M102① 墓主左侧身上佩戴一组由镂空梯形玉牌和玛瑙管及料珠组成的串饰。墓主左股旁有 2 组由玉鱼、玛瑙珠和绿松石组成的串饰。墓主口中含有玉蚕 13 枚。另外还有由玉鱼、玉鸟分别和玛瑙珠组成的串饰 4 组。其中玉项饰 M102：36 出于墓主颈部，由 6 块玉牌和 58 颗玛瑙绿松石珠、管相间组串而成，玉牌呈淡黄色，单面阴线纹，其中 3 件为"S"形双首龙纹，3 件为"S"形龙、凤合体。

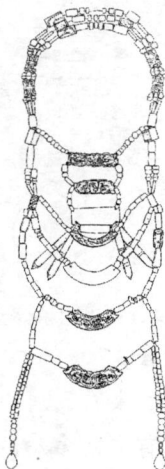

天马—曲村 M92 出土的四璜四珩联珠玉佩（M92：83）

---

① 发掘报告见北京大学考古学系等《天马—曲村遗址北赵晋国墓地第五次发掘》，《文物》1995 年第 7 期。

天马—曲村 M102 出土的玉项饰物
（M102：36）

天马—曲村 M102：36
出土的凤纹玉牌拓片

天马—曲村 M113[①] 出土
的猪尊，猪体肥硕，吻部略上
翘，嘴角有獠牙，双目斜上
竖，尾上卷。猪背上有圆形
口，上有盖，盖上有圆形捉
手，器盖上有云雷纹一周，间
饰四圆目。器腹两侧有相同的
同心圆涡纹。

天马—曲村 M113 出土的铜猪尊
（M113：38）

　　综合以上天马—曲村晋侯墓地出土的器物来看，可以发现这
些墓葬中有标志身份和等级的青铜礼器，也有丰富多彩的器物属
于等级礼制之外的审美范围。如形象生动的玉鹿、精美的玉串饰
等都表明在礼制之外还有着广阔的审美空间。此外，还可以看出
青铜器被塑造成可爱的动物形象，表现了人们对生活的理解和

---

　　①　发掘报告见北京大学考古文博学院等《天马—曲村遗址北赵晋国墓地第六
次发掘》，《文物》2001 年第 8 期。

认识。

通过以上周代贵族墓葬随葬器物的分析可以看出：第一，青铜器礼器基本体现了贵族的等级，如芮国国君墓随葬青铜礼器七鼎六簋，其夫人墓随葬五鼎四簋。几座晋侯墓均随葬五鼎四簋，其夫人随葬三鼎二簋或四簋。三门峡虢国墓地的虢季墓随葬七鼎六簋，其夫人梁姬随葬五鼎四簋。第二，墓葬中有荒帷和众多的装饰小铜鱼、料珠等。第三，墓葬中有丰富的车马器，且在极为细小的部位都有形象可爱的装饰，表现了周代贵族对美的理解。

本章从器物的角度对周代贵族的生活世界及其艺术精神进行了分析。可以得出以下几点结论：

第一，器物审美的时代性。假如说商代的美学思想主要与神秘的精神统治力量联系在一起，是神权与君权的合一，是兽形神的崇拜和饕餮狰狞恐怖形象的合一，那么，相对而言，周文化中的神秘气息就有所减弱。周人的审美追求更多地从具有神秘感和恐怖感的纹饰图案转移到对人自身和人的现世生活的关注。青铜器上的饕餮形象渐渐被周人生活中鸣叫的鸟儿、温顺的小鹿以及器物上的窃曲纹、波曲纹、重环纹、瓦棱纹等几何形纹饰所代替，体现了周代贵族对生命的理解，对美的理解。周代美学在殷商美学思想的基础上，又翻开了新的一页。

第二，我们可以看到礼器在周代贵族的生活中既是意识形态的载体，又是生活的点缀。礼器所点缀的周代贵族的审美世界，文献中有多处记载，如《礼记·明堂位》就记载了天子祭祀时，礼器如何点缀着祭祀的盛况："季夏六月，以禘礼祀周公于大庙，牲用白牡，尊用牺、象、山罍，郁尊用黄目，灌用玉瓒大圭，荐用玉豆、雕篹（馔），爵用玉琖（盏）仍雕，加以璧散、璧角，俎用梡，嶡。"① 这是天子祭祀时的盛况，丰富多样的酒器使人感到目不暇接。有牛形的牺尊、象形的象尊、刻有山形图纹的山罍。郁金香与黍米合酿的香酒盛放在用黄金镂饰的酒尊里。祭礼中舀酒灌地用的是玉制的舀酒斗。荐献食品用的是玉制的豆，以及加雕饰的笾。国君献酒用的是雕刻着图纹的玉盏，诸臣加爵时使用的是用璧玉饰杯口的璧散和璧角，盛放肉的俎案用的是带有梡、嶡形的木几。精美的礼器是周代贵族精细和考究生活方式的集中体现，折射着周代贵族生活艺术化的精神追求。

第三，器物是丰富的精神生活的象征。器物点缀着周人的祭祀礼仪和燕饮礼仪，这些丰富的食物与精美的酒器、食器并不是仅仅为了口腹之欲而设，其精致繁复的背后蕴涵着无形的礼制内涵。同时，对祭器的重视，也反映了周人对精神生活的重视，正如《礼记·王制》中讲："大夫祭器不假；祭器未成，不造燕器。"② 祭器是不能随便给别人的，在祭器没有制成的情况下，大夫是不会造燕饮的器皿的。周代贵族将精神的安顿看得比肉身的生存更加重要，但是精神世界又不是抽象的、空洞的，而是集中体现在这些精美的器物之中。

第四，周代贵族生活在一个辉煌灿烂的审美世界之中，服饰、车马饰、席筵、射侯等器物中都体现着贵族的审美意识。玉器使周人的生活中充满了灵气，烛光点染了周人生活的诗意氛围。周代贵族有着诗意化、艺术化的生活方式和人生态度。同时，这些审美范畴都在等级体制之中得到发展和肯定。在等级体制之中，周代贵族全面开创了人类历史上独具特色的等级美。并且因为被纳入到等级的框架之中，美成为不能随意获取的对象，

---

① （清）孙希旦：《礼记集解》，中华书局1989年版，第844页。
② 同上书，第389页。

这无形中使美变得更加值得珍惜。对下层贵族而言，将会以羡慕的、敬仰的、爱而不可得的眼光看着上层贵族才有资格享有的审美对象。贵族的日用器具和礼器的艺术性，是贵族追求美饰的艺术精神的体现，这种对美的追求与贵族从小就受到的艺术熏陶和艺术素养的培养有一定关系，周代贵族的教育既是一种礼仪规范的训练，也是一个艺术素养训练的过程。

第五，器物表达了周代贵族对纹饰美的重视。在周代贵族的生活中纹饰美占有重要的地位，如酒器的纹饰和形制之美表现了周人对生活的文饰化追求。但是在丧礼和祭礼的某些方面却要返回到最为素朴的状态，以器物的素朴来表达哀素之心。然而，这种对素朴之美的追求，却反衬出周代贵族对文饰审美价值的认识。

第五章

《诗经》中的贵族生活及其审美情怀

诗是周代贵族生活中的重要组成部分，它既是虔诚的祭祀礼仪中的宗庙乐歌，又是贵族个体抒发情怀的乐歌。《诗经》已经表现出相当成熟的写作手法和技巧，因而它又是贵族生活中精心雕琢和打磨的"艺术品"。如果说《周礼》、《仪礼》和《礼记》中所描述的是贵族生活的一般状态，是抽象化的贵族生活模式记录，那么，《诗经》则为我们展示了一幅幅生动真切的贵族生活画卷。如果说"三礼"是对贵族生活状态的客观书写，那么，《诗经》则为我们揭示了贵族的情感生活层面。我们在《诗经》中不仅能够看到贵族生活方式的诗意化描写，而且可以从中感受到贵族诗人对生活的审美评价，以及他们的审美情趣。诗像一颗晶莹剔透的宝石，折射着贵族生活的方方面面；诗又像一泓清泉，贵族生活的各个方面就像倒影一样投射到这泓清泉之中。透过诗，我们可以更为深切地感受到贵族生活中的艺术精神。

第一节　仪式化生活方式的诗意书写

《诗经》是周代贵族仪式化生活方式的反映，仔细品味，就会发现诗人所描述的礼仪生活画卷是贵族诗人眼中的审美世界，蕴涵着诗人的情感，充满了活泼泼的生趣，与其他文献资料中所记载的礼仪形式有很大不同。《诗经》不仅将周代贵族仪式化的生活方式更加真切生动地展示给我们，还使我们能更加真切地理解周代贵族的审美情趣。

一　礼仪诗中的贵族生活状况和诗意情怀

（一）祭祀诗中生动活泼的生活场景

《诗经》中的礼仪程式与有关礼仪的种种文献记载的一个突出的不同点在于，《诗经》不是烦琐的礼仪程式的记录，而是一个更为广阔的生活场景的诗意描写。

祭祀是贵族通过一定的礼仪程式向神灵进行祈祷的活动。祭祀是农业社会人们生活中很重要的一个方面，在严肃庄重的礼仪程式中，统治者力求营造一种神秘的氛围，造成震慑心魄的效果，从而使统治具有神秘色彩和神圣性。《诗经》中有直接唱给神的乐歌，也有描写祭祀场面的乐歌。因而在祭祀诗中，我们感受到的不只是单一的祭祀仪程，也不是平面的、僵化的礼制规范的刻板记录，而是丰富多彩的人的活动和广阔的生活画面。诗人总是能将诗意的眼光投向更为广阔的生活空间，给祭祀的场面设置一个富有诗意的背景，使祭祀诗在凝重、庄严之中浸透着周代贵族对现世生活的歌唱，对生活的热爱和感激。体悟周代贵族有关祭祀的描述，我们能感受到天地神人同乐的气氛和周代贵族的审美趣味之所在。

《大雅·旱麓》写一个贵族在旱山山麓下祭神祈求保佑的情景。但是诗人并不只是局限于对祭祀过程的描述，诗中既写了这个贵族准备好了红色的公牛，用精致的玉瓒舀郁酒倒在神位前的白茅上进行祭祀的情景，也写了他的周围鸢飞于天，鱼跃于渊，榛楛、葛藤都长得很茂盛的情景。仔细体味就能感受得到，诗人的视域是非常宽广的，他是站在祭祀场面之外全局性地把握这一祭祀过程和祭祀场面的，同时，诗人的心性又是非常细腻的。诗中既有对远处"榛楛济济"景象的描写，又有对祭祀仪式中酒器之美的赞叹。诗人关注到了祭祀时舀酒的玉瓒上的花纹，关注到了舀上酒之后的玉瓒之美。玉瓒内镶黄金，舀上酒之后，盈盈的黄色就像黄流一样，具有溢光流彩的审美效果。在这里，凝重的祭祀仪式变成了诗人笔下活泼泼的审美对象。诗人的兴趣既在于祭祀的仪程，又在于那精美的酒器，以及祭祀场面之外葱郁茂盛的树木。而且在这些有着灵性的审美意象的描述中，我们依然能感受得到神的到场，这是一个神人与共，充满虔诚与神秘气息的艺术氛围。

《小雅·楚茨》写祭祀祖先的经过以及祭祀时的虔诚态度。诗人将祭祀的整个过程和场面置放在一个丰收的、欢庆的背景下来描写。"楚楚者茨，言抽其棘。自昔何为？我艺黍稷。我黍与与，我稷翼翼。我仓既盈，我庾维亿。"① 这是祭祀的背景。诗中写到的物象都是肥美、丰满的。"楚楚"是指蒺藜的丛生和丰茂；"与与"、"翼翼"是指黍稷的茂盛、整齐；仓庾的状态是"既盈"、"维亿"。一切都是那样的丰盛和茂硕，呈现出一派丰收的景象。接下来诗人还是没有直接写到祭祀，而是又宕开一笔

---

① 高亨：《诗经今注》，上海古籍出版社 1980 年版，第 321 页。

对祭祀准备过程进行描述。为了即将到来的祭祀，人们忙碌着，有的在洁净牛羊，有的在准备俎案，有的在陈列祭器。一切准备就绪后，这才是对神灵的祭祀，请尸品尝馨香的祭品，请尸赐福给贤子孝孙。礼仪完备后，在鼓钟声中送尸。飨尸的礼仪结束后，是客人们的燕礼，燕礼中人们畅饮着甘甜的美酒，人人流露出满足的神情。可以看到，诗人对祭祀的描写，视野是非常广阔的，从丰收的自然景观到祭祀的准备阶段，都受到了诗人的关注。在诗人的眼中祭祀是充满了人情味的聚会。

《小雅·信南山》描写了对祖先神进行祭祀的情景。诗人通过优美的语言将生活中的丰收与和谐状态展示给祖先神，使他们在阴间或天堂能够感受到子孙后代的生活状态。但是诗中并没有人在神灵面前惶恐的紧张感，而是一派和乐、愉悦的生活景象。诗中写道，霡霂的小雨，使人间雨水充足，土地湿润，庄稼得到灌溉，百谷得以生长。人们将打谷场收拾得整整齐齐，黍稷呈现出一片茂盛的景象。人们收割了庄稼，制作了祭祀祖先、招待宾客用的酒食。田野里有着看护庄稼的房舍，疆场上种满了瓜果。将这些瓜果切开摆在祭器中，献给祖先神来品尝，因为子孙的富足和丰收都源于祖先神的佑护。就这样，具体的祭祀活动就展开了，进献清酒以及红色的小公牛，拿起刀把上雕有花纹的鸾刀切割小牛，将牛的鲜血献给祖先。接着开始忙忙碌碌地蒸煮牛肉，不多时浓郁的香气就冒了出来。这馨香的气息，一定能使祖先神得到感应，从而知道子孙们感谢他们恩赐了风调雨顺的生活。我们似乎也隐约闻到了食物的馨香，感受到了祭祀礼仪所带来的快乐。可以看到，诗人的审美眼光集中在整饬的打谷场、田野中生长的瓜果和祭祀时毛色纯正的牡牛，以及切割祭肉的鸾刀等物象之上。《诗经》中的礼仪过程充实而令人欢快。

《诗经》中有很多有关礼仪生活的描写是从礼仪准备阶段的

采摘、田猎以及捕鱼活动开始的，这样就将更为广阔的生产生活画面展现在我们面前，也表达了诗人的审美趣味。如《召南·采蘩》写祭祀之前宫女们采蘩的情景。"于以采蘩？于沼于沚。于以用之？公侯之事。"① 一问一答的对话，似乎是劳动时两拨人之间的对唱。在这对唱之中，隐含着企盼祭祀到来时的喜悦心情。《召南·采蘋》也具有同样的问答方式，问：在什么地方采蘋萍？答：在南涧之滨；问：在什么地方采浮藻？答：在那流水的沟边；问：用什么东西来装所采的祭品？答：用方的筐和圆的筥；问：用什么器具来煮它？答：用三足的锜和釜。一问一答此起彼伏的歌声中充满了劳动的快乐，也充满了对祭祀的期盼。之所以对祭祀之前的采摘这样关注，这与当时农业社会，蚕桑的采摘以及菜蔬的采摘在生活中占有较为重要的地位有一定关系，同时也是因为在祭礼中有很多祭品都是要提前采摘的。对祭祀前采摘的关注，使祭祀的神圣性蔓延到了祭品的采摘过程之中。可以说，只有诗这一艺术形式才会使我们有机会感受到如此广泛的祭祀生活场面。

从以上分析可以看出，祭祀诗反映了周人与自然和神灵和谐相处的状态。祭祀是神灵现身的仪式，也是人神共欢同乐的过程。在各种祭祀礼仪中，诗人并没有只关注祭礼的仪节本身，而是将人间忙碌的场面和祭祀场面之外的自然景观尽收眼底，甚至，诗人眼中的祭礼是从祭祀之前的采摘活动开始的，似乎人间的一切都被笼罩在祭祀的隆重氛围之中。生活中的一事一物也因为围绕着祭祀的目的而富有了深层的含义。诗人将这些富有生活气息的场景写进祭祀诗中，使祭祀呈现出欢快的节奏和浓厚的诗意。从这样的祭祀诗中，我们领略到祭祀仪式中贵族的生活状况

---

① 高亨：《诗经今注》，上海古籍出版社 1980 年版，第 17 页。

和贵族的生活乐趣之所在。

（二）贵族燕饮礼仪的诗意描写

贵族交往礼仪最为集中地体现在燕饮诗中。《诗经》中有关贵族交往仪式的诗歌主要集中在《大雅》和《小雅》中，但是与"三礼"中的有关记载相比，诗中的贵族交往礼仪活泼生动得多。诗人往往是将镜头拉长，将燕饮之礼置于一个更为广阔美好的背景中进行书写。这表明在周代贵族的生活世界中，礼仪活动虽然是严肃庄重的，但它并没有遮蔽人们观察和感受生活的视野。

《大雅·行苇》写贵族兄弟宴会、举行射礼、祭神的情况，表现了等级礼制中人的活动，是对礼制生活方式的诗意表达。诗人一开始就为我们呈现出一幅非常富有诗意的图景："敦彼行苇，牛羊勿践履，方苞方体，维叶泥泥。"① 敦，是草丛聚的样子。行，即道路。苞，是茂盛的意思。泥泥，也是枝叶茂盛的样子。整句诗的意思是，路边丛聚的芦苇正长得茂盛，每一片叶子都充满了茂盛的生命力，牛羊啊，不要践踏了它们。诗人的情感非常细腻，对自然界中的一切充满了爱怜之情。人间的交往就在这浓浓的爱的氛围中徐徐展开，"或肆之筵，或授之几"，这是燕饮的准备阶段，在准备阶段人们有的忙着陈列筵席，有着忙着布置席上的几案。接着是燕饮中的献酢酬等仪节，"或献或酢，洗爵奠斝。醓醢以荐，或燔或炙。嘉肴脾臄，或歌或咢"②。在这一段诗中，我们可以看到在燕饮阶段，要献酒致敬，要用酒回敬，要洗爵奠斝，要进献多汁的肉酱。燕礼时，有的是好菜好酒，人们有的在唱歌，有的在击鼓，好不热闹。从诗人的描述

---

① 高亨：《诗经今注》，上海古籍出版社 1980 年版，第 405 页。

② 同上。

中，我们能感受得到，对周代贵族而言，将要进行的并不是让人厌烦的刻板仪式，而是人间友好的会晤，是值得企盼的节日。

　　周代贵族文化是礼乐文化，虽然燕礼中的礼乐是固定的曲目，但是诗人写到燕饮礼仪中的音乐时，无不带有欣赏的口吻。琴瑟之音细润、清越，常与歌声相配，设在堂上。《小雅·鹿鸣》中"呦呦鹿鸣，食夜之苹。我有嘉宾，鼓瑟吹笙。吹笙鼓簧，承筐是将"的诗句就写出了堂上燕饮时，在鼓、瑟、笙、琴等乐器所演奏的音乐中，人与人、人与自然之间欢乐和睦的景象。生活优雅舒适的贵族们一边饮酒，一边听音乐，一边看着不远处的麋鹿在悠闲地吃着野草。这就是贵族的生活，优雅而富有情调。诗人所撷取的景致，不论是呦呦的鹿鸣，宾主的欢饮，还是鼓瑟操琴，都是能体现贵族审美情趣的景物。贵族温文尔雅的气度与细润的琴瑟之音以及呦呦的鹿鸣又构成了儒雅、融洽的生活境界。

　　钟鼓之音高扬、响亮，多设在堂下。《小雅·彤弓》就反复唱叹天子赐诸侯彤弓时，钟鼓所衬托出的欢庆气氛。诗中写道："我有嘉宾，中心贶之。钟鼓既设，一朝飨之。""我有嘉宾，中心喜之。钟鼓既设，一朝右之。"[1] 在乐曲的反复之中，诗人对嘉宾和钟鼓之音的喜好之情溢于言表。在这里天子赐彤弓的礼仪过程，直接展示为对嘉宾的反复咏叹和对钟鼓之音的反复描写。音乐带给贵族悠闲典雅的生活，诗人又将这种对音乐的审美感受描述出来，呈现给我们，使我们也深受周代贵族富有艺术气质的生活情调的感染。从这些流露着诗人情感的描写中，我们也认识到，礼乐在当时带给人们的并不是昏昏欲睡的感觉，相反，人们在礼乐的背景下，享受着生活的快乐。

---

　　① 　高亨：《诗经今注》，上海古籍出版社 1980 年版，第 242 页。

从以上分析可以看出，周代贵族诗人所关注的是仪式中的和乐气氛，是仪式进行时的周边环境，是仪式中的琴瑟之音。他们并没有认为礼仪是对生命的束缚，相反，在他们看来礼仪是生命的欢歌，是生命价值得以体现的渠道。《诗经》中的这些诗篇为我们了解周代贵族生活的真实状况提供了非常有价值的资料，至少使我们认识到贵族诗人看待生活的着眼点。可能各种仪式对于生活在周代的贵族而言就像后世的人看戏一样，在固定的、程式化的演出中，却有着年年岁岁都看不腻也看不尽的滋味。因为，可看的不仅仅是戏的情节，还有对每一个唱腔的玩味。不同的是，在周代贵族的各种礼仪之中，每一个人都既是演出者又是观看者，这里演出的是人生大戏，是没有舞台的戏。戏中的每个人都认为生活理应如此，所以也都没有作假的感觉。这就是人生的艺术化。

二 从外在仪式到内心感受

除了祭祀天地山川鬼神以及贵族交往礼仪中固定的诗歌之外，还有很多诗是贵族对生活的感受和思考。思考生活，抒发自己内心的情感，是贵族生活的一个很重要的方面。反思生活的诗，为我们提供了周代贵族情感和精神世界的真实记录，使我们在这些宁静的文字中依然可以真切地感受到周人的喜怒哀乐。与各种有关礼仪规范和原则的文献记载相比，《诗经》为我们呈现了周代贵族非常细腻的情感世界和审美体悟的精神空间，使我们能够真切地触摸到礼仪背后贵族的心灵世界，了解到贵族生活的另一个层面。

《小雅·鼓钟》就在锽锽礼乐声的衬托之下，写出了礼乐背景中人的情感活动，同时还将音乐的画面与礼乐场景之外的景物组接在一起，使礼乐场景富有诗情画意。诗中写道："鼓钟将

将，淮水汤汤，忧心且伤。淑人君子，怀允不忘。鼓钟喈喈，淮
水湝湝，忧心且悲。淑人君子，其德不回。鼓钟伐鼛，淮有三
洲，忧心且妯。淑人君子，其德不犹。钟鼓钦钦，鼓瑟鼓琴，笙
磬同音。以雅以南，以籥不僭。"① 诗中将各种乐器发出的声音
都做了形象的描摹，将将、喈喈、钦钦的声响在诗中回还往复，
烘托了诗的热闹气氛，但在各种乐器发出的热闹的音乐中，诗人
却是不开心的，这时的音乐与诗人的心境恰成对比，更反衬出诗
人的忧郁。"忧心且伤"的反复咏叹，使这一份忧伤的情怀绵远
流长。这就是诗中的礼乐文化，在外在的礼乐仪式背景中还有诗
人对喜乐和忧愁的书写。

　　饮酒之礼，主人向宾客进酒，谓之献；宾客还敬主人酒，谓
之酢；主人先自饮，然后劝宾客饮酒，谓之酬。但在诗人的眼
中，这一切并不是繁琐的和多余的，相反，在这些仪程之中蕴涵
着诗人的欣喜和快乐。《小雅·瓠叶》以诗的语言记叙了贵族之
间的饮酒之礼，写了贵族烧柴、烤肉、摆酒请客人吃，宾主酬酢
的情景。在诗人的笔下，翩翩翻动的葫芦叶是充满诗意的景致。
头上长着白色毛的兔子，不仅具有食用价值，还具有观赏价值，
而且，兔子的食用方法也很丰富，可以炮、燔、炙。献、酢、酬
的礼仪不再是古板的规定，相反，在献、酢、酬的过程中，更显
出了生活的温馨。诗中写出了人在饮酒礼过程中的快乐感受，使
仪式化的生活状态更加真切地展现在我们面前。

　　《小雅·车辖》以诗的形式为我们展示了贵族婚礼的过程。
这里的婚礼没有繁琐的礼仪，而是从作者的感受出发书写了诗人
眼中所见、心中所感的婚礼。"间关车之辖兮"是接新娘的车行
走时发出的声音，也是诗人心中的车发出的快乐的声音和节奏。

---

　　①　高亨：《诗经今注》，上海古籍出版社 1980 年版，第 320 页。

"式燕且喜"直接点出诗人的心情。接着写到,即使没有旨酒,也要再饮一杯,即使没有佳肴,也要再吃一点。这似乎是新婚的喃喃自语,又似乎是新婚对新妇的体贴关爱之语。心中默默祈祷新的婚姻生活就像四匹马拉的车一样不断地前进,祝愿新的婚姻生活就像六条马缰绳以及琴弦一样和谐有序。这是对婚礼的生动描写。这里没有对纳采、问名等繁琐礼仪的呆板记录,而是选取婿亲迎新妇行进在回家路上的情景和心理感受进行描写。

由此可见,《诗经》中对礼仪场面的描写多了一些发自内心的感动,少了一些繁文缛节的刻板仪程。可以说,《诗经》是以诗化的眼光去观照周代贵族仪式化生活的。《诗经》中透露出周代贵族对待生活的态度,折射着周代贵族丰富的内心世界,使周代贵族的生活状态更加真切地展现在我们面前。

三 从繁琐呆板的仪程到对和谐氛围的关注

在《诗经》中不论是有关祭祀的诗,还是有关贵族之间交往的诗歌,一个共同点是多了一些人与人之间的亲密关系的描写,少了一些礼仪的繁琐和刻板。在诗人的眼中,礼仪不是多余的和繁琐的,相反,礼仪是人与人之间建立友好关系的渠道,礼仪是人间欢乐的源泉,所以诗人似乎特别关注礼仪中的和乐氛围。

礼乐文化本来就是一种团结宗族、加强君臣联系的和乐文化。诗人更是被燕饮诗中的和乐氛围所吸引,将更多的笔墨用于描写贵族礼乐仪式中的和乐气氛。如《小雅·甫田》、《小雅·鹿鸣》等赞美贵族的生活,形象生动地表现了周代贵族在礼仪背景下,拥有着其乐融融的生活与和乐温馨的人际关系。《小雅·鹿鸣》中贵族燕饮的场面描写中,不仅燕饮的贵族之间悠闲和乐,甚至整个自然和人都沉浸在和乐的氛围之中,连麋鹿呦呦的叫声和吃草的神态都包含着和乐的艺术精神。礼乐在当时带给人们的并不是压抑的感觉，而是愉悦的精神享受。

礼仪中的和乐气氛尤其表现在享礼之后的无算爵①阶段。在享礼之后往往是气氛较为缓和的燕礼，在燕礼的各种礼节结束之后，就是无算爵与无算乐，即在威仪棣棣之后，有抑制不住的狂欢色彩溢漫在贵族的交往礼仪之中，这就形成了周代贵族礼仪中，有限度地超越礼制束缚的放纵时空，形成了周代贵族生活的另一个侧面，体现了贵族文化中的"乐"。如《小雅·湛露》写出了贵族们在礼仪之后"厌厌夜饮，不醉无归"的豪情畅饮，《小雅·宾之初筵》描写了西周幽王宴会大臣贵族的情形。诗人把宾客出场、食器的陈列、音乐侑食和射箭比赛写得清楚有序、生动鲜明，宴会的气氛显得热闹而活跃。尤其是经过郑重庄严的射礼之后的自由射、无算乐、无算爵阶段，礼仪开始时"温温其恭"的氛围就开始变为"载号载呶"的开怀畅饮；礼仪开始时的严谨恭敬变为较为任情的"屡舞傞傞"、"屡舞僛僛"，诗人捕捉到的就是这和乐的畅饮场面，笾豆被打翻了，帽子也歪了，这是严肃的礼仪规范边缘的另外一个生活空间，是属于周代贵族的特有的狂欢场面。最庄严、最肃穆的仪式莫过于祭祀，但在正式礼仪结束之后，也有族人的欢宴，祭祀的性质就由肃穆庄严而变得轻松热烈。《小雅·楚茨》和《小雅·既醉》都写了祭祀后燕饮的情景，这时"既醉既饱"的放松代替了礼制的刻板和严肃，礼制对人的约束有所放松，这就形成了礼仪和超越礼仪之间的张力状态。诗人正好为我们捕捉到了礼仪中的这种宽松的氛围，并集中笔力进行了描写，使我们可以看到贵族礼仪生活的全貌。

---

　　①　无算爵是贵族宴饮中不计数量的随意饮酒环节。

这种其乐融融的生活氛围和温文尔雅的贵族气度，一方面是因为它产生于西周前期社会较为安定的年代，贵族的行为普遍遵循着礼制的约束，礼乐文化与贵族的生存之间基本上还没有相互背离；另一方面还是因为在西周前期血缘宗法制是周人的基本社会组织结构，贵族的交往礼仪也主要以血缘宗法家族为基础，是有着亲缘关系的叔伯兄弟之间的往来。如《小雅·頍弁》"尔酒既旨，尔肴既嘉。岂伊异人，兄弟匪他"，《小雅·楚茨》"诸父兄弟，备言燕私。乐具入奏，以绥后禄"，《小雅·斯干》"兄及弟矣，式相好矣，无相犹矣"等，都明确指出前来燕饮的是同族的兄弟。宗族血缘关系，是一种宗法制国家的结构模式，是国家进行统治的内在血缘纽带。宗族亲缘关系隐现在周代贵族生活的各个方面。如果说祭祀祖先的仪式展现的是贵族宗族嫡庶之间的等差和级别，那么，燕饮则体现出贵族之间的兄弟亲情。诗恰切地为我们呈现出燕饮礼仪中宗族成员之间的和谐气氛，诗是这种和谐气氛的生动记录。

通过以上几个方面的分析，我们可以看到，《诗经》中对于礼仪生活的描写，大多不是对礼仪程式的刻板记录，相反，沿着诗人的视线，我们所看到的礼仪场面是丰富多彩的，人们享受着礼仪之中的欢乐气氛，关注着礼仪之中人们繁忙有序的身影，欣赏着礼仪中的各种礼器，甚至礼仪场合周边的各种树木、虫草都能引起观赏的兴趣。在各种礼仪中，人们看到的是富有情趣的采摘、捕鱼活动，是祭祀场合周边晶莹的露珠、鲜艳的花朵，整个礼仪活动充满了生命的活力，呈现出一股活泼泼的生趣。礼仪活动简直就是族人的欢乐聚会，是令人心向往之的隆重节日。我们从诗中所描述的贵族礼仪生活还可以看到，即便是那些在后人看来繁琐的礼仪，在当时，贵族们也是以一种诗意的态度去观照它的，在祭祀礼仪中，在燕射之礼中，周代贵族都能体会到人生的美丽。我们还可以感受到，即使是在各种礼仪之中，也还有着人性自由发挥的空间，周代贵族的礼仪生活是欢乐和愉快的，是充满诗情画意的。他们用审美的视野打量着礼仪活动中的一切，用敏感的心体味着人间的欢乐和忧愁。礼仪在贵族的生活中具有节日的性质，能够给他们带来无尽的快乐感受。这是周代贵族面对生活时的艺术心态的体现。

第二节　情意绵绵的贵族日常生活画卷

《诗经》是周代贵族生活的生动写照，它从衣食住行等各个方面为我们展示了贵族生活的立体画卷。《诗经》中除了告神和颂祷，以及描写贵族交往礼仪的诗歌外，还有大量的诗歌是对贵族日常生活状况的描写。《诗经》关注的不仅仅是器物的实用价值，而且还关注器物的审美价值。《诗经》赋予日常生活的一举一动、一事一物以诗性的意味，使生活充满了丰富的内涵。在《诗经》中，我们可以读到周代贵族丰富的日常生活画面，可以体味他们对生活的诗意态度。

一　诗意地栖居

爵位的世袭制决定了贵族一出生就有着优越的社会地位，有着丰厚的田产，也使他们可以有较为悠闲的心境来看待生活，以审美的眼光来观照生活。这种诗意化的生活心态，我们可以在《诗经》中随处看到。

贵族的音乐生活。音乐不仅在贵族的祭祀礼仪和交往礼仪中有着重要意义，就是在周代贵族的日常生活中也占有很重要的地位。天子每日饮食必有音乐伴奏，大夫也时常鼓琴操瑟。琴瑟之声几乎是贵族有闲生活的一个标志，是贵族诗意化生活方式的写照。如《周南·关雎》写道："参差荇菜，左右采之。窈窕淑女，琴瑟友之。参差荇菜，左右芼之。窈窕淑女，钟鼓乐之。"作为《诗经》的开篇，《关雎》写到了贵族的情感世界，展示了一个为情而苦恼的贵族青年的生活。他愿以琴瑟、钟鼓给所爱的人带来快乐。《小雅·何人斯》虽然总体来说主要写两个关系亲近的贵族的分裂，但也回顾了两个人关系好的时候的情形："伯氏吹埙，仲氏吹篪。"① 埙是古代的一种吹奏乐器，陶制，大如鹅卵，锐上平底，音孔一至三五个不等。篪是古代的一种管乐器，竹制，单管横吹。这一句诗给我们的信息是，他们两个关系好的时候，就像伯仲兄弟一样，你吹埙，我吹篪。可见在贵族的日常生活中，时常有着相互之间吹奏乐器娱乐的风尚。还有《秦风·车邻》也写到了两个贵族之间的琴瑟之乐。诗中写道，山坡上有着漆树和桑树，低洼处有着栗树和杨树，两个贵族并坐在一起，鼓瑟、鼓簧，享受着人生中的美好时光。《王风·君子阳阳》则为我们展现了一幅贵族奏乐跳舞的生活画面。诗中写道："君子阳阳，左执簧，右招我由房。其乐只且。君子陶陶，左执翿，右招我由敖。其乐只且。"拿着簧、拿着翿舞蹈的君子满脸洋溢着陶陶的喜悦之情，他一边舞蹈，一边招呼我一起加入。"其乐只且"的乐舞气氛使每个人都禁不住深受感染。从《诗经》点点滴滴的记载中，我们对周代贵族如诗如画的日常生活状态可略见一斑，可以知道贵族的生活之中时常点缀着琴瑟之声。

周人的日常生活丰富多彩，除了琴瑟之声对生活的点染之外，《诗经》中还有许许多多的描写为我们呈现出周人对日常生活的诗意观照。如《小雅·庭燎》用诗意的语言描述了诸侯贵

---

① 高亨：《诗经今注》，上海古籍出版社 1980 年版，第 301 页。

族上早朝的情景。首先是黎明前的一问一答打破了夜的寂静。一个声音问："夜如何其？"另一个声音回答："夜未央！"接着是庭燎之光给黎明的朦胧色调中添上了暖色和诗意，然后是诸侯上朝的鸾铃声为朦胧的清晨画面点缀上清脆悦耳的声音之美，使这一幅黎明前的优美画卷富有声光相融相荡的魅力。这就是贵族日常生活的写照。没有对生活的诗意领悟和对生活的深深感触，就不会有这样细腻的对生活的观察和书写。《小雅·采绿》想象了一幅夫妻之间和谐悠闲的日常生活画卷。诗中写到，你狩猎时，我就将弓装入弓袋；你钓鱼时，我就缠好钓鱼的绳子；你钓出鲂或鲟，我就来看着。这是对生活最美好的诗意想象，表现了诗人对幸福生活的渴望。

　　生活中缺少的不是美，而是对美的领悟。对于一双没有诗意的眼睛，再美的生活都不会令他驻足，再美的景观也都不会引起他的注意。而周代贵族生活中这些点点滴滴的诗情画意，一方面来自贵族自己的审美态度；另一方面也来自于诗人的审美眼光，只有富有诗意的心才可以捕捉到这些美好的生活情景。

二　悠悠我心：诗中的贵族情感世界

　　纵观《诗经》中有关周代贵族日常生活的描写，给人印象最深的还在于《诗经》中那浓浓的人间情意。《诗经》中有很多篇章都是对人间和谐关系的书写。如《小雅·白驹》叙写了一个贵族挽留客人的整个过程。这个贵族热情好客，让客人的马吃自己园圃中的苗和藿，并且为了让客人打消要走的念头，把客人的马系住。他认为系住客人的马，就能系住客人的心，就能使美好的夜晚得以延长，这种想法和做法显示了主人的真诚和憨厚，甚至还显示出主人的天真和幼稚，然而也正是因为这一点点的幼稚，使这个贵族显得非常可爱。这首诗显示出人与人之间质朴的友情，把挽留者的真诚和憨态以及被挽留者的人格魅力都活脱脱展现出来。

《诗经》中有一系列篇章是关于渴念君子、感激君子之恩的，写出了人世间的情感和人对人的依赖、依恋之情。如《秦风·晨风》就写道："鴥彼晨风，郁彼北林。未见君子，忧心钦钦。如何如何，忘我实多。"第一句是起兴，为情感的抒发创造了诗意的背景。接着写出思念君子的忧伤情怀，"如何如何，忘我实多"一句包含了丰富的情感内容。字面意思是猜测君子忘却了自己，但深深隐含在文字背后的情感却是无限的担心，担心君子忘记了自己，多么希望昔日的情感还依然如故！这种委曲愁肠让我们认识到周代贵族的情感世界是多么细腻和丰富。《小雅·蓼萧》写见到君子后的欢声笑语，诗中写道："蓼彼萧斯，零露湑兮。既见君子，我心写兮。燕笑语兮，是以有誉处兮。"表现了人与人之间的亲切友好关系。《小雅·隰桑》叙写见到一个贵族之后的愉快心情，并为贵族颂德，表示愿为他效力，诗中写道："隰桑有阿，其叶有难。既见君子，其乐如何！"在婀娜的桑树旁见到君子，真是喜出望外。同类的诗歌还有《小雅·裳裳者华》、《召南·草虫》以及《郑风·风雨》等，尤其是《风雨》写在一个风雨凄凄的早晨与自己思念的人久别重逢，喜悦和欢快的心情真是难以用语言表达。这些诗歌为我们展示了仪式化的生活空间之外，人与人之间的情感世界，让我们感到贵族的生活中除了三揖三让的礼节之外，还有着这样丰富的情感交流。

《诗经》中还有丰富的男女情感的表达。如《郑风·子衿》写出了男女之间缠绵的情感，诗中写道："青青子衿，悠悠我心。纵我不往，子宁不嗣音？青青子佩，悠悠我思。纵我不往，子宁不来？挑兮达兮，在城阙兮。一日不见，如三月兮。"你衣服那青青的颜色，在"我"的心头飘荡。青青的佩玉，也总是在"我"的眼前拂之不去。这种才下眉头，又上心头的纠结情感，使"我"陷入"一日不见，如三月兮"的情感困境之中难以自拔。

《诗经》中有一组诗描写了贵族之间相互赠送礼物的情景。如《秦风·渭阳》，据说是晋公子重耳离开秦国时，秦太子罃送自己的舅舅重耳时所作。诗中写道："我送舅氏，曰至渭阳。何以赠之？路车乘黄。我送舅氏，悠悠我思。何以赠之？琼瑰玉佩。"太子罃赠送舅舅的是四匹黄马拉的路车和琼瑰色的玉佩，这既是诸侯之间的礼仪，更是人与人之间的情感表达。《卫风·木瓜》也写赠送的礼物凝聚着人与人之间的情感。诗中写道："投我以木瓜，报之以琼琚。匪报也，永以为好也。"这就是感动千古的投桃报李情结。人与人之间，你投我以木瓜、木桃、木李，我就会报之以更珍贵的琼琚、琼瑶、琼玖。这不是物和物之间的交换关系，而是人与人之间永恒的、超越于物质价值之上的情谊。像这样通过赠送礼物表达情感的诗歌还有《王风·丘中有麻》、《陈风·东门之枌》、《邶风·静女》等，这些诗展现了周代贵族丰富的情感生活状况。

在《诗经》中还有一组诗写出了睹物思人的情怀，揭示了物中所蕴涵着的人与人之间的浓厚情感。《邶风·绿衣》写一位丈夫悼念亡妻。他选择的描写对象是妻子生前制作的一套衣服。这套衣服是绿色的面，黄色的衬里，黄色的下裳。从这首诗可以看出作者所看重的已不是一件衣服的实用价值，而是超越实用价值之上的情感寄托。这种睹物思人的情怀表现了周代贵族丰富的精神生活境界。同类的诗歌还有《唐风·葛生》，写一个男子追悼亡妻。诗中写道，蔓延的葛藤和荆棘，以及蔹草覆盖了妻子的坟墓，妻子孤独地躺在里面，更为孤独的是守在外面的丈夫，在夏之日、冬之夜寄予着无尽的、又无望的思念。这种深挚的思念，使地老，使天荒，读来真是令人肝肠寸断。《召南·甘棠》写召伯虎曾在自己的住处栽下一棵甘棠树，如今这棵树已经长成枝叶茂盛的大树，后人看见这棵树，甚是珍惜，不舍得砍伐它，不舍得毁坏它，也不舍得折它的枝叶，因为看见这棵树就像看到召伯虎一样，因为召伯虎曾经在这棵树下居住过、休息过。甘棠树寄予了人们对召伯虎深厚的怀恋之情。人间的情感牵挂使贵族的生活多了几分剪不断的绵绵情谊。

生活境域的变迁，在诗人的心中也留下了深深的印痕。如《王风·黍离》中诗人看到昔日的都城如今只剩下满眼的黍稷在随风起伏，禁不住步履迟缓，慨叹"知我者，谓我心忧；不知我者，谓我何求。悠悠苍天，此何人哉？"如果说《黍离》是家国之叹，那么，《秦风·权舆》就是对自身命运变迁的自悲自叹："於我乎，夏屋渠渠。今也每食无余。""於我乎，每食四簋。今也每食不饱。"昨日是拥有四簋的贵族，今天连饭也吃不饱，人世的变迁真是难以预料，怎能不引起诗人的仰天长叹。《王风·兔爰》也是强烈的身世之叹："我生之初尚无为，我生之后逢此百罹。"生活境域的变迁在诗人的心灵深处留下了深深的创伤，成为无法排遣的忧愁。

通过以上几类诗歌的分析，可以看到，周代贵族有着多姿多彩的日常生活。他们的日常生活中有着琴瑟之乐，有着人和人之间的是是非非、恩恩怨怨，有着对君子的怀恋，有着睹物思人的情怀，有着对生活的种种感触，有着真挚细腻的情感生活。这是一个充满着情感的世界，是一个人与人之间相互牵挂的世界。《诗经》为我们展现了周代贵族的情感生活世界，让我们看到了周代贵族生活的另一个侧面。

第三节 《诗经》中的审美对象及
贵族的审美趣味

对周代贵族而言，也许他们还没有成熟的审美理论，但这不等于他们没有自己的审美活动和独特的审美眼光。《诗经》中的许多诗篇以贵族的视角观察生活，为我们提供了一幅幅贵族生活的画卷，直至今天，我们沿着诗人的视线看去，还可以看到他们眼中的审美世界，也可以看到他们心中的审美境界。下面，我们将对《诗经》中的审美对象进行分析，并进一步探讨这些审美对象中所包含着的周代贵族的审美趣味。

关注什么样的审美对象，选择什么样的审美对象，就表现了什么样的审美追求和审美趣味。在《诗经》中，桃花鲜艳地盛开着，成群的牛羊在吃着草，谷风习习地吹着，草虫喓喓地叫着，美女如云，君子乘着矫健的马。这些富有魅力的审美对象表达了周代贵族的审美情趣，它们大致可以分为以下几类。

一 光彩奕奕、神采飞扬的贵族形象

贵族是《诗经》描写的主要对象，贵族的生活和情感在《诗经》中得到了广泛的刻画，即便是《硕鼠》、《伐檀》等几首诗是对贵族的讽刺和批评，也从一个侧面反映了贵族的生活，更何况在《诗经》中随处可见的是诗人对贵族的举止情态、服饰、气质的赞美，诗人眼中的贵族形象光彩奕奕、神采飞扬。

《诗经》中有多处写到周王的光辉形象。《大雅·棫朴》一开始就赋予周王一个具有神秘气息的背景："芃芃棫朴，薪之槱之。"这是写文王出师前烧柴祭祀司命、风神、雨神的情景。在这样一个火光照耀、具有神秘气氛的背景下，文王的形象也具有了一个灵光圈。如果说这一句将文王置于一个火光和神灵的背景之下，那么，"济济辟王，左右趣之"、"济济辟王，左右奉璋。奉璋峨峨，髦士攸宜"，则又将文王置于众人敬仰和簇拥的中心。一个有着神秘气息、又有着凝聚力的文王形象跃然纸上。《大雅·思齐》也写到了文王的光辉形象："雝雝在宫，肃肃在庙。不显亦临，无射亦保。"文王在宫中态度和蔼可亲，在宗庙里神情庄重，态度严肃恭敬。因此，神灵赐福给文王，在最为隐幽的地方也会显灵，永无厌倦地保佑着文王及其臣民。《周颂·丝衣》是周王举行养老之礼时所唱的乐歌。诗中写周王穿着色彩鲜艳又洁净的丝质祭服，戴着圆顶的弁帽，恭顺地对整个宴会所要用的物品都细细地省视了一遍，从堂上到台基，从羊到牛，从大鼎到小鼎，从兕牛形的饮酒器到兕角弯曲的酒杯，无一遗漏。从这些关于周王的描写中，可以看出，在诗人的眼中，周王的形象是光辉的、亲切的。诗人是以崇敬乃至崇拜的情感来塑造周王的形象的。

《诗经》中其他贵族的形象也都光彩照人。如《小雅·采芑》塑造了贵族首领方叔的光辉形象。方叔率领的兵车多达三千，方叔所乘的四匹马，排列得整整齐齐，镶嵌着铜片的马笼头在闪闪发光。车旗上画着蛟龙龟蛇的图案，色彩鲜艳的旗子在空中随风飘扬。车上的鸾铃与身上的玉佩相互谐和，发出玱玱的声音。在渊渊的鼓声中，士兵们精神振奋。戎车行进中发出的啴啴焞焞声，如霆如雷。方叔率领着军队走来就像鹰隼在天空中高飞。方叔气宇轩昂、骁勇善战的形象就展现在我们眼前。

《齐风·猗嗟》将鲁庄公置于射礼的背景下，刻画了庄公非凡的气质。诗中赞叹鲁庄公面色清净，眼睛黑白分明，射箭水平高超。古代贵族举行射礼时，立一木架，架上一块方形兽皮，叫做"侯"。侯上有一小块圆形的白布，叫做"正"或"的"。射者向正发箭，箭穿正上，叫做"中"。鲁庄公整天射侯，箭没有离开正的时候，都射中了。可见在诗人的眼中鲁庄公是何等的英姿飒爽。

《诗经》中还有许多丰满、高大的贵族妇女形象。如《卫风·硕人》描写和夸赞了卫庄公的夫人庄姜的美丽华贵，写庄姜身材高大，身穿锦制的绉衣。尤其通过一个个特写镜头将她的手指、肌肤、颈项、牙齿等都分别予以赞美。"手如柔荑，肤如凝脂。领如蝤蛴，齿如瓠犀"，是说她纤细的手像初生的柔荑一样娇嫩，她的皮肤像凝结的白脂一样温润，她的头颈像白而长的蝤蛴，她的牙齿洁白如瓠瓜籽。另外她的额头宽广而方正，像螓一样。她的眉毛细长而弯曲，像蚕蛾一样。她顾盼之间，眉目含情。在诗人的眼中庄姜简直就是美的化身。

从以上分析可以看出，诗人眼中的贵族体魄健康，富有生命活力，是那样亲切，那样风光。言语之间，我们可以感受到诗人对贵族由衷的赞叹之情，也可以深深体会到，诗人欣赏的是富有生命活力的、健康正常的、富贵的美。

二　黻衣绣裳、佩玉将将的服饰之美

周代贵族注重纹饰之美，他们的宫室器用、舆服车旗都要进行纹饰。在《诗经》中服饰、首饰成为诗人关注的审美焦点。

《鄘风·君子偕老》写到贵族妇女的服饰和发饰之美。诗人首先写到贵族妇女的首饰，"副笄六珈"，"委委佗佗，如山如河"。副，指的是以发编成的假髻。笄，是固定头发的簪子。贵族妇女美丽的假发上簪着六支工艺考究的发笄，她的头发高高地耸起，走动的时候头发颤颤巍巍，显得是那样的高贵美丽。关于这个贵族妇女的发饰，诗中还写道："鬒发如云，不屑髢也。玉之瑱也，象之揥也。”这应是这个妇女另一个场合的梳妆打扮。她的秀发如云，她戴着玉制的耳饰，戴着象牙制的揥（簪子），同样给人雍容华贵的感觉。“象服是宜”，是对贵族妇女服饰的描写。象，是“襐”的假借字，即镶嵌的镶。这句是说贵族的衣服周边和领袖都镶嵌着花边。“玼兮玼兮，其之翟也”、“瑳兮瑳兮，其之展也”是说这个贵族妇女绣着雉鸡图案的翟衣和细纱制成的展衣都像玉色一样鲜明动人。她内着细葛，外服展衣，显得是清扬舒展。这就是诗人对生活的理解，对女性美的认识。

《秦风·终南》塑造了秦君的形象。诗中写到，终南山上长着楸树、杞树、红梅和赤棠等树木。在这样的背景下，秦君出现了，他穿着袍和锦衣，脸色红得像渥丹。秦君的衣服上有着黑青相间的黻纹，秦君的身上佩着当当作响的佩玉。当看到国君穿着质地高贵、花纹美丽的礼服，脸上呈现出健康的丹红色，听到他所佩的玉石发出将将当当的声音时，作为观赏者的诗人，不由自主地发出由衷的赞叹：这就是真正的君子吧！

《周颂·有客》是来朝诸侯将要回国，周王设宴饯行时所唱的乐歌。其中写到诸侯的服饰“有萋有且，敦琢其旅”，萋，是绸缎上的花纹。且，是五彩鲜明的样子。敦，是雕刻的意思。整句的意思是，客人绸缎衣服上的花纹，美丽鲜艳，他的随从衣服上也都绣着似雕似琢的花纹。考究华贵的服饰衬托着贵族的精神面貌，表现出诗中的贵族和作为写作者的贵族诗人对服饰之美的鉴赏之情。

《小雅·都人士》也比较集中地表现了诗人对服饰和首饰的鉴赏心理。诗人以敬仰、羡慕的眼光打量着贵族及其女儿光辉耀人的形象。诗中首先写到都人士的服饰和仪容“狐裘黄黄，其容不改”。黄黄的狐裘和庄重从容的仪态是当时人的审美时尚，因而都人士的这一形象引起了诗人的仰慕。紧接着是从更细致的

天马—曲村 M63 出土的玉人正面及背面
（I11M63：90—15）

地方着眼来写都人士的高贵，他戴着薹草做成的帽子、黑色绸布做成的撮结扎着头发，并垂于项后，他的充耳是坚硬美丽的琇玉，他的青丝绶带也轻轻地垂在身后。他的女儿也很漂亮，美丽卷曲的头发，用黑色的绸带将黑发梳成撮垂于脑后，又自然地卷起，就像蝎子的尾巴一样在风中飘扬。[1] 都人士既有端庄的仪态，又有尊贵的服饰，从里到外透显出非同一般的人格魅力。

在《齐风·著》中，诗人将眼光投向贵族首饰中的充耳，并对其进行了反复的咏叹："充耳以素乎而，尚之以琼华乎而。""充耳以青乎而，尚之以琼莹乎而。""充耳以黄乎而，尚之以琼英乎而。"用来系充耳的丝绳的色彩有素色的，有青色的，有黄色的，这三种颜色的丝绳又分别搭配着琼华、琼莹、琼英三种玉石。不同色彩的丝绳与不同质地的玉石搭

---

① 1993 年山西天马—曲村晋侯墓地出土的玉立人是对周代女性之美的最好实物注解。这一玉立人（I11M8：184），作正面站立形，浓眉，大眼，阔鼻，头发垂肩，卷起，头顶的头发也卷起，有小孔，可以系绳，身着高领衣，领下右侧开短袄，束腰，裳呈梯形，前有垂叶形饰，领、腰和裳周边刻交叉斜格纹带。天马—曲村 M63 出土的玉人同样有着垂肩的卷发。

配在一起，使得玉石之美更加光彩夺目，表达了贵族们的服饰色彩搭配观念。

服饰是人类文化的重要组成部分。古今中外几乎所有的贵族都很讲究服饰之美。通过以上对《诗经》中贵族服饰、首饰描写的梳理，可以看到，不论对贵族而言，还是对诗人而言，这些华贵的服饰都是他们关注的审美焦点，尤其是玉佩和服饰上的纹饰成为当时人关注的中心。

三 肃雝和鸣、篠革冲冲的车马形象

周代贵族凡会同、朝觐、田猎、出征等都乘车，凡乘车，必建旗。于是车、马、旗都成为贵族身份的标志，因而也成为贵族诗人关注的审美对象。在《诗经》中大凡刻画贵族形象的时候，几乎没有不以车马和旗子来衬托的。如《大雅·烝民》塑造了仲山甫的形象，就是以车马来衬仲山甫的。诗中写道："四牡业业，征夫捷捷"、"四牡彭彭，八鸾锵锵"、"四牡骙骙，八鸾喈喈"。仲山甫的出征及归来都是在强健骏马的衬托之下，以及鸾铃的和谐声中完成的。四牡业业、四牡彭彭，八鸾锵锵、八鸾喈喈的声势衬托出了仲山甫的英雄气度。诗中写马的精神也是写人的精神。

《小雅·采菽》描写了周天子欢迎来朝诸侯的状况。诗中通过诸侯的命服和车旗衬托出贵族的富贵之气。开篇就写繁忙的采菽场面，有的用筐盛菽，有的用筥盛菽。而天子正忙于思考赐予诸侯什么东西。天子将赐予诸侯"路车乘马"、"玄衮及黼"。玄衮，是绣有盘龙的礼服。黼，是绣有黑白相间的斧形花纹的礼服。看来，天子想赐给来朝的诸侯四匹马拉的路车，以及纹饰美丽的服饰。"其旂淠淠，鸾声嘒嘒。载骖载驷，君子所届"，这又是关于来朝贵族的车马的描写。"载骖载驷"，是君子所乘的

车的档次和气势。"其旂淠淠，鸾声嘒嘒"，是对于画有蛟龙的
旗帜和车铃的声音的审美描写。这两句的意思是，远远地看去，
诸侯车上的旗帜在风中摇曳着，已经能听到他们马车上的鸾铃发
出的嘒嘒声，隐约可见拉车的马匹了。诸侯们就要来到了。等到
来朝的贵族走近了，诗人进一步看到来朝的诸侯红色的蔽膝系在
腰上，邪幅裹着腿，这些都是天子赐予的象征着尊贵地位的服
饰。诸侯的神情从容舒缓，不急不躁。他们是辅佐天子、治国安
邦的显要人物。在这样的美好时刻，天子和诸侯同乐，享受着天
赐的优厚福禄。这首诗写出了天子与和诸侯之间相辅相成的关
系，也写出了天子与诸侯之间的和谐，真是其乐融融、一片祥和
的景象。在这首诗中车马彩旗是诸侯贵族身份的标志，也是具有
审美价值的观赏对象。

　　《周颂·载见》是诸侯来朝，并致祭周武王庙时所唱的乐
歌，也写出了诸侯来朝时华贵、热闹的场面。其中有对来朝贵族
车旗之美的集中描写："龙旂阳阳，和铃央央，鞗革有鸧，休有
烈光。"诸侯们车上绣着蟠龙的旗帜在风中飘扬，散发着耀眼的
光彩。车上的鸾铃发出悦耳的央央声。缰绳上的玉饰发出玱玱的
声响。精致考究的车马饰衬托着君子的威仪和精神风貌。看来诸
侯来朝几乎就是贵族车马文化的展示时机，是耐人寻味的审美
景观。

　　《小雅·车攻》描写的是周王到东方去狩猎的情况，审美的
焦点集中在车马的装饰和车马的精神方面。诗中写道："建旐设
旄"、"萧萧马鸣，悠悠旆旌"。旐，是画有龟蛇的旗子。旄，是
饰有牦牛尾的旗子。悠悠，是旗帜摇摆的样子。周王的猎车上竖
着画有龟蛇的旗子和饰有牦牛尾的旗子。健壮的马高声地鸣叫，
旆旌悠然地飘荡着。这首诗突出了贵族用来打猎的马的高大和健
壮，突出描写了随风飘荡的车旗的美丽。

通过以上分析可以看出，《诗经》中对贵族朝觐和田猎时的车马器物之美颇为关注，车旗是贵族审美关注的焦点，也是诗人着力描写的审美对象。四牡骙骙、八鸾锵锵、儦革冲冲的车旗之美是周代贵族身份和地位的象征，也是贵族们的审美焦点。

四 草木茂盛、鸟鸣嘤嘤的自然审美对象

《小雅·蓼萧》反复咏叹高大的艾蒿，描摹艾蒿上晶莹的露珠濡湿的样子，诗人分别用了"零露湑兮"、"零露瀼瀼"、"零露泥泥"、"零露浓浓"等词语，反复表述了对草木的细腻观察和感受。《小雅·菁菁者莪》也表现出对高大茂密的萝蒿的关注。莪，是蒿的一种，又名萝蒿。菁菁，茂盛貌。高大茂密的萝蒿"在彼中阿"、"在彼中沚"、"在彼中陵"等不同的地点闪现，既是诗人"泛泛杨舟，载沉载浮"的行进中之所见，也像诗人快乐的心情的外在展现一样，诗人即将见到君子的快乐心情不时的溢于言表，幻化成为一路行进中随处可见的自然景物，自然景物中也染上了一层喜悦之情。《小雅·黍苗》"芃芃黍苗，阴雨膏之"，是召伯虎在申地所见到的草木茂盛、雨水充沛的富足景象。《小雅·隰桑》叙写作者见到一个贵族的喜悦心情。诗中是通过长在湿地婀娜、柔美的桑树来衬托这种喜悦心情的。诗中写到"隰桑有阿，其叶有难"、"隰桑有阿，其叶有沃"、"隰桑有阿，其叶有幽"。阿，通"婀"，柔美的样子。难，是茂盛的样子。沃，肥厚、滋润。幽，墨绿色。这三句写的是桑叶的茂盛、肥厚和墨绿，写出了桑树的生命力，也预示着召伯所建设的申地具有广阔的发展前途。《诗经》中还有许多诗篇对草木之美进行了描述。甚至《秦风·蒹葭》、《王风·葛藟》、《卫风·芄兰》、《小雅·杕杜》等，就直接以草木之名作为篇名，可见草木之美已经引起了诗人的特别关注，草木之美是周代贵族诗人眼中

典型的审美对象。

《诗经》中常描写的鸟儿有鸿雁、仓庚等。如《小雅·鸿雁》中写到"鸿雁于飞，肃肃其羽"、"鸿雁于飞，集于中泽"、"鸿雁于飞，哀鸣嗷嗷"，从鸿雁振翅飞翔，到鸿雁飞至泽中，再到鸿雁嗷嗷地哀鸣，写出了鸿雁的几种典型的神态。《小雅·沔水》将汤汤的流水作为疾飞的隼的背景，描绘出一幅水天相接处，鸟儿奋飞的图画。然而，令人心情不能随鸟儿的高飞畅游的是，这疾驰的鹰隼，并没有义无反顾地翱翔于天空，而是"载飞载止"、"载飞载扬"，在忽飞忽止之间，形成了鸟儿飞行的节奏感，同时也形成了诗的节奏，而这外在的节奏却来自于诗人内心的郁结和忧郁。在这里，鸟儿的飞翔既是诗的背景，又是诗人心境的外在写照。《小雅·桑扈》写了青雀交交的鸣叫声，写了鸟儿身上的羽毛和颈上的美丽花纹。《豳风·东山》中"仓庚于飞，熠耀其羽"，将仓庚飞翔时，毛色的光亮鲜明作为描写的对象。《大雅·凫鹥》以野鸭和鸥鸟起兴，写它们在泾水里嬉戏，在沙滩上晒阳，在水中小洲上，在两水相会处，在水边等各种不同的神态。《周颂·振鹭》也将群飞的白鹭作为歌咏的对象。可见在周人的眼中鸟儿的存在是何等重要，鸟儿有着能与人的情感相通的灵性，因为鸟儿的点缀，整部《诗经》也具有了令人感动的灵性。

除了草木和鸟儿之外，《诗经》中还有很多审美对象，如鱼、蟋蟀等。《诗经》中多次描写鱼安闲自在的样子，以及捕鱼的情景。《小雅·鱼藻》将鱼儿在水藻之间游动的神态作为特写镜头反复叙写，"鱼在在藻，有颁其首"、"鱼在在藻，有莘其尾"、"鱼在在藻，依于其蒲"，以鱼的安闲、愉悦衬托出了贵族生活的安逸、富足。《唐风·蟋蟀》在"蟋蟀在堂，岁聿其莫"、"蟋蟀在堂，岁聿其逝"、"蟋蟀在堂，役车其休"的描写中，人们能从蟋蟀的鸣叫声中体会岁月的流逝，感受秋天的到来。

此外较多为诗人歌咏的还有流水，如《郑风·溱洧》中赞叹道："溱与洧，方涣涣兮"、"溱与洧，浏其清矣"。《曹风·下泉》写道："冽彼下泉，浸彼苞稂"、"冽彼下泉，浸彼苞萧"、"冽彼下泉，浸彼苞蓍"，这些都是对水的歌咏。

通过以上分析可见，《诗经》中有着丰富多彩的审美对象，从光彩奕奕的贵族，到贵族精致的服饰、发式，从车马的和铃声到身边的草木鱼虫等，周人用审美的眼光打量着身边的一切，在他们所关注的审美对象中寄予着他们的审美趣味。《诗经》中的这些美好景致，表现了诗人对生活环境的关注，也使我们认识到，周代贵族除了谨慎严肃的礼乐文化之外，还有着自然审美空间，诗人对自然之美已经有了一定的认识。诗是周代贵族艺术精神最为集中的表现形式。

下 编

贵族地位的危机与诗化
生活方式的衰落

春秋战国时期是贵族文化的成熟期、繁盛期，同时也是贵族的社会地位从盛到衰的转折期。在这一时期贵族的生活中，一方面是贵族的社会地位以及贵族的生活方式不断受到冲击；另一方面是贵族对等级礼制、贵族文化和贵族的生活方式的积极维持和张扬。这两个方面形成了贵族文化的张力状态。

第六章

贵族生活方式及其艺术精神
的嬗变

春秋时期的贵族生活状况集中体现在《左传》、《国语》以及《论语》等典籍中。从这些文献中，我们可以感到等级礼制依然是春秋时期贵族生活的大背景，但是春秋时期的礼乐氛围，已没有西周时期钟鼓齐鸣的喧闹和热烈，《左传》、《国语》中的礼乐之声也渐渐失去昔日的和谐。礼制虽然存在着，但礼制的内涵和礼制所维护的社会关系已经悄悄发生了变化。《左传》、《国语》中的历史主角已不是戴着灵光圈受到神灵呵护的天子和诸侯贵族，而是那些去掉了灵光圈的诸侯贵族和卿大夫。在《左传》、《国语》中记载着这些没有神化色彩的贵族在礼仪活动、日常生活中的种种样态。从《左传》、《国语》中，我们可以真切地感受到贵族生活方式在春秋时期的发展演变情况，也可以感受到贵族艺术精神的发展演变轨迹。

第一节　春秋时期贵族生活方式
发生演变的文化背景

一　贵族统治出现危机

春秋时期，铁器逐渐代替以石、木为主的农具，牛耕开始被普遍使用，水利灌溉有所改进，农业技术开始全面发展，大面积的荒田得到了开垦。生产力的发展最终导致了井田制的瓦解，原先公田上繁忙的劳动场面不见了，原先公田里庄稼一片丰收的景象衰落了。各国赋税制度的改革，进一步促进了井田制的崩溃。井田制是西周贵族体制存在的基础，当土地成为可以自由买卖和赠送的私有物品时，这就直接影响到贵族的统治基础。

首先是周王室的统治出现危机。迁都洛阳后的东周王室逐渐失去了对土地的控制权，只剩下王畿周围很少一部分土地，王室的衰落成为不可挽回的历史趋势。在统治权力方面，周平王东迁后，周王室失去天下共主的资格，而降到了一般诸侯的地位。周桓王时周、郑不和，周桓王组织和率领周、虢、蔡、卫、陈五国联军讨伐郑国，与郑战于繻葛。郑大夫祝聃射中桓王的肩膀。桓王伐郑，不但没有能显示出王权的威力，反而使天子的名义和威信受到进一步损害。周王室从此威风扫地，不再能号令诸侯。周惠王死后，襄王继位，襄王有异母弟王子带（叔带），他的生母惠后阴谋废弃襄王改立王叔带。在平定王叔带叛乱的过程中，周王室的力量进一步被削弱，而晋国为平定王子带之乱，速战速决，在诸侯中引起极大震动，在春秋时期最初一百年中默默无闻的晋国，从此活跃在政治舞台上，成为新时期诸侯中的领袖。神圣的王权统治开始让位于具有明确利益关系的诸侯联盟，霸主实际上代替了天子的统治地位。西周时"礼乐征伐自天子出"，及天子对诸侯拥有绝对权力的局面被颠覆了。

在各诸侯国内部，也程度不同地出现了诸侯统治的危机。各诸侯国公室逐渐失去土地和特权，并且无视天赋嫡子的神圣性和统治权，也无视血缘亲情，相互残杀的现象在春秋时期比比皆是。如郑国的共叔段占据自己的采邑领地京邑，准备攻打郑庄公；卫国的孙林父占据采邑领地戚而叛卫；晋国的赵鞅叛乱晋国；鲁国的"三桓"各自占据着采邑费、郈、成向鲁君闹独立。诸侯国的权力实际上已经掌握在一些世袭卿大夫手里。如卫之孙氏、宁氏，鲁之季孙氏、叔孙氏、孟孙氏，齐之国氏、高氏、崔氏、陈氏，晋之赵氏、魏氏、韩氏、智氏、范氏、中行氏等，都是春秋时有名的威慑其主的强宗世卿。

周代贵族统治的危机呈现出层层渗透的趋势。卿大夫手下的家臣也利用替卿大夫管理采邑领地的机会伺机向卿大夫闹独立。如晋国范氏的家臣佛肸占据中牟以抗击晋国的权卿赵简子，鲁国叔孙氏的家臣侯犯占据郈邑而叛叔孙氏，季孙氏的家臣公孙弗扰占据费邑而叛季氏。有些家臣不仅控制着卿大夫采邑领地内的权力，而且还能越过卿大夫去干预国政，如鲁国季孙氏的家臣就是"陪臣执国命"。贵族的等级制出现了巨大的危机。

二　贵族文化的社会转型期特征

贵族地位的衰微与贵族文化统治的衰微是相辅相成的关系。春秋时期，周天子以及各级诸侯贵族的统治基础受到了一定的冲击，但是以周天子为核心的贵族的地位和统治体制还没有发生根本性变化。周王的祭祀特权在春秋时期还一直保持着，社会矛盾还掩盖在礼乐体制之下。所以说春秋时期的文化，往往是两种相互矛盾的思想观念交织在一起，体现出明显的社会转型期特征，这主要表现在以下几个方面：

第一，对神秘统治意志的解构和敬畏意识同在。

天神观念是科学技术不发达，人对自然的变化怀着一种敬畏意识的情形下产生的。在生产力不发达，人们愚昧无知的历史条件下，对人格神的崇拜对于巩固贵族阶级的统治是极其有效的。但是，随着科学技术的发展，人们对自然的神秘感以及对天的神圣性就开始弱化了。公元前 524 年，天空出现彗星，有人建议子产用瓘斝玉瓒祭神以免除灾难，子产认为天道遥远，是不可实证的，所以不必相信天的存在。子产的观点正是在科学技术有一定发展的背景下的必然产物。可见自然科学的发展，以及人们思维能力的加强，减弱了天的神秘色彩。

天的神圣性是周天子进行统治的形而上依据，是宗法社会结构存在的理论基础。人们对天的存在的怀疑也促成了对天子统治地位的先验性、合法性的怀疑。从春秋时期开始，随着科学知识的增长，人们对天的自然属性有了进一步的认识，天逐渐从存在的形而上根据而变为对象化的实体。伴随着天的地位的动摇和下降，王权的神圣性渐渐失去内在根据，礼仪规范和人伦秩序也受到一定程度的冲击。西周时期普遍存在的对礼仪规范的遵循到春秋时期开始有所动摇，一系列违背礼制的行为引起人们的思想震动和反思。

但是，生产力的发展使人们对天和神灵的存在产生怀疑，这并不等于人们完全抛弃了对神秘力量的敬畏心理，事实是神秘统治力量的存在与人们对天的观念的解构同时并存。如《左传·僖公四年》记载："初，晋献公欲以骊姬为夫人，卜之，不吉；筮之，吉。公曰：'从筮。'"[1] 晋献公用卜筮的方式来决定行为

---

[1]　杨伯峻：《春秋左传注》，中华书局 1990 年版，第 295 页。

的取向，这是对神灵的认可，但是他又不完全认可神灵的意志。
这表现了春秋时期人们对天神观念的认可与否弃并存的状况。

就算是讲出了"天道远，人道迩"之类警世话语的子产，
也不是一个纯粹的唯物主义者。《左传·昭公十八年》记载：
"七月，郑子产为火故，大为社，祓禳于四方，振除火灾，礼
也。"① 由此可见子产并不是完全无视神秘力量的存在。

再如《左传·哀公六年》载，楚王得了重病，当时天上的
云彩像赤鸟一样围绕着太阳飞翔了三天。楚王就派人询问成周的
太史。从这一事例可以看出，春秋时期史官依然是处于天地之
间，能够感天通地的角色，人们还是希望在自然界发生变化或出
现天灾人祸等现象时，神职人员能够起到沟通天地神人的作用，
将天的意志告诉给人类。

所以说，随着生产力的发展，神秘统治力量受到一定的怀
疑，但是在春秋时期，人们的生活中依然有着浓厚的神秘文化色
彩。春秋时期贵族的生活中，既有着科学实证的理性思维，又有
着神秘的非理性思维的存在。

第二，亲情观念与对亲情的解构同在。

社会的转型期特征还表现在人们的亲情观念中。可以说，西
周是一个依靠亲情血缘关系构建起来的社会组织。但是到了春秋
时期，人们的生活中一方面继续表现出对亲情的认可，另一方面
利益的冲突又常常使亲缘关系被悬置起来。楚邓关系最能说明春
秋时期贵族亲缘关系的这一特征。《左传·庄公六年》记载，楚
文王伐申时路过邓国。骓甥、聃甥和养甥请求杀掉楚文王，并指
出将来灭亡邓国的肯定是楚国，但是邓祁侯并没有采纳三甥的建
议，他说，楚文王是我的外甥，我怎么可以杀掉他呢？邓祁侯不

---

① 　杨伯峻：《春秋左传注》，中华书局 1990 年版，第 1398 页。

但没有杀掉楚文王，而且还设宴招待楚文王。结果，楚文王伐申
回来时，就对邓国进行了征伐。庄公十六年再次对邓国进行征
伐，最后灭掉了邓国。这是一个重视亲族血缘关系与无视血缘亲
情同在的典型事例。《左传·僖公五年》也记载着类似的事件。
当晋侯要假道虞国而伐虢国时，虞国的大臣宫之奇指出不可使晋
的野心扩张。虞公却说，晋国是我们的同宗，难道还会加害于我
们？结果，晋国灭虢国后，返回的途中就灭掉了虞国。从以上史
实可见，亲缘关系在春秋时期虽然还存在着，但是春秋时期的利
益之争对亲族血缘关系形成了巨大的冲击。

　　第三，燕享之礼与厮杀同在。

　　燕饮和杀伐同在，这是春秋时期诸侯之间交往的一个特征。
《左传·桓公十八年》记载，鲁桓公为了修旧好，偕夫人到齐
国。桓公夫人与齐襄公私通，受到桓公的指责，桓公夫人将这一
情况告诉齐襄公。其结果是，齐襄公先宴享鲁桓公，然后让公子
彭生将鲁桓公杀死在车中。一代君主就这样在表示友好的燕饮之
礼后死于非命，甚至可以说，燕享之礼掩盖着残酷的杀害目的。
再说晋国，晋灵公年幼时，赵盾把持了晋国的政权。灵公长大以
后，就想去除赵氏的势力夺回政权，但是赵氏的势力盘根错节，
布满朝廷。晋灵公派力士钼麑行刺赵盾于私第，但没有成功。公
元前607年9月，灵公伏甲于宫中，召赵盾入宫饮酒，欲在宴前
擒杀赵盾。晋国的这次君臣政变也是以燕饮之礼为幌子的。再如
《左传·昭公十一年》记载，楚王伏甲而宴享蔡侯，并执而杀
之，这又是一起暗藏着杀机的燕享事件。《左传·定公八年》记
载，阳虎"将享季氏于朴圃而杀之"①，依然是在燕享之礼的遮
掩下进行的厮杀。从这些史实可以看出，春秋时期的贵族生活

———————————

　　①　杨伯峻：《春秋左传注》，中华书局1990年版，第1568页。

中，杀机就暗藏在觥筹交错的燕饮之中。揖让周旋的礼乐文化与杀伐同在，这是春秋时期贵族文化转型期的又一特点。

通过以上几个方面，可以深感春秋时期各种观念交织并存的时代特征，贵族的礼乐文化依然具有一定的势力，但受到一定的冲击。社会表现出明显的转型期特征，这是贵族生活方式发生演变的文化背景。

第二节　礼仪化生活方式和诗性情怀的 维持与衰微

周代贵族创造了辉煌的礼乐文化，这一文化形态发展到春秋时期走向成熟，同时也呈现出衰微的趋势。这一节我们对贵族生活方式中的礼仪之美与违背礼仪的行为方式进行论述。贵族文化在春秋时期的交融性的一个典型表现就是贵族行为方式中有着符合礼仪规范的从容和优雅，又有着对礼仪的无知和僭越。

一　礼仪化行为方式的维持

春秋 242 年的历史中，贵族文化的确面临着种种危机，但总体来说，这一历史时期的主流文化还是贵族文化。这一方面是贵族文化经过了长期积淀后的一种必然结果；另一方面也是因为，贵族在文化危机面前表现出一种抗争之势，使贵族文化反而更加典型和突出。春秋时期贵族文化发展到它的最高点，春秋时代常为后世所仰慕与敬重。正如钱穆所说："春秋时代，实可说是中国古代贵族文化已发展到一种极优美、极高尚、极细腻雅致的时代。"[①] 春秋时期贵

---

① 钱穆：《国史大纲》，商务印书馆 2005 年版，第 71 页。

族的礼仪美主要表现在以下两个方面。

（一）春秋时期贵族生活中的礼仪美

春秋时期，周天子失去天下共主的权威性，各诸侯国之间的关系，就要靠不断地征战、朝聘与会盟来维系。列国之间的战争时有发生，但是列国之间的礼尚往来、交际酬酢也非常频繁。并且在朝聘、会盟与征战中，遵循礼仪的行为依然广泛存在。这些符合礼仪的举止中显示着贵族的精神气质。时隔千年，在一些文献记载中，透过字里行间，我们还能真切地体会到贵族交往仪式的考究，以及各种仪式中贵族的仪态之美，还能体会到贵族生活的礼仪化特征。

《左传·襄公二十四年》记载，鲁国的大夫穆叔到晋国去朝聘，在聘礼中，晋国首先派国卿范宣子穿着朝服拿着束帛到郊外慰问。《左传·桓公九年》记载，鲁国享曹太子时，行初献礼，并奏乐。《左传·襄公二十九年》记载，范献子来聘，鲁国还以较为完整和隆重的礼仪来接待范献子。展庄叔按礼制规定在主人劝宾客饮酒时送束帛作为酬币。享礼之后，鲁国还举行了射礼，尽管射者三耦中公臣不足，还需要取于家臣，但至少说明当时贵族之间的朝聘还有较为完整的礼仪。还有《左传·僖公三十年》记载："冬，王使周公阅来聘，飨有昌歜、白黑、形盐。辞曰：'国君，文足昭也，武可畏也，则有备物之飨，以象其德；荐五味，羞嘉谷，盐虎形，以献其功。吾何以堪之？'"① 从此段记载可以看出春秋时期诸侯之间的聘问和宴享还是很讲究的，就食物来看，有菖蒲根制作的腌菜，有稻米和黑黍米熬的饭，并且还有非常讲究的虎形盐。在宴享开始前，周公阅非常委婉地推辞，说自己不堪如此贵重的宴享。虽然《左传》的记载比较简略，但

---

① 杨伯峻：《春秋左传注》，中华书局1990年版，第482页。

通过这只言片语还是可以想见贵族交往礼仪中言辞的委婉和举止的文雅，以及食物的精美。

这些文献记载都说明，虽然礼乐文化在春秋时期发生了很大变化，但是一些主要的礼仪形式依然在诸侯国之间长久地存在着。对贵族而言，虽然礼仪的社会基础发生了动摇，但是他们依然坚持着，维护着，希望通过行为上的符合礼仪来表明自己的贵族身份；另一方面，传统文化具有一定的延续性，贵族社会还以是否符合礼制规范作为衡量一个人是否具有修养的标准。朝聘和会盟活动中，贵族的言谈和举止符合礼仪规范依然是那个时代独具特色的审美追求。

在贵族的交往仪式中，文雅、谦和以及程式化是礼仪用语的主要特色。当语言具有程式化的特征时，它就在一定程度上超越了传达实用信息的作用，而成为一种具有表演性和可欣赏性的艺术化语言。即礼仪程式中的语言具有一定的艺术韵味，人们在这种外交套语中传达的主要不是实用的信息，而关注的是操作这种语言的人的神情、声腔和仪态之美。《左传·文公十二年》记载，秦伯使西乞术来聘鲁，同时商量伐晋的有关事宜。《左传》着重记载了这一次聘问仪式中的辞玉仪式。当西乞术带着圭、璋之类的礼器来到鲁国时，襄仲作为主国的摈，到庙门之外辞玉。襄仲说："君不忘先君之好，照临鲁国，镇抚其社稷，重之以大器，寡君敢辞玉。"襄仲的欢迎词是一段客套话。秦使者对曰："不腆敝器，不足辞也。"① 秦使者的回答也是礼仪中的套语，但回答得非常恰当、稳妥，符合礼仪规范。于是主人三辞，宾答拜，然后又是一番谦和的辞让和美好的祝愿，辞玉仪式才算完成。这种辞玉的仪式，具有典型的程式化特征，襄仲和秦使者西

---

① 杨伯峻：《春秋左传注》，中华书局 1990 年版，第 588 页。

艺术的对话基本都是礼仪中的套语，但是正像诗歌中的重章叠句或像戏剧中的程式化表演一样，程式化重复的语言也具有一定的艺术韵味。贵族的客套之中，同样包含着值得细细品味的内蕴，反过来讲，如果去掉这些重复和客套，生活变得简单了，但人的生活也将变得枯燥没有滋味。还有《左传·昭公二年》记载鲁叔弓到晋国去聘问，晋侯按照礼制规定派人到郊外慰劳鲁使者，叔弓辞谢道："寡君使弓来继旧好，固曰：'女无敢为宾'，彻命于执事，敝邑弘矣，敢辱郊使？请辞。"[1] 晋臣请叔弓入住宾馆，叔弓又按礼辞谢曰："寡君命下臣来继旧好，好合使成，臣之禄也。敢辱大馆！"[2] 这次聘问的郊劳双方都表现出了贵族外交中的谦让和翩翩君子风度，呈现出春秋贵族行为的礼仪美。礼节中的言辞同样是礼仪中具有程式化性质的套语，但是正是在这程式化的语言中，贵族的谦和以及外交礼节的严肃和郑重得到了体现。反过来讲，如果去掉这些看起来多余的外交语言直奔主题，那么，外交活动也就少了一些直接功利目的之外的含蓄和委婉，少了一些具有艺术气质的东西。

除了贵族外交语言的程式化审美特性之外，贵族交往礼仪中的行为也表现出超越实用功利的仪态之美。如《国语·周语》记载："晋羊舌肸聘于周，发币于大夫，及单靖公。靖公享之，俭而敬，宾礼赠饯，视其上而从之，燕无私，送不过郊。语说'昊天有成命'。"[3] 单靖公的行为俭而敬，在享礼中的一举一动、一言一行都符合礼仪规范，这引起了叔向的感慨和称赞。公元前651年齐桓公在葵丘会盟诸侯，并订立了一系列诸侯共同遵守的

---

① 杨伯峻：《春秋左传注》，中华书局1990年版，第1229页。

② 同上。

③ 徐元诰：《国语集解》，中华书局2002年版，第102页。

盟约。此次会盟时，周襄王还派宰孔赐给桓公祭祀文王、武王的
祭肉、彤弓、矢和车辆等，并要他接受赏赐时不必下拜，以示对
桓公的褒奖。《左传·僖公九年》记载，周王使宰孔赐齐侯祭祀
完宗庙的祭肉，齐侯将下阶答拜。宰孔说，天子有命，你作为天
子的伯舅，又到了耄耋之年，就不必为接受祭肉而行下拜之礼。
即使这样，已经耄老的齐桓公还是先降于两阶之间，北面再拜稽
首，然后升堂，又再拜稽首，再受赐。齐桓公接受赏赐的礼仪有
板有眼，将贵族行为的礼仪之美呈现于我们面前。能够恪守礼
仪，这也正是齐桓公能够称霸的原因之一。

在春秋时期人们的内心深处，遵循礼仪规范是天经地义的事
情，如果对礼仪有所违背，自己会深深感到不安。《左传·僖公
三十三年》记载，在文嬴的请求下，晋襄公放掉了秦国的三个
将帅孟明视、西乞术和白乙丙。晋大臣先轸朝见，问到秦囚的情
况，当得知襄公已经放走了秦囚时，非常气愤，甚至在国君的面
前，"不顾而唾"[1]。在尊长之前吐痰擤鼻涕，这在当时是严重的
违礼行为。这一情急之下的行为也给先轸带来了沉重的精神负
担，以至于在狄人入侵时，先轸说："我在国君面前逞匹夫之
志，而君没有惩罚我，难道我自己也不惩罚自己吗？敢不自讨
乎？"于是，脱掉头盔，闯入狄师，最后战死。可以想见，一次
违礼的行为给先轸造成了多么大的精神痛苦，以至于他要用放弃
生命来取得心理的平衡。也可见礼的约束力在当时还是相当强大
的，先轸用自己的生命维护了礼的尊严和神圣。

从以上分析可以看出，春秋时期贵族的交往中还有着较为完
备的外交礼仪活动，贵族外交礼仪中的行为举止基本都符合一定
的礼仪规范，具有程式化的艺术表演性质。在这些礼仪中，贵族

---

① 杨伯峻：《春秋左传注》，中华书局1990年版，第499页。

的言辞基本都是外交礼仪中的套语，但是这种套语对于外交礼仪来说，不是多余的，相反，这些外交辞令使外交礼仪具有不同于日常交往的庄重性和严肃性，并且，外交辞令也成为一种可以欣赏的艺术化语言。符合礼仪规范的行为是人们追求的行为风范，外交礼仪是展示贵族行为之美和维护各诸侯国之间友好关系的基础。

（二）贵族战争中的礼让精神和诗意情怀

古往今来人间有无数次战争，但是不同的历史时期，不同的人，其战争的方式也是不同的。春秋时期的战争常常是为礼而战，在战场上贵族们也遵循着礼仪规范。礼仪的存在使春秋时期的战争多少带有审美超越性，似乎所进行的不是刀光剑影的厮杀，而是温文尔雅的行为艺术。并且，战争中的贵族还追求着具有审美性的活动，如外交中的赋诗言志、弹琴唱歌等。

1. 贵族战争中的礼让精神

周代贵族的战争都遵循着一定的礼仪规范。如出师前要到太庙举行祭祀和占卜，用牲、币祭祀祖先，告知将要出兵之事，祈求祖先的佑护。出征前要告庙，还要"迁祖"，即将祖先的牌位奉祀于军中。在战前的准备工作中，要准备鼓乐。战争生活是西周乃至春秋时期贵族生活的一个缩影，它表明了贵族的生活始终具有形而上的精神层面，战争不是纯粹的物质利益之争。从这些出征前的仪式，可以看出周人的战争中始终有着神灵的陪伴，充满对神灵的敬畏，具有神秘色彩。

由于遵循着一定的礼仪规范，所以即使是在刀光剑影的战场上，贵族们的行为还是表现出了难得的艺术气质和贵族所特有的儒雅之气。《左传·成公十六年》记载，鄢陵之战中，郤至三次遇到楚共王都下车，脱下头盔，向前快走，以表示恭敬。楚共王使臣下工尹襄以弓作为礼物送给郤至，并且询问这个身着浅红色牛皮制作的军衣的君子是否受伤。楚共王的举止也体现了贵族的礼仪之美。郤至的回答是非常委婉而符合礼仪的，他说："君之外臣至从寡君之戎事，以君之灵，间蒙甲胄，不敢拜命。敢告不宁，君命之辱。敢肃使者。"① 接着郤至对楚共王的使者行三次肃拜之礼。楚共王和郤至的言谈举止、举手投足都展示着春秋贵族和缓、宁静的风采，常使人怀疑这是战场还是表示友好的外交活动。

贵族战争中还遵循着不辱国君的礼仪规范。国君是一个国家社稷的代表，在等级制下，不仅平时要受到尊敬，在战场上也要礼遇，不可轻易伤害。如繻葛之战，郑祝聃"射王中肩"，并欲乘势俘获周桓王。郑庄公坚决反对，他说："君子不欲多上人，况敢陵天子乎！"② 对天子的礼让，表现出郑庄公的贵族涵养，以及对周天子地位的认可。又如鞌之战中，齐国大败。齐顷公的车右逢丑夫为了保护国君，与齐侯换了位置，而韩厥没有看清，当齐侯的战车被树木挂住时，韩厥误把逢丑夫当成齐侯，对他再拜稽首，献上酒杯玉璧。可见，在战争中，即使对待敌国的君主也会毕恭毕敬地献上酒杯玉璧，表现出贵族的教养和礼仪风范。在你死我活的战场上，双方竟如此彬彬有礼，这是春秋时期贵族战争的特点。也正是不伤天子和国君的礼仪规范使春秋贵族的行为表现出温和的礼仪之美。

春秋时期作为讲求礼仪的贵族社会，对德才兼备、敬奉礼仪的君子也是尊而敬之、礼遇有加的。《左传·成公二年》记载，晋齐鞌之战中，晋韩厥虽处于车夫的位置，但齐国的邴夏从韩厥的仪态一眼就看出韩厥是贵族，邴夏说："射其御者，君子也。"

---

① 杨伯峻：《春秋左传注》，中华书局1990年版，第887页。
② 同上书，第106页。

齐侯说："谓之君子而射之，非礼也。"① 射其左，越于车下，射其右，毙于车中。从这一段文献来看，就会发现，第一，贵族即使是处于御者的位置，也一样可以表现出贵族的精神气质，也能被人一眼就认出是贵族；第二，齐侯说不射君子，表明在战争中，贵族的精神不仅表现为一种仪态上的与众不同，而且还表现为对一定礼仪规范的遵循。

《国语·周语》中记载，鲁僖公二十五年，周襄王因为晋文公保周室有功，赐给晋国阳樊之地，阳樊人不服，晋国准备攻打。阳樊人仓葛在城上大呼"臣闻之曰：'武不可觌，文不可匿；觌武无烈，匿文不昭'"，晋文公闻听此言，赞叹道"是君子之言也"，竟因此而解除了对阳人的包围。可见，在战场上，贵族依然具有超越精神。我们将这种超越于实用功利目的之上的精神称为艺术精神。

春秋时期的战争不伐有丧之国，不乘人之危，这也是贵族涵养的体现。《左传·僖公二十七年》记载："夏，齐孝公卒。有齐怨，不废丧纪，礼也。"② 即当齐孝公死后，即使齐国曾两次伐鲁，鲁国也不会乘人之危攻打齐国，甚至还会去齐国吊生送死。《左传·襄公四年》记载："三月，陈成公卒。楚人将伐陈，闻丧乃至。"③ 《左传·襄公十九年》记载："晋士匄侵齐，及穀，闻丧而还，礼也。"④ 这些记载都说明贵族战争具有人文精神，他们认为战争是为礼而战，而不是要放任自己的杀伐欲望。

春秋时期战争常常是为了表达对礼的维护，而不是为了灭掉他国。因而不灭国绝祀是贵族战争的又一个特征。《左传·宣公

---

① 杨伯峻：《春秋左传注》，中华书局 1990 年版，第 793 页。
② 同上书，第 444 页。
③ 同上书，第 932 页。
④ 同上书，第 1049 页。

十二年》记载，楚国打败了郑国，郑襄公肉袒牵羊前来表示臣服，楚国就不再灭掉郑国，而是与之讲和。可见当时的战争目的并不以斩祀杀厉、置人于死地为快。甚至在战场上杀人后也要掩其目。《礼记·檀弓下》记载楚国的工尹商阳"每毙一人，掩其目"，难怪孔子慨叹："杀人之中，又有礼焉。"① 从这些文献记载可见，春秋时期的贵族战争中道义礼信有着重要的地位，贵族战争具有超功利性的成分。

战争结束后，还有一系列的礼仪活动。一般来讲，军队打仗班师回国，还要祭告宗庙和社神，并举行献捷、献俘等仪式。礼仪活动伴随着战争的始终，战争中的双方都基本遵循着一定的行为规范，这使春秋时期的战争具有一定的儒雅文化色彩，战争中有着贵族的礼仪之美。而神灵在战争中的存在，又为贵族战争添上了神秘的文化氛围。

2. 贵族战争中的诗乐精神

春秋时期的战争中更令人惊叹的是，贵族们在战场上竟然还会表现出赋诗、论理甚至是弹琴、献麑这样的儒雅举止。在有关春秋时期战争的记载中，有不少赋诗言志的记载。如在诸侯联盟跟从晋国伐秦的战争中，晋侯待于境，使六卿率诸侯之师到达泾阳，诸侯之师不肯渡泾河。鲁国的大臣叔孙豹为晋国的叔向赋了《诗·邶风·匏有枯叶》，叔向就退而准备过河的船，鲁人、莒人就先渡河。在伐秦的战争中，这一段外交辞令，简直就像打哑谜。其实，这是因为他们都具有共同的文化背景，都知道在这种语境中赋《匏有枯叶》，就暗示将要渡河。因为古人渡水，常把大葫芦拴在腰间，作为渡河的辅助工具。叔孙豹赋这首诗取其渡河这一含义，双方都能够心领神会。看来战争中既要有运筹帷幄

---

① （清）孙希旦：《礼记集解》，中华书局 1989 年版，第 284 页。

的胆识和魄力，还要具备一定的文化修养。

从《左传》记录的战争情况来看，贵族的战争常常富有戏剧性。《左传·宣公十二年》记载，在楚国和晋国的战争中，楚王让许伯、乐伯、摄叔去向晋军挑战。这三个人一路走，一路说着各自对挑战方式的理解。许伯说，致师就是要疾驰至敌军阵营而后快速返回，并且车上的旗帜以及车辕都要倾斜，以示所向披靡；乐伯说，致师就是当车左和车右都进入敌军阵营后，作为御者，等待在敌军阵营外，非常悠闲地将两匹服马与两匹骖马排列好，使它们之间不至于参差不齐；而摄叔说，他所理解的致师就是，车右进入敌军阵营杀死敌军，取其左耳，生俘敌人，然后返回。到了晋军阵营，三个人果真都实践了自己对致师的理解，然后返回。许伯、乐伯、摄叔三人似乎不是在参战，而是在进行一场游戏，并且三人的确也是以游戏的心态来完成任务、履行职责的。

在许伯等三人返回的途中，晋军兵分三路对楚国的挑战者进行左右夹攻。这时，乐伯左射马而右射人，使晋军不能逼近，最后剩下一支矢时，乐伯看见一只麋鹿出现在前面，一矢射中麋鹿，使摄叔奉麋鹿献给正当其后的晋军将帅鲍癸，并说："以岁之非时，献禽之未至，敢膳诸从者。"楚国挑战者的行为使晋军将帅鲍癸佩服，因而鲍癸使左右停止追击，并说，楚军的车左善射，车右言辞彬彬有礼，他们是真正的君子。楚军挑战者的行为举止所赢得的是晋军将领的欣赏，并且认为这是君子的举止而不予以追击。献麋的行为使贵族的战争充满了戏剧性，耐人寻味。晋军将领对楚军行为举止的鉴赏心态，更是令人慨叹不已。

同样，当楚国的潘党追赶晋国的挑战者魏锜至荥泽时，魏锜看到六只麋，就射一麋回头献给潘党，并委婉地说，您有军事行动，掌管狩猎的官员不可能不供给足够的鲜禽兽，那么就将这只麋鹿献给您的从属吧。潘党听了这话也就不再追击了。这是春秋战争中的一个个小插曲，不过，从中我们也可对春秋时期贵族在战争中所表现出的从容和优雅气质略知一二。

《左传·襄公二十四年》所记载的战争状况，为我们展示了贵族性情的另一个侧面。襄公二十四年的冬天，楚国伐郑以救齐，军队先攻打了郑国的东门，然后驻扎在棘泽，这时诸侯联军准备救郑。晋侯使张骼、辅跞向楚国挑战，让熟悉郑国地形的郑人宛射犬作为二位的御师。但是，作为大国的晋国人自以为是，对郑国联军有些瞧不起，所以，大叔对宛射犬说，你可不能与大国的人平起平坐，就像小土山上生不出大树一样，小国是不能与大国平等的。宛射犬说，国与国之间不在于兵的多少，我为御，自然在车右，车右之上各国平等。宛射犬表现出不亢不卑的精神，但这也改变不了晋国将领对郑国的轻视。张骼、辅跞坐在帐幕中时，就使宛射犬坐在帐幕之外。进餐时，张骼、辅跞食毕，才能轮到宛射犬用餐。去楚国军营的途中，张骼、辅跞让宛射犬独自驾驭着进攻敌人的广车，而他们自己则乘坐着平日所乘的车。将近楚国兵营时，二位才舍弃自己的车子而乘坐宛射犬所驾驭的广车。这一系列举动都表现出了作为大国将士对弱小国家的轻视。尤其是在广车上，张骼和辅跞更是表现出了大国人的优越和优雅。他们一路上都蹲在车后的横木上弹着琴。然而，在临近楚国兵营时，宛射犬没有提前告知二位，忽然加快速度，驱车而入，使二位优雅的将领急忙从囊中取出头盔戴上，在没有思想准备的情况下就进入楚营展开搏斗，还没等二位反应过来是怎么回事，宛射犬又独自驰车冲出敌人兵营，二位措手不及赶紧追了出来，跳上车，并抽出弓箭射击追上来的敌人。脱险后，二位又开始蹲在车后的横木上弹琴，并且幽默地对宛射犬说：咱们是一伙的，怎么你行动的时候也不跟我们商量一下？宛射犬既已捉弄了二位，加之都是诸侯同盟，所以也悠然地回答说，第一次不告而驰，是因为一心想着怎样突袭敌营。第二次不告而驰，是因为害怕敌军追上来。这是多么无懈可击的回答。但是，大家彼此心里都很清楚这不过是一个漂亮的托词而已，所以相视而笑，张、辅二人只得说公孙的性子好急呀！这一段关于战争的描写，将贵族的优雅、从容、幽默以及对地位不如自己的人的不带恶意的轻视描写得淋漓尽致，将春秋贵族在战争背景下的举手投足中的艺术气质活脱脱地呈现了出来。

　　贵族的儒雅精神贯穿于整个战争之中，但是列国之间越来越激烈的战争，毕竟不是展示贵族修养的舞台，也不是诸侯贵族的殿堂，而是两军厮杀的角斗场，因而贵族的行为方式越来越与打着礼的幌子而进行的利益之争的战场背景不相协调。于是在诸侯相互兼并的战场上，春秋时期贵族的谦谦君子之气就逐渐显得不合时宜。如前所述，成公二年晋齐鞌之战中，齐顷公不让邴夏射韩厥，最后被韩厥追上，差点被俘。这就是齐顷公遵循礼仪规范的结果。还有楚与宋之间的泓之战简直就成为千古笑柄。《左传·僖公二十二年》记载，宋伐郑，楚救郑攻宋，在楚宋之间摆开阵势，宋人既已成列，楚人还没有完全渡过泓水。宋司马说，敌众我寡，不如趁敌军还没有渡过河，我们就开始攻击。宋襄公说，不可以。等到楚军渡过了河水，还没有成列，司马又请求出击，宋襄公还说不行。直等到楚军整好了军队，宋国才出击，结果被楚军打了个大败。宋襄公本人的大腿上也中了一箭，只好狼狈逃窜。宋人和楚人的战争，宋襄公在楚军还没有渡河时，不愿意出击，是因为坚持不能乘人之危的原则。在楚军已经渡河，但还没摆好阵势时，也不出击，是因为要遵循不打不仁义之仗的原则。当国人责备宋襄公时，宋襄公说："君子不伤害已经受伤的人，不擒毛发斑白的人。寡人虽亡国之余，但不攻打没有排列好的军阵。"宋襄公的确讲出了贵族战争的规范。宋襄公是殷代贵族微子启的后裔，微子启是商纣王的庶兄。显然，宋襄公身上有着浓厚的旧贵族的礼仪精神。但旧贵族的行为规范，在你死我活的战争面前只能成为致自己于死地的教条。泓之战说明贵族的礼仪规范和贵族原有的谦让精神在越来越激烈的诸侯国之间的利益冲突中失去实际的价值，温文尔雅的贵族行为将被列国的纷争击得粉碎，贵族的行为方式必将失去现实意义而成为历史。

（三）社会舆论对礼仪化生活方式的维护

春秋时期，礼在人们的生活中还占有重要的位置，而且，人们时常以礼作为标准评论一个贵族的行为，预测他的前途和命运。如《礼记·檀弓上》记载：将军文子的丧事，已经服满除丧了，越人因为路途遥远，消息闭塞，故此迟来吊丧。文子的儿子作为孝主穿着深衣，戴着练冠，流着眼泪在家庙中等待。子游看了之后，说将军文氏的儿子的做法接近了完美。这是不在常礼中的礼了，他的举动却是那样恰当。从这则记载中我们可以看出周人的举止和言谈都是受到他人关注的，同时，也是大家批评或者欣赏的对象。

春秋时期，人们常常根据一个人的行为是否符合礼仪，来推断他是否有前途。《国语》记载，柯陵之会，单襄公看到晋厉公"视远步高"，听到晋三郤言语盛气凌人，就断定晋国将有祸乱。《左传·僖公三十三年》记载："秦师过周北门，左右免胄而下，超乘者三百乘。"[①] 王孙满当时尚幼，就能够从秦师无礼的表现中看出秦师必败的结果。《左传·昭公二十五年》记载，叔孙昭子聘于宋，宋公享之，赋《新宫》，叔孙昭子赋《车辖》。第二

---

① 杨伯峻：《春秋左传注》，中华书局 1990 年版，第 494 页。

天宴礼中饮酒正当高兴处，宋公使昭子坐在自己的右边，以便于交谈。在交谈中两个人相对而泣。乐祁相礼，看到这种情形，出来以后告诉别人说，这两个人可能都离死不远了，听说，哀乐而乐哀，都是丧心的表现。心之精爽，是人的魂魄。魂魄已经离开了，怎么能长久呢？乐祁就是通过观察宋君与叔孙昭子的行为而推断这两个人内心都没有了昂扬的魂魄，认为这是一种行将死亡的征兆。《左传·定公十五年》记载，邾隐公来朝。子贡就观察到："邾子执玉高，其容仰；公受玉卑，其容俯。"子贡由此推断，邾隐公和鲁定公都要死亡。因为"夫礼，死生存亡之体也，将左右、周旋，进退、俯仰，于是乎取之；朝、祀、丧、戎，于是乎观之。今正月相朝，而皆不度，心已亡矣。嘉事不体，何以能久？高、仰，骄也；卑、俯，替也。骄近乱，替近疾，君为主，其先亡乎！"① 通过仪容举止来观察和透视一个人的内在精神世界，并予以评论，体现了社会舆论对礼仪生活方式的维护。

比较典型的事例还有，虢之盟时对楚公子围穿着华丽一事的观察和评论。《左传》记载昭公元年虢之盟时，楚公子衣着华贵，装扮得像国君一样，还带着执戈的卫兵。看到这种现象，叔孙穆子说："楚公子美矣，君哉！"郑子皮说："二执戈者前矣。"蔡子家说："蒲宫有前，不亦可乎？"② 楚公子不合身份的华丽服饰，引起了其他人的纷纷议论。体现了社会舆论对礼仪规范的维护。

春秋时期，观察和评论一个贵族的行为是否符合礼仪，这表明礼依然是人们遵循和追求的行为美学标准，也体现了礼的衰微与对礼的维护同时存在的时代特点。

---

① 　杨伯峻：《春秋左传注》，中华书局1990年版，第1601页。
② 　同上书，第1202页。

二 礼仪化生活方式的衰微

礼的观念的演变深深地影响着春秋时期贵族的生活方式和价值观念的选择。礼既是人们力求抛弃的精神枷锁，又是贵族证明自己身份和修养的凭证。春秋时期的贵族在礼的是是非非中艰难地摸索着、痛苦地思索着。

（一）礼与仪的分离

礼与人的隔膜是从礼的内涵的改变开始的。礼的含义非常宽泛，既是国家的法令制度，又是人们遵循的行为规范，还是社会风俗习惯。总体来讲，在西周时期，礼维护的是以周天子为核心的贵族的等级体制，礼所要达到的目的是上下尊卑、君臣父子之间和谐有序的状态。礼的外在表现形式有三种：一是各种礼仪中人们的举手投足、周旋揖让；二是舆服旌旗、宫室器用等依照等级的安排；三是礼乐的等级划分和场合划分。礼正是通过这些外在形式达到协调社会群体的内在目的。礼应当是这几个层面的有机体。

到了春秋时期，随着礼维护的对象的变化，礼的含义发生了很大变化。在西周时期，礼所维护的是以天子为核心的贵族集团的利益，而到了春秋时期，礼成为维护诸侯国的利益，以及诸侯霸主地位的砝码。与天子的天赋权力不同，霸主的地位是需要积极争取的，是需要不断加以维护的，礼在维护诸侯霸主和各诸侯国利益的过程中，就逐渐演变为带有契约性质的理和信。如诸侯会盟时约定，大国要庇护小国、小国要侍奉大国，如果违背了这一原则，就会引起诸侯国之间的征战。《左传·僖公元年》记载："凡侯伯救患、分灾、讨罪，礼也。"[1] 就是约定诸侯国之间

---

[1] 杨伯峻：《春秋左传注》，中华书局1990年版，第278页。

要救患、分灾、讨罪。由此可见，礼在新的历史时期是和信誉联系在一起的，具有诸侯国之间为维护共同利益而形成的契约性质。《左传·成公十五年》记载，楚国准备攻打晋国，楚国的大夫子囊说，刚刚与晋结盟，就违背盟约，这样做合适吗？子反说，对自己有利就进攻，不利就后退，和盟约有什么关系。申叔时听了后，说子反可能要倒霉了。诚信才能守礼，礼才能保护自己的利益，现在诚信和礼都没有了，想免于灾难，能行吗？从子囊、子反和申叔时三人的态度中，我们可以看出：第一，礼在春秋时期具有契约性质，信就是礼。失信，就是无礼。第二，这种契约关系也时常被急功近利的处事方式所毁坏。第三，作为信的礼的毁坏经常是引起诸侯国之间战争的原因。总体来说，礼在春秋时期的侧重点已经不是贵族应当如何举手投足、有怎样的仪容、在具体的礼仪中如何去做的行为规范等，而成了诸侯国之间协调关系的契约。礼就是理，就是信，就是在盟会中制定的协约。

但是礼作为仪式的意义还存在着，于是礼在春秋时期渐渐分化为两套观念，即仪式化的礼和作为诸侯之间契约的礼。礼与仪的分离成为影响春秋时期贵族生活的一个重要因素，也成为人们讨论、思索的重要内容。《左传·昭公五年》就有关于礼与仪的讨论。鲁昭公到晋国去，从慰劳酬答到赠送礼品，全合乎礼仪，没有失礼的行为。但女叔齐却指出，鲁君哪里知道礼，鲁君所践行的只是仪式而已，而不是礼。在女叔齐看来，礼，就是能保守住自己的国家，推行政令，从而获得人民的拥护，这就是礼。至于从郊劳到赠贿的所有活动，都是礼仪而已，而不是礼。由此也可见，举止行为上的符合礼仪的价值已不受时人重视。《左传·昭公二十五年》还有关于礼与仪的讨论。当赵简子向子大叔问揖让、周旋之礼时，子大叔说，这是仪也，非礼也。接着子大叔指出，顺乎天地自然才叫懂礼的观点。同样《礼记·乐记》提出："乐者，非谓黄钟大吕弦歌干扬也，乐之末节也，故童者舞之；铺筵席，陈尊俎，列笾豆，以升降为礼者，礼之末节也，故有司掌之。""黄钟大吕弦歌干扬"，以及"铺筵席，陈尊俎，列笾豆"等，是礼的外在形式。当礼的这些形式被否定时，礼乐文化文饰化的突出特征就遭到了质疑，这实际上是对礼作为仪式的否定。

礼与仪的讨论意味着，一直为贵族所重视的行为的规范性和仪式化的生活方式在春秋时期逐渐不为人们所看重。仪式化是周代贵族生活方式的重要特征，当礼与仪式不再是一回事时，当礼与一定的仪式相脱离，礼侧重于理和信时，由礼乐所烘托的贵族交往氛围逐渐失去诗化的境界之美，礼仪中的诗性精神就逐渐衰落，周代贵族的生活方式和思想观念也将发生较大的变化。

（二）礼仪与人的隔膜

虽然在贵族的生活中有对礼仪规范的积极维护，但是随着列国之间冲突的加剧，社会生活的进步，以及礼与仪的分离，礼仪不再是人的必然的生存模式，甚至渐渐成为与人的生存相隔膜的外在约束，于是大量出现无视礼仪或僭越礼制的行为。仪式化生活方式的衰微最终将成为不可挽回的历史趋势。礼仪与人的生存的背离主要表现为以下几种情况。

1. 礼仪的陌生化

当列国之间的矛盾越来越激烈时，面临着生死存亡的斗争，人们就无法过多地顾及礼仪规范的问题，同时也是因为生产力的发展，生活节奏加快，礼的繁文缛节越来越不适合时代发展的需要了，礼仪渐渐不为人们所熟悉。宣公十六年冬，晋侯使士会调和周王室诸卿士间的矛盾，周定王享士会，周大夫原襄公相礼。士会不懂折俎之礼，当献上切碎的带骨肉时，士会不解其故，私下问这样做的缘故。周王听到后说，季氏，你没有听说过吗？王室宴请公侯用体荐，即将半个牲体置于俎上。体荐不煮熟，不能食用，因而缩礼之上主宾不饮不食，设酒肴仅为表示隆重；王室宴请世卿用折俎，即将牲体切碎，连肉带骨置之于俎。天子招待诸侯则设享（缩）礼，招待诸侯之卿则设宴礼。这是王室的礼制。士会听了这番话感到很不好意思。他不懂得献上体荐，这意味着周王将他作为世卿来招待，而士会只是一介大夫。因为在盛大宴会上往往要按照比客人实际身份高一等的礼仪规格予以招待。士会听了周王的话也颇受启发，回到晋国开始请求修晋国的礼法。可见，在春秋时期，贵族对礼制的规定已经相当陌生。

《左传·昭公七年》记载，鲁昭公到楚国去，经过郑国国境时，郑伯在都城门设宴慰劳鲁昭公一行，孟僖子作为鲁君的副手，竟不能赞引鲁昭公行酬答主人之礼。到楚国后，楚灵王在都城郊外举行欢迎仪式，孟僖子又不懂得如何辅佐鲁君行答郊劳之礼。可见，到春秋后期，礼仪依然存在着，但是人们对礼仪已经开始感到陌生。

由于对礼的无知，在礼仪活动中，人的行为就显得不再从容和协调。《左传·昭公十六年》记载，晋韩起聘于郑，郑伯举行享礼。郑国的大臣子张按礼本应先到场，他不但后于主宾到场，而且站到了宾客的位置上，受到阻拦后，不得已只好站在客人的位置之后，然而又被执政推到一边，最后被挤到放置钟磬等乐器的悬间。子张不懂礼仪的尴尬引起客人的嘲笑。子张失位是贵族礼仪活动中的一个不和谐的音符。这意味着贵族的生活中还有着一定的礼仪秩序，但是也有一些人不懂礼仪，不能非常自然地融于贵族社会之中，而显得卑微。

礼仪在春秋时期的陌生化，使贵族的行为逐渐不再具有举手投足之间的优雅。这意味着贵族的礼乐文化在新的历史时期渐渐退出人们的审美视野。

2. 强权使礼仪变形，使仪式之中的人变得猥琐

春秋时期礼仪虽然还依然存在着，但是，礼仪时常被强权所扭曲，礼仪维护贵族等级的作用遭到一定的破坏，强权几乎压制了礼。如晋国为霸主，齐国畏惧晋国，所以嫁少姜于晋时，慑于强权，使上大夫陈无宇送少姜如晋。即使这样晋还嫌不是卿来送少姜，晋国甚至要求齐国用送夫人的方式来送姬妾。而当少姜不幸死后，按礼应当是大夫来送葬，但是郑国畏于强权，竟使郑卿来送葬。可见在春秋时期，礼制常常为强权而改变。礼仪中的人也常常表现得猥琐，秩序井然的贵族交往状况逐渐消逝，人们得看着强者的脸色行事。

周代诸侯相见有"授玉"与"受玉"之礼，即来拜访的诸侯国的使者拿着作为信物的玉来到要拜访的国家，通过一定的仪式将玉交给主国，等到拜访完毕，主国又要通过一定的仪式，将玉还给来宾，表示重礼轻财。古代堂上有东西两大柱，曰东楹、西楹。两楹之中叫"中堂"。如宾主身份相当，授玉应在两楹之间。如宾身份低于主人，授玉在中堂与东楹之间，即在东楹之西。但这一礼仪在春秋时期也因为强者的权势而被破坏。《左传·成公六年》记载："郑伯如晋拜成，子游相，授玉于东楹之东……士贞伯曰：'郑伯其死乎！自弃也已。视流而行速，不安其位，宜不能久。'"① 晋景公与郑悼公都是一国之君，依当时常礼，授受玉应在两楹之间。郑悼公以晋景公为霸主，不敢行平等身份之礼。郑悼公授玉不仅位置谦卑过度（至少应在东楹以西，而他竟至于跑到东楹之东），而且行为上也表现出卑微之态，不敢正视晋景公，眼神顾盼不定，并且是快步走向东楹之东，表现出内心的紧张和不安。这一授玉仪式体现了诸侯之间因为国家实力的不平等

---

① 　杨伯峻：《春秋左传注》，中华书局 1990 年版，第 826 页。

而引起的人的精神状态的卑微和反映出礼仪化生活方式的衰微。

当贵族失去了一定的权力时，尊贵的社会地位和身份就无法维持，礼仪中的举止就不再舒展。如鲁昭公被驱逐到齐国后，齐侯以享礼招待鲁昭公。享礼是古代礼制中最隆重的礼仪，诸侯间相互聘问时行之。此时，鲁昭公失去了作为一国之君的尊贵地位，寄居在齐国，齐景公也就渐渐不再尊重他。齐侯所请的享礼也只是以享礼的名誉招待鲁昭公饮酒而已。根据古礼，诸侯之间饮酒，如果身份相称，则自献，即酌酒饮客。如果是君燕臣，则让宰夫向宾敬酒。在齐侯宴请鲁昭公的享礼之中，齐侯竟让宰夫向鲁昭公献酒，这就等于将昭公当成臣来对待。在这次燕饮的过程中，鲁昭公的尊贵荡然无存。同样，当鲁襄公到晋国去朝聘时，[①] 因为慑于晋国的霸主地位，竟然对晋悼公行稽首大礼（这是诸侯对天子行的礼），表现出鲁君的卑微和软弱。

从以上史料可以看出，在强权的压力下，展现贵族精神气度的礼仪已经被压缩变形，在一定程度上已经不能展现出贵族的仪态之美，相反，在礼仪中人被衬得更加卑微，显得缩手缩脚。

3. 贵族无视礼制的存在

春秋时期，有许多贵族开始无视礼制的存在，行为不再遵循礼的约束。如丧礼中要表现出悲哀的仪容并撤乐，这是礼仪中的基本行为规范，但是《左传·成公十四年》记载，当卫侯死后，新立的太子衎，既无悲伤的表情，也没有疏食水饮。还有晋国的大夫荀盈死后，按礼是不能再继续奏乐的，但是荀盈还没有下葬，晋平公又是饮酒，又是鼓钟，根本无视礼的存在。同时祭礼前斋戒的戒律也被打破。《孔子家语》中也讲季桓子祭祀前应斋戒三日，但是他只坚持了一天，剩下两日却钟鼓之音不绝。

---

① 杨伯峻：《春秋左传注》，中华书局 1990 年版，第 926 页。

在礼仪中贵族的敬畏心态也逐渐消失。《左传·僖公二十八年》记载，蔡侯聘问晋国往返都要经过郑国。蔡侯去晋国时，路过郑境，郑君使子展在国都东门外进行慰问，蔡侯的行为举止傲慢。蔡侯返回时，郑伯设享宴招待蔡侯，蔡侯不但没有改正自己的行为，而且在享礼中神情慵惰、心性怠惰。子产说，看来蔡侯是免不了祸患了，灾难将要降临到他的儿子身上。蔡侯的傲慢和慵惰的神情都是对贵族谦和恭敬的交往礼仪的践踏和无视。

综上所述可以看到，平王东迁以后，周王室的统治地位出现了危机。诸侯霸主的统治成为这个历史时期的主要政治形式。诸侯国内部以下僭上的事件不断发生。但是纵观整个春秋时期的文化发展状况，可以看到，春秋时期贵族的文化还是主流文化。只是春秋时期礼仪之美的成熟与衰微是同时并存的文化现象。随着社会的发展，繁琐的礼仪程式逐渐失去存在的意义，这就导致了礼仪的衰微。春秋时期的贵族对礼仪规范也开始陌生，但是礼的规范不是荡然无存，它依然存在于一些贵族的思想深处，诸侯贵族也在极力维护礼的存在，因为，礼是文化积淀的产物，即便是它面临着衰微的趋势，但是，贵族还是饱含着对旧的礼制的眷恋，以及对自身文化身份的深沉留恋，所以春秋时期礼仪之美也得到了最广泛的体现。但无论如何，礼的衰落和贵族文化的逐渐消逝都成为不可挽回的历史趋势。

第七章

以诗言志与贵族艺术精神的嬗变

诗是贵族祭祀祖先的神秘乐歌,在诗的唱叹中人和神灵达到了沟通;诗是贵族燕饮仪式中的乐歌,有了诗,贵族的交往仪式充满了艺术性。到春秋时期,诗在贵族的生活中依然存在着,诗的修养依然是贵族身份的标志,诗也依然与贵族的交往仪式有着密切关系,但是在引诗为证和赋诗言志的过程中,诗的神性、诗所特有的完整性遭到了破坏。本章以《左传》、《国语》等文献为主,探讨诗从西周到春秋的变化轨迹,以及贵族艺术精神的嬗变。

第一节　贵族言说方式中的引诗现象

在有关《左传》引诗和赋诗现象的研究中,许多研究者都是将这两者放在一起进行论述的,我们认为赋诗和引诗在春秋时期贵族生活中的意义有所不同,赋诗更多的时候与外交活动和宴享礼仪有关,而引诗则大量地存在于贵族的日常交谈之中。如果说,赋诗是春秋时期贵族的一种外交辞令的话,引诗更多的是贵族的日常言说方式。含蓄有致、委婉曲折的言说方式中折射着贵族深厚的文化素养，体现了贵族的生活艺术。但是时代毕竟已经发生了变化，引诗的言谈方式，成为贵族文化衰落前的余晖。

一　引诗与春秋时期贵族的言说艺术

引诗指的是春秋时期贵族在言谈中随口引用《诗经》中的诗句的言说方式。引诗使语言表达文雅、高贵、委婉、含蓄，体现了贵族追求文饰美的艺术精神；引诗是贵族特有的言说方式，它显示出贵族的文化底蕴，表明贵族的文化身份和地位。《左传》中广泛存在的引诗现象表明贵族还生活在一个诗乐文化相当浓厚的氛围之中。

（一）文雅、委婉的言说方式

委婉典雅的言说方式是贵族之尊贵性的一种表现形式。贵族总是委婉、含蓄地表达自己的意思，以免让别人觉得尴尬。如《左传·襄公七年》记载，卫国的孙文子来鲁国聘问，在行聘礼时，"公登亦登"①，即鲁襄公登一级台阶，孙文子也登一级。按照礼制规定，受聘国之君立于中庭，请贵宾入内。宾入后，行三揖之礼到阶前，然后主客相让。国君先登两级台阶，然后宾才能登一级，即臣应后于国君一级台阶而登。但是，孙文子却与鲁襄公同时登阶。这种行为引起了鲁国大臣的恐慌，面对这样的失礼行为，鲁国的贵族叔孙穆子急忙走向前，委婉地说，诸侯国之间相会，鲁君与卫君地位相当，所以登阶时应同行，而孙林父应视鲁君如视卫君。言外之意，孙林父在本国登阶时，后于卫君，在鲁国也应当后于鲁君而登。而与鲁君同时登阶，这会使鲁君感到自己被轻视。所以，建议孙文子脚步应稍停一下。遗憾的是，孙

---

① 杨伯峻：《春秋左传注》，中华书局 1990 年版，第 952 页。

文子没有什么解释，也没有任何悔改的意思。在这里我们看到当叔孙穆子看到孙文子的失礼行为时，叔孙穆子是"趋进"而告，同时，以非常委婉的方式予以建议，表现了贵族言说委婉、含蓄的特征。

引诗正是贵族委婉、含蓄言说方式的集中体现。作为贵族，他们不会像下层人那样粗喉咙、大嗓门地说话，更不会言语粗俗，而是特别注意说话的神态、声韵，并努力使自己的语言文雅、委婉。如《左传·襄公七年》记载，晋韩献子告老后，欲使公族穆子为卿，但是穆子身体欠佳。所以穆子婉言推辞说："诗曰：'岂不夙夜？谓行多露。'又曰：'弗躬弗亲，庶民弗信。'无忌不才，让其可乎？请立起也。"穆子通过两句诗表达了自己也想为卿，但自身有疾，不能躬亲办事，则不能取信于众的意思。谦让、柔和的姿态以及诗的引用显示出穆子的贵族修养。

贵族对他人的行为提出异议时，也保持谦虚、温和的态度。《左传·成公四年》记载，鲁成公到晋国，晋侯不敬。季文子说："晋侯必不免。诗曰：'敬之敬之！天惟显思，命不易哉。'夫晋侯之命在诸侯矣，可不敬乎？"① 在这里，季文子引《周颂·敬之》中的话来批评晋景公的非礼行为。《左传·成公八年》记载，晋侯使韩穿来商议汶阳之田的事情，欲把汶阳之田让给齐国。季文子设酒食为韩穿送行，私下交谈说，汶阳之田本来是属于鲁国的，鞌之战后归于鲁，现在又说归之于齐，这样没有信义，诸侯怎能不涣散呢？季文子引《卫风·氓》中"女也不爽，士贰其行。士也罔极，二三其德"来批评晋侯不讲信义的行为。《左传·襄公二十九年》记载，晋平公帮助杞国理地、

① 杨伯峻：《春秋左传注》，中华书局1990年版，第818页。

修城，朝臣对此不满。子大叔引《小雅·正月》中的诗句"协比其邻，昏姻孔云"批评晋平公亲近夏代的后裔杞国，并指出这样会使晋国弃同姓而亲异姓，最终会导致其他国家不再归顺晋国。这些批评都不是锋芒毕露的激烈言辞，而是委婉而温和的批评。这种委婉的批评方式也许正是后世"主文而谲谏"、"温柔而敦厚"诗文美学风格的滥觞。

贵族对他人的劝谏也较为客气、温和。如《左传·僖公二十二年》记载，周大夫富辰建议周襄王召王子带，就引用《小雅·正月》中"协比其邻，昏姻孔云"一句对周王进行劝谏。富辰的意思是，先与婚姻亲戚团结亲附，然后才能与左右邻近之人和谐相处，言外之意是建议周襄王先与自己的兄弟处好关系，再与其他诸侯国和谐相处。再如《左传·僖公二十二年》记载，鲁僖公因邾国小，而轻视邾国，欲不做准备而抵御邾国的侵略。鲁大臣臧文仲说，国家没有大小之分，不可轻视看起来小的国家，没有备战措施，再大的国家也有可能被打败。臧文仲引《小雅·小旻》中的诗句"战战兢兢，如临深渊，如履薄冰"，以及《周颂·敬之》中的诗句"敬之敬之！天惟显思，命不易哉"来劝谏鲁侯，指出先王如此明德，尚且谨慎小心地对待任何事情，何况我们鲁国，更不可小视邾国，大黄蜂虽小尚且能蜇人，何况作为一个国家的邾国呢！昭公五年晋韩宣子到楚访问时，楚人没有郊迎，这是非礼的做法。后来当楚公子弃疾访问晋国，到达晋国的郊外时，晋侯也准备不郊迎楚公子弃疾。这时晋大夫叔向说："楚辟，我忠，若何效辟？诗曰：'而之教矣，民胥效矣。'从我而已，焉用效人之辟？书曰：'圣作则。'无宁以善人为则，而则人之辟乎？匹夫为善，民犹则之，况国君乎？"晋侯听了叔向的辨析很高兴，于是对公子弃疾行郊迎之礼。叔向引诗对晋侯进行了委婉的劝谏，显示出处理事态的大家气度。

文绉绉的引诗言说是贵族特有的表达方式。这是周代贵族注重纹饰的美学精神的延续。追求言谈举止的文雅与追求器物的纹饰是一致的。引诗是对语言的纹饰，它的一个重要目的是使语言显得高雅。正如《左传·襄公二十五年》记载孔子语："言之无文，行而不远。"① 只有文雅的语言才能更加具有吸引力和说服力。这种言辞之间闪耀着诗的精华的言谈方式，表现了周代贵族独特的精神气质和审美追求。

（二）引诗是贵族文化修养得以确证的途径

在日常闲谈时，也能够随时随地想到诗，能自由地运用诗表达自己的思想，这是贵族们具有深厚的诗学修养和文化身份的体现。如《左传·昭公七年》记载，夏四月，天空出现了日食现象。晋侯与士文伯谈论此事，晋侯问谁将受其祸。士文伯说，鲁卫两国将受其祸，其中卫受祸大，鲁受祸小。晋侯颇为感慨，就问道："诗所谓'彼日而食，于何不臧'者，何也？"晋侯所引的诗出自《小雅·十月之交》，意思是《诗经》中说日食是不吉祥的，这话怎么理解？士文伯说，这句话的意思是，不善政者将自取咎于日月之灾，所以行为不可不谨慎。昭公七年十一月，鲁国的卿大夫季武子卒，日食的灾害果真应验。晋侯对士文伯说，这是否能说明日食预示着灾难是一种普遍规律？士文伯说不可下如此结论，因为各国的情况不同，所以最终的结果也会不同。士文伯在谈话中，也是很随意地就想到《小雅·北山》中的诗句"或燕燕居息，或尽瘁事国"来说明各国情况不同，不可一概而论的道理。可见，贵族之间的日常聊天也会不经意地想到诗，并自如地引用其中的诗句。日常语言的诗化特征是贵族文饰化审美追求的体现，也是贵族标明自己文化身份的一个途径。能在日常

---

① 杨伯峻：《春秋左传注》，中华书局 1990 年版，第 1106 页。

用语中引诗使言谈更加典雅，这表明诗已经积淀为贵族生活中的无意识存在。

　　引诗为鉴还是贵族历史修养的体现。《左传·僖公十九年》记载，宋人欲讨伐曹国，子鱼劝宋公说，当年文王讨伐崇侯虎，攻打了三个月而不能攻克，于是文王退而修德而重伐之，结果使其临垒而降。子鱼引诗《大雅·思齐》"刑于寡妻，至于兄弟，以御于家邦"，委婉地劝告宋君应当像文王那样退而修德。子鱼是将诗当作历史经验来借鉴的。《左传·宣公十二年》记载，在楚与晋的战争中，楚国取得了胜利，楚臣潘党建议楚王收集晋军的尸体而封土，并于其上建木，书写楚军的功勋。楚庄王说，武王克商后作《周颂·时迈》，有"载戢干戈，载櫜弓矢"之语，意思是要收起干戈和弓矢，从此以德治理天下。这里楚王也是将《诗经》中的话当作可资借鉴的历史经验来学习的。《左传·成公二年》记载，楚令尹子重为阳桥之役以救齐。将起师，子重认为楚王年龄小，要想显得有军威，就应当多带人马，因为，诗曰："济济多士，文王以宁。"子重认为文王尚且以众多的从者来显示自身的威武，何况楚国呢？在这里子重将《大雅·文王》中的描写当成一种历史经验。从以上所举的引诗现象中可以看出，《诗经》在春秋时期具有历史教科书的性质。

　　不论是引诗委婉地批评他人，还是对他人进行劝谏，抑或是为自己寻找行为根据，在各种目的和场合的引诗现象中，都显示着贵族的诗学修养。贵族的尊贵不仅表现在外在的爵位和田产的多少上，还表现为一种言语之间所流露出的内在气质和文化底蕴。引诗就是贵族雅化的言说方式的体现。当贵族存在的合法性受到冲击时，他们就开始极力在衣着装饰和诗乐修养等各个方面突出自己身份的特殊性，表明他们不同于他人的独特精神境界。引诗以及对礼仪程序化的遵循，就是春秋时期贵族通过独特的言说方式和举止对自我身份的确证。这是在他人视域中寻求自我确证的过程。

二 灵性在引诗中消失

引诗现象一方面表明贵族还在追求着一种委婉含蓄的言说方式，还有着深厚的文化积淀和诗意的生存境域。但是，从另一个角度说，引诗又是对贵族诗意化生存方式的解构，是诗的精神的流逝。

贵族言谈中所引用的诗句，大多失去了艺术韵味，干瘪成为行动的指南或伦理规范。如《大雅·灵台》写周王的灵囿里，麀鹿潜伏，鸟儿在空中飞翔，鱼儿在水里跳跃，一派人与自然和乐的场面。周王悬挂编钟、编磬，鼓钟按秩序演奏，周王在辟雍里享受着音乐。鼍鼓嘭嘭地响着，盲人乐手在演奏着音乐。这本是一首描写周王与自然合一的生活情景的诗歌，其中充满艺术的灵韵。《左传·昭公九年》记载，在修筑郎囿的过程中，季平子想求速成，叔孙昭子引用了《灵台》中的："经始勿亟，庶民子来"一句诗来劝谏，希望季平子像周王那样不要急于求成，以免使人民困顿疲劳。叔孙昭子所说的有关《灵台》一诗的警示作用在原诗中的确存在，但是，它是与一派具有灵动性的审美境界融为一体的、不可分割的整体。而在叔孙昭子的话中，《灵台》只剩下干枯的社会价值，成为行动的指南，做事的依据，而失去了人与自然和乐融洽的艺术灵性。再如在《小雅·常棣》中虽然也表达了兄弟应当相亲相爱的意思，但是原诗中兄弟的和谐关系是在"傧而笾豆，饮酒之饫。兄弟既具，和乐且孺。妻子好合，如鼓琴瑟"的和乐氛围之中映衬出来的，而不是直接的理性化概括。但在《左传·僖公二十四年》的记载中，周大夫富辰引《常棣》中的诗句"常棣之华，萼不韡韡。凡今之人，莫如兄弟"和"兄弟阋于墙，外御其侮"两句劝谏周襄王不要弃郑亲狄，实际上是将原诗中的艺术境界予以涤除，而只留下了其中生硬的说理成分，使诗中丰富而深厚的艺术氛围消失了。

引诗还使诗脱离了上下文语境，从而使诗从有机整体中肢解出来。如《左传·昭公二十四年》记载，郑大臣子大叔与晋范献子谈论天下的形势。子大叔说，周王室与晋国的关系就像《小雅·蓼莪》中所说的"瓶之罄矣，惟罍之耻"，即王室不宁，是晋国的耻辱。《蓼莪》原本表达的是不能侍奉父母的遗憾心情。蓼莪，是蒿子的一种，茎抱根而生，俗称抱娘蒿。诗人用蓼莪起兴，表达了心中深沉的遗憾之情。但是子大叔引"瓶之罄矣，惟罍之耻"一句就脱离了上下文语境，使其从整首诗中孤立出来，成为孤立的语句。将艺术品看作生命整体的观点在中西文论中都有过精辟论述，早在两千多年前古希腊的哲学家亚里士多德就指出诗"所模仿的就只限于一个完整的行动，里面的事件要有紧密的组织，任何部分一经挪动或删除，就会使整体松动脱节，要是某一部分可有可无，并不引起显著的差异，那就不是整体中的有机部分"①。亚里士多德所强调的是诗的有机整体性。诗是一个生命整体，它的起承转合就是它的生命发展的过程。所以诗中的任何一个部分都是不可分割的有机整体中的一部分，随意将诗分为个别的片断，就等于是对诗的肢解。但是引诗的过程恰恰是对诗的肢解的过程。所以说，引诗是诗的艺术韵味消失的过程。引诗表明春秋时期的贵族还在追求着诗意化的言说方式，但引诗现象却使诗的境界遭到破坏。贵族希望通过引诗展示自己的文化修养，但是正是在这种展示自己修养的方式中，原有的文

---

① 〔古希腊〕亚里士多德、〔古罗马〕贺拉斯：《诗学·诗艺》，人民文学出版社 1962 年版，第 28 页。

化精神正在消失。

从以上分析可以看出，《左传》中的引诗现象作为一种贵族特有的言说方式，一方面是贵族身份和贵族修养的体现，表现了贵族的诗学修养和对语言的文饰化的审美追求，但是，引诗又使诗脱离了上下文语境，使诗成为可以随意拆开使用的论据，这是诗的工具化和经典化过程，它开启了战国时期诸子说理散文的论辩风气，但是使诗失去了艺术的韵味。这也意味着贵族的生活中有着越来越直接的功利目的，却少了几分超越实用功利目的之外的诗性，或者说，这意味着周代贵族将意识形态隐含在温情脉脉的礼乐文化面纱下的统治艺术逐渐被直接的功利追求所代替。

第二节　赋诗与贵族交往仪式的变迁

春秋时期是一个诗的时代，既有广泛存在于贵族言说方式中的引诗现象，同时还有广泛存在于贵族外交中的赋诗现象。赋诗是指春秋时期贵族在燕享、朝聘以及会盟等场合吟诵《诗经》中的诗句互相表达意愿的活动。时代发生了巨变，贵族并不是无动于衷，或自甘没落，整个春秋时期的贵族文化几乎都是对贵族地位的变动而作出的各种回应：或者极力维护其统治地位和文化中心地位，或者极力标榜自己的贵族身份和修养。贵族交往中的赋诗言志现象是贵族标榜自己文化身份的一种方式，这种言说方式使贵族的生活呈现出诗意化的色彩，同时，赋诗现象又体现了西周礼仪程式在新的时代语境中的嬗变。

一　赋诗是贵族文化身份和外交能力的确证

随着天和天子神圣性的消失，诸侯在礼乐文化和尊王攘夷幌子的掩饰下进行着利益之争。礼乐文化开始变质，贵族统治的合法性受到冲击，贵族开始极力维护和表明其身份，力求使自己的贵族身份得到他人的认可，诸侯国的统治力求得到其他诸侯国的认可，于是注重人与人的关系、诸侯国与诸侯国之间关系的处理成为这个历史时期的主题。贵族的艺术不再围绕人与神的关系而展开，而更加关注人与人之间友好关系的建立。赋诗是贵族交往礼仪中的重要环节，是贵族从言说方式的角度对自己文化身份的张扬。作为赋者，是否能根据场合选择合适的诗篇，并优雅地诵咏诗篇；作为听者，是否能理解赋诗者的心志和感情，并作出得体的反映，这些都成为衡量贵族身份和文化修养的重要因素。

　　从春秋时期贵族之间赋诗的情况来看，就会发现，一方面，贵族们对诗是非常熟悉的；另一方面，他们对诗都有很高的悟性，对所赋之诗的言外之意都能够准确地把握。如《左传·昭公元年》记载，郑伯将要享赵孟、叔孙豹、曹大夫等。享礼前，子皮前去请赵孟，礼毕，赵孟赋《瓠叶》。接着子皮又去请叔孙豹，并且将赵孟赋《瓠叶》之事告诉叔孙豹。叔孙豹说，赵孟赋《瓠叶》的意思是希望行一献之礼，即主人向宾进酒一次，就脱屦升堂，坐饮。叔孙豹建议就按照赵孟所说的行一献之礼。但是到了燕享时，郑国还是对晋国心存畏惧，不敢贸然行一献之礼，而是准备了五献之礼的笾豆。到享礼时，赵孟推辞，并表示自己已经给子皮打过招呼，郑国这才改为一献。可见叔孙豹所理解的赵孟赋《瓠叶》的意思是准确无误的。享礼之后是气氛比较随意的燕礼。在燕礼上，叔孙豹赋《鹊巢》："维鹊有巢，维鸠居之。之子于归，百两御之。"这本是一首嫁女的乐歌。叔孙豹在这里赋这首诗，是将晋国比作鹊巢，而将归顺晋国的小国比作小鸟，小国有了大国的庇护，就像鸟儿有了归宿。赵孟赋《采蘩》，表示自己难以当此。子皮赋《野有死麕》表达对赵孟的称赞，赵孟赋《常棣》表示晋国欲和兄弟之国相亲近。叔孙豹、子皮、曹大夫都明白赵孟的意思，所以都起身而拜，举起兕爵说："小国赖子，知免于戾矣。"接着饮酒为乐。在这一次燕享之礼中各方都能比较准确地理解对方所赋诗的目的和意义。

赋诗在春秋时期是贵族外交能力的体现。襄公十五年时，宋国的向戌曾来鲁国结盟，襄公二十一年季武子回访宋国，《左传·襄公二十年》记载，季武子到宋国朝聘，褚师段迎接季武子并享季武子，季武子赋《常棣》的第七章"妻子好合，如鼓琴瑟。兄弟既翕，和乐且湛"，以及最后一章"宜尔室家，乐尔妻帑。是究是图，亶其然乎"。季武子赋此诗是想说明宋国与鲁国是婚姻之国，应该和睦相处。宋人听明白了鲁国的外交政策，于是对季武子行以重贿之礼。季武子回到鲁国，向鲁君复命，鲁襄公又设宴招待季武子，武子赋《鱼丽》之卒章"物其有矣，维其时矣"，表示自己到宋国朝聘的成功有赖于鲁君派遣的及时。鲁襄公赋《南山有台》，取"乐只君子，邦家之基"之意，称颂季武子能为国争光。季武子避席，说臣不敢当。可见，这次外交的成功与季武子的诗学修养不无关系，只有具备了赋诗的能力才能完成贵族的外交任务。

进一步讲，只有具备赋诗的能力才能进入贵族社会，也才能为贵族社会所承认，而那些不具备诗的修养的人将要被贵族社会所抛弃。《左传·襄公二十七年》记载："齐庆封来聘，其车美。孟孙谓叔孙曰：'庆季之车，不亦美乎？'叔孙曰：'豹闻之：服美不称，必以恶终。美车何为？'叔孙与庆封食，不敬。为赋《相鼠》，亦不知也。"① 从这一段记载可以看出，贵族在过分追求车服之美的同时，却忽视了对礼仪和文化的学习，庆封在聘礼

---

① 杨伯峻：《春秋左传注》，中华书局 1990 年版，第 1127 页。

中不但不敬，而且对对方所赋诗的喻义也不清楚。庆丰虽然拥有华美的车子，但是还是不能为贵族社会所接受。《左传·昭公十二年》记载，宋华定来聘，昭公享之，并在享礼中赋《蓼萧》。但是华定不懂得赋诗的礼仪，也不答赋。叔孙昭子由此推知华定必亡。可见，赋诗的能力是贵族能否继续存在的一个信号。事实上，随着诗文化的消亡，贵族以及贵族精神的确逐渐消亡了。

因为赋诗在外交中具有举足轻重的作用，因而，作为贵族都力求提高自己的诗学修养。孔子积极推行诗学修养，并说："兴于诗，立于礼，成于乐。"① 又说："古之学者为己，今之学者为人。"② 在春秋时期，贵族要在社会上立足，就要具备诗的修养。并且，古人学习是为了充实和提高自己，春秋时期人学习是为了装饰门面，是为了让他人认识到自己的贵族身份。这是因为，西周时期的贵族身份和地位具有先验的必然性，而春秋时期贵族统治的合法性以及自身的贵族身份却需要不断地进行证明，贵族的存在需要维护，而诗的修养以及外交中的赋诗应变能力是贵族身份的重要标志。

赋诗对贵族的存在有着重要的意义。有诗在，贵族的生活方式就还存在着，贵族的精神也就还存在着。赋诗是贵族之间，尤其是诸侯国的贵族之间表明心迹、进行沟通的渠道。在以诗的吟咏为渠道的对话中，所展现出的是一个浓厚的文化审美氛围，是一个充满诗意的对话过程。也就是说，在完成重大的外交使命时，贵族们还得拥有一份诗心。赋诗的行为方式表明春秋时期贵族依然追求委婉含蓄的表达方式，追求一种诗化的生活方式，追求和乐的艺术精神。而随着赋诗形式的衰落，贵族统治的时代也

① 杨伯峻：《论语译注》，中华书局1962年版，第87页。
② 同上书，第161页。

就让位于一些从士阶层崛起的新兴贵族，之后，目的性和论辩性就多于诗意化的表达。因而，赋诗对贵族有着重要的意义。它是贵族生活方式是否依然存在的一个信号。

二 赋诗现象与贵族的外交艺术

春秋时期贵族的外交礼仪中，赋诗掩盖着直接的外交目的。赋诗是贵族诗意化生存方式的体现。所谓诗意化，指的是能够对外在的功利目的有一定程度的超越，而追求无功利的审美价值的生活态度。这种独特的生活方式使内在目的被外在的诗化人生境界所遮掩，使功利目的隐含在文雅的举止言谈之中。所以，春秋时期贵族的外交礼仪呈现出诗意化的特色。

赋诗使贵族外交呈现出文雅之气。《左传·文公十三年》记载，鲁文公冬天已经到晋国去朝聘过了，但是在鲁文公从晋返回的途中，经过卫国，卫成公希望通过鲁文公的沟通与晋讲和，经过郑国，郑穆公也希望通过鲁国的中介作用，而使郑与晋讲和。于是在郑与鲁之间就有了一次在宴会上通过赋诗来相互表达思想和互相说服的外交活动。首先是郑国大夫子家赋《鸿雁》首章："鸿雁于飞，肃肃其羽，之子于征，劬劳于野，爰及矜人，哀此鳏寡。"子家赋此诗，一方面是问候文公的道路奔波之劳，另一方面是将郑国比作鳏寡者，希望鲁国能够同情，并为之再度去晋国奔波去讲和。季文子说，我们的国君不可以再度奔波了，并赋诗《小雅·四月》首章："四月唯夏，六月徂暑。先祖匪人，胡宁忍予？"意思是，已经到了夏季，但是王者却还要让人行役。难道我的祖先不是人吗？不需要及时回家去祭祀吗？这首诗抱怨出行的辛苦，季文子赋此诗的言外之意是，鲁国也寡弱，且远行劳顿，不能再度去晋国奔波了。听明白了季文子所赋的诗以后，郑大夫子家继续赋《载驰》之四章，此章中说"控于大邦，谁因谁极"，赋诗之意是依靠大国，有求大国。于是季文子再赋了《采薇》之四章，其中说"岂敢定居，一月三捷"，表示不敢求安逸，允诺返于晋国为郑请和。接着，郑伯拜，鲁文公答拜。这一场通过诗来言志的外交活动就圆满结束了。

赋诗活动是春秋时期贵族外交辞令之美的集中体现。朝聘礼仪中的享宾，即主国国君设宴酬请使者的环节中，集中体现了春秋时期贵族诗化外交的特点。如鲁襄公十六年，齐国伐鲁，鲁大臣穆叔如晋聘，并请晋出兵帮助鲁国讨伐齐国。在这次外交活动中，穆叔见到中行献子赋了《小雅·祈父》。祈父是周代的官吏，即司马，职掌兵权，主管保卫边疆的事务。这首诗原来的意思是斥责祈父为王之爪牙，却没有能够尽到职责，而使百姓处于困顿之中无所依靠。穆叔赋这首诗的言外之意是，晋国作为霸主国，应当帮助同盟国铲除外患。但是这一意思并没有直接表达，而是非常艺术地赋诗言志，使直接的外交目的隐含在诗意化的表达形式之中。中行献子听到穆叔赋《祈父》后，说："偃知罪矣，敢不从执事以同恤社稷，而使鲁及此！"① 穆叔见到范宣子，赋《鸿雁》之卒章，"鸿雁于飞，哀鸣嗸嗸。唯此哲人，谓我劬劳"。言外之意是，鲁国被齐国所困扰，就像鸿雁失所。范宣子听到穆叔赋《鸿雁》之后，说："匄在此，敢使鲁无鸠乎！"② 就这样，穆叔通过赋诗的形式赢得了晋国大臣的理解和支持，最终获得了晋国的帮助。三年后，季武子到晋国去拜谢晋国出兵帮助鲁国讨伐齐国的事。晋侯设享礼招待他。范宣子为政，赋《黍苗》，对季武子的远道而来表示慰问。季武子起身说，小国仰仗大国的帮助，就像百谷依靠膏雨的滋润。如果能时常滋润，

---

① 杨伯峻：《春秋左传注》，中华书局 1990 年版，第 1028 页。
② 同上。

天下将和睦，受惠的岂止是敝邑？接着赋《六月》，将晋侯比作辅佐周王的尹吉甫。在鲁与晋的交往中从求师到答谢都是在赋诗中完成的。赋诗的形式掩盖着直接的、功利化的外交目的，使贵族外交具有诗意化的特征。

赋诗是一种诗化的表达方式。《左传·僖公二十四年》记载，晋公子重耳流落到秦国，受到秦穆公的优待。秦穆公纳女五人于重耳，还举行享礼款待流亡的公子重耳。第二天又举行了宴礼，在宴礼中，秦伯赋《采菽》，其诗曰"君子来朝，何赐予之"，赵衰让重耳下堂拜谢，秦伯也下堂辞谢，赵衰说《采菽》是王赐诸侯命服之乐，您赋此诗，我们怎敢不降拜。拜后重新上堂，赵衰让重耳赋《黍苗》，该诗中有"芃芃黍苗，阴雨膏之"之句，赵衰解释赋此诗的意思是，重耳仰仗秦国才能壮大。秦伯赋《鸠飞》，诗中说"我心忧伤，念昔先人"，秦穆公女穆姬是晋怀公妻，秦伯赋此诗表示念在穆姬情分上，会帮助重耳。重耳希望秦穆公能有所感动，从而送自己回晋国，于是赋《沔水》取"沔彼流水，朝宗于海"之意，言外之意是重耳将像流水朝宗于大海一样，归顺秦国。秦穆公赋《六月》，取"王于出征，以佐天子"之意，暗指重耳为君，必将称霸诸侯，以佐天子。作为相礼的赵衰听懂了秦穆公的意思，连忙让重耳降拜，公子重耳降至堂下，再拜而后稽首。秦穆公降一级而辞拜。从这一次赋诗活动可以感受到，赋诗是用《诗经》中的句子代替直接明确的思想表述。这是一种诗化的表达方式。因为诗的一个重要特征就是委婉表达，而那些直白的语言是不可以称为诗的。《左传》中所记载的大量的赋诗活动都体现了这种委婉的表述方式，彰显着诗化外交的特征。同时，赋诗不仅仅是诗句的转述，更主要的是赋诗是一种文化现象，因为与赋诗相伴的是对贵族交往礼仪的遵循，赋诗传承的是一种委婉、谦和、含蓄的文化精神。如重耳与秦穆公之间的赋诗活动，就不仅仅是念念诗而已，还有降阶辞拜等举止。换句话说，赋诗是在一种特定的文化氛围中存在的言说方式，它不会脱离特定的文化氛围而孤立地存在。

赋诗可以达到很好的外交目的，有时候委婉的外交辞令可以使尖锐的矛盾得到化解，使时局得到扭转。如在卫国大臣孙林父与卫献公的矛盾斗争中，晋国支持孙林父。《左传·襄公二十六年》记载，卫侯到了晋国，竟然被晋人拘捕起来并囚禁在牢狱里。这一年秋七月，齐侯、郑伯为卫献公的事来到晋国朝聘，晋侯设享礼招待他们。在享礼上，晋侯赋《嘉乐》，取其"嘉乐君子，显显令德，宜民宜人，受禄于天"，以表示对齐、郑二君的欢迎和赞叹。赋诗使这一场外交首先在一种和乐的气氛中展开。国景子相齐侯，赋《蓼萧》，取"既见君子，孔燕岂弟，宜兄宜弟"等句，言外之意，晋国与卫国及其他各国之间应当像兄弟一样。赋这首诗等于进一步申述了诸侯国之间的和平友好相处原则。子展相郑伯，赋《缁衣》中"适子之馆，还予授子之粲兮"等句，希望晋能同意郑伯、齐侯的请求。赋诗逐渐向外交的目的靠拢。国子使晏平仲私下告诉叔向，晋所以为盟主，就在于能宣其明德于诸侯，恤其患而补其缺，但是，现在为什么要为卫国的大臣孙林父而拘捕卫国的国君？当晋侯知道了齐、郑两国的目的之后，指出卫侯的种种罪状，并使叔向予以转达。国子看到晋侯的确对卫献公不满意，就接着赋了《辔之柔矣》，表示如果晋国政宽而能安诸侯，就像柔辔之驭刚马，诸侯国才能归顺晋国。子展赋《将仲子兮》，意思是众言可畏，虽然卫侯有罪状，但是众人犹认为卫侯是执政君，众人的意向不可不予以考虑。就这样，在一场微妙的诸侯国之间的争端中，通过赋诗言志的外交方式，时局得到了扭转。

从以上分析可以看出，在春秋贵族的交往礼仪中，普遍存在着赋诗言志的表达方式，赋诗使贵族的交往具有诗意化的特征，赋诗是贵族文雅艺术气质的表现，赋诗使贵族直接的交往目的隐含在文雅的诗的形式之中，使直接的外交目的延宕在优雅的艺术形式之外，为贵族的生活点染上一层温和的诗意特征，这是礼乐文化精神在春秋时期的进一步发展。

三　赋诗与周代贵族仪式化生活方式的变迁

诗与乐是周代礼仪文化中的重要内容，西周时期的歌诗是在固定的仪程中演奏较为固定的乐歌。但是春秋时期，不但诗乐文化的形式发生了一定的变化，而且诗乐文化中所蕴涵的意义也发生了变化。贵族外交中的赋诗现象，既是对西周礼乐仪式的简化，又是新的时代语境中，贵族诗化生活方式的新形式，赋诗现象具有丰富的时代过渡性。

（一）诗与仪式的关系发生了变化

1. 不是所有的赋诗现象都出现在礼仪之中

如果说引诗是言语间比较随意的引述和证明，那么，赋诗还与一定的仪式有关系。赋诗一般都出现在贵族的外交场合中。赋诗这种诸侯国之间邦交的表达方式大都出现在燕享、饯送等宾主觥筹交错之时。如《左传·昭公二年》记载，晋韩宣子聘于鲁国，昭公享之，季武子赋《绵》之卒章，将晋侯比作文王，将韩宣子比作辅佐文王的大臣。韩宣子赋《角弓》，取意于兄弟之国应当互相亲近。季武子表示感谢，赋《节》之卒章。这就是一次发生在享礼中的赋诗活动。后来，韩宣子自齐聘于卫，卫侯享之。北宫文子赋《淇澳》，宣子赋《木瓜》。这次赋诗活动也是在享礼之中进行的。还有《左传·昭公四年》，郑伯如楚，楚子享之，赋《吉日》，以及昭公二十五年，宋公享昭子，赋《新宫》，昭子赋《车辖》等都是在享礼中进行的赋诗活动。《左传·

昭公十七年》小邾穆公来朝，昭公与之燕（即"宴"）。在燕礼中，季平子赋《采菽》，取意于"君子来朝，何以锡之"之意，将穆公比作君子。穆公赋《菁菁者莪》，取意于"既见君子，乐且有仪"，以答季平子的称赞。这次赋诗活动是在燕礼上进行的。可见，大部分赋诗活动都出现在诸侯国之间朝聘的享燕环节之中。

但是，赋诗有时候也会出现在其他场合。如《左传·定公四年》记载，吴楚之战，楚军大败，申包胥如秦乞师，哭于秦庭七日，秦哀公为之赋《无衣》，表示将出师。哀公赋诗肯定也不是正式的外交场合。再如《左传·襄公二十九年》记载，当襄公从楚国返回，知道季氏已经取卞地，有可能对自己有不利行为时，对于是否回国有点犹豫，这时荣成伯赋《式微》，取意"式微式微，胡不归"劝谏鲁襄公回国。荣成伯赋诗的时空环境更是带有随意性。

从以上分析可以看出，赋诗多数在贵族外交中的享燕场合，但是，并不是所有的赋诗现象都出现在正规的礼仪场合，有些赋诗活动也具有一定的随意性。这说明赋诗与贵族的礼仪活动并没有必然的联系。

2. 赋诗不是固定的礼仪程序中的固定诗乐

西周礼仪中的歌诗常常要遵循固定的程序，祭祀、典礼用诗的曲目、顺序都有严格的规定，礼仪中规定的诗乐具有程式化的特点，诗乐纯粹是礼仪程式中一个固定的部分。春秋时期的赋诗活动则不一定是程序化的礼仪中的必然环节。何时赋诗，赋什么诗，都比较随意。如《左传·襄公二十七年》记载，楚蘧罢如晋莅盟，晋侯享之。宴礼结束正准备离开，蘧罢赋《既醉》，取意于"既醉以酒，既饱以德。君子万年，介而景福"，以赞美晋侯。可见赋诗不仅不一定在礼仪之中，而且礼仪中的赋诗，是在燕礼中何时来赋，也是比较随意的，并没有一定的程序化规定。

从赋诗的状况看，贵族的盟会之礼不再完全按照西周礼仪的用诗规范进行，而是根据贵族表情达意的需要，选取一些诗歌运用于贵族交往的场合，因而此时的赋诗行为和所赋的诗中更能见出赋诗者的精神面貌。

所以说，春秋时期的赋诗活动是对礼乐仪式的改进。赋诗改变了礼仪的程式化运行规则，减弱了原有仪式的表演性质，增强了外交的目的性。在这个过程中，贵族文化精神渐渐让位于一种目的性较强的功利行为。赋诗现象时常出现在非仪式之中，这实际上是对礼仪本身的修正，使仪式更能符合诸侯国贵族之间交往的需要，而少了一些超越实际功利目的的艺术性，当然也少了一些礼仪的刻板性。赋诗活动是对贵族仪式化生活方式的冲击和解构。

3. 诗与音乐的关系发生了变化

如前所述，西周礼仪中的歌诗常常要遵循固定的程序，在什么时候歌诗，歌什么诗都是固定的，诗乐是礼仪程式中一个固定的环节。如在歌诗的过程一般以瑟伴奏的乐歌，包括《鹿鸣》、《四牡》、《皇皇者华》三首；以笙伴奏的乐歌，包括《南陔》、《白华》、《华黍》三首；堂上之瑟和堂下之笙相间伴奏，以瑟伴奏歌《小雅》的《鱼丽》、《南有嘉鱼》、《南山有台》三首；以笙伴奏歌《由庚》、《崇丘》、《由仪》。此外还有各等诸侯出入时的迎宾曲和送宾曲，如宾及庭，奏《肆夏》，宾拜酒，主人答拜时，音乐停止。这些乐歌都是固定化的仪式程序，与个体的情感意志关系不大。

但是到了春秋时代多数享燕场合，是由主人安排乐歌，以表达某种意愿，这时，客人既要能理解主人在此背景之下所以奏歌此诗的深意，又需要作出适当的反应。比如《左传·襄公四年》记载，穆叔到晋国聘问，晋侯享之。金奏《肆夏》之三，不拜。

工歌《文王》之三，又不拜。歌《鹿鸣》之三，三拜。韩献子使人问叔孙豹，你代表着你们的国君，来到我们的国家，根据先君之礼，我们设乐对你表示欢迎，你为什么对所奏的礼乐，舍弃更隆重、更盛大者，而对较为细微者予以答拜，请问这是什么礼节？叔孙豹回答说，《肆夏》之三是天子享诸侯之乐，《文王》是两君相见之乐，我作为臣子，当然不敢领受。而《鹿鸣之什》首三章分别是《鹿鸣》、《四牡》、《皇皇者华》，其中《鹿鸣》是晋侯用以致意于鲁君的，我作为鲁国的代表怎敢不拜受呢，《四牡》是晋侯用以慰劳我远道而来，我必当拜谢，《皇皇者华》是晋侯用来教诲我的，我岂敢不拜谢。从这一记载可以看到，虽然春秋时期也有诗乐的形式，但是演奏什么诗乐，却并没有固定的程式，或者说已经打破了原有的诗乐演奏程式。

再如文公四年，卫甯武子来聘问鲁国，鲁文公以燕礼招待，并为其赋《湛露》和《彤弓》，甯武子不辞谢，也不答赋。文公使人私下问这是为什么。甯武子回答说，自己以为是乐工在练习演奏。因为过去诸侯朝见周王，周王宴会招待时才赋《湛露》，是把天子当太阳，诸侯听令行事。另外，诸侯消除敌人来献功，周王赏给彤弓，又为歌《彤弓》。我现在以陪臣身份来续两国旧好，贵国竟赐如此殊荣，我怎敢违礼自取罪戾呢。从这一记载可以看出：第一，在春秋时期，乐工并不是按照一定的礼仪程序升堂演奏，即演奏处于宴礼中的什么阶段是比较随意的，甚至在客人来到之后还在演奏一些练习曲，否则，甯武子不会产生这样的一个"误会"；第二，演奏什么乐曲也是比较随意的；第三，从甯武子的言论中可知，《湛露》和《彤弓》的演奏场合和演奏的意义都发生了变化，从天子演奏以宴诸侯，到国君演奏以宴来访的其他诸侯国的大臣。由以上三点可以推测春秋时期礼仪活动中诗、乐关系的变化。

　　而且，从文献记载的情况来看，并不是所有的赋诗活动都必然有音乐和歌舞的伴奏。从赋诗的随意性和赋的时间的随意性也可以推断，赋的过程中是不可能有相应的音乐伴奏的，更不具备场面宏大的歌舞。赋诗表明了西周贵族礼仪化生活状况的改变。有音乐、歌舞相伴的诗，在礼仪中能起到烘托环境气氛的作用，它的意义不独独在于诗所表现的思想，但到了春秋时期，礼乐体制逐渐衰落，诗逐渐脱离了原有的场域而成为孤立的思想表述形式。

　　之所以出现逐渐摆脱礼仪背景的赋诗活动，这与春秋时期朝聘活动的变化也有一定关系。春秋时期的朝聘活动一改西周时期以周王为中心和主要对象的朝聘状况，朝聘成为诸侯国之间相互协调关系的主要渠道。如果说，西周时期的朝聘礼仪中所实践和强化的主要是既定的社会生活秩序，那么，春秋时期，由于社会处于一个动态的结构之中，社会生活瞬息万变，所以，朝聘的目的和对象经常发生变化。因而，朝聘礼仪形式的演习就退居其次，朝聘中对仪式的审美观照，以及仪式中的举止言谈之美，就渐渐被朝聘的目的性所代替。赋诗就成为围绕着这些目的性而存在的外交辞令。质言之，诗在春秋时期不再根据既定的程序而存在，而是围绕着瞬息万变的外交目的而变化，因而赋诗既是贵族仪式化生活方式的继续，又是仪式化生活方式衰微的表现。

　　（二）赋诗与诗的灵性的消失

　　赋诗是西周礼乐文化在春秋时期的延续，但赋诗与西周祭祀礼乐的意义已经大不相同。在西周的祭祀礼仪中，庄重严肃的礼乐烘托了人神交往的神秘气氛，诗乐是神人沟通的中介，诗使神灵现身。诗不但将人带到一个冥冥之中与神沟通的神秘氛围之内，还使周人生活中的宗庙、祭品、礼器，甚至祭祀场合周边的茂盛树木、小草上晶莹的露珠都具有了神性，那是一个万物都笼罩在神灵氛围中的特殊场域。

随着礼的内涵的变化，以及礼与仪式的分离，诗的意义在春秋时期发生了重大变化。这集中表现为诗的神性的消失。《左传》中的诗，已经不具有神秘的气息。与原创诗相比，赋诗中诗的灵韵正在消失，神人与共的严肃祭祀阶段逐渐消失。外交活动中的诗，已经不是周王进行祭祀时，在辉煌的礼乐伴奏下敬奉祖先和神灵的乐歌，而成为贵族交往中引述的经典、行动的根据，以及达到外交目的的手段。

赋诗虽是周代贵族对周代礼乐文化形式的继承，是对诗中所蕴涵的贵族意识形态的维护，但是在春秋时期赋诗所带来的不是神灵的现身。正如黑格尔在讲到古代艺术作品之所以不能恢复时所指出的，古代艺术作品中那种"对神灵的崇拜"和"有生气的灵魂"，由于"周围世界"的变迁，而"没有了"。① 这就是说，古代艺术作品与它们原来所处的"周围世界"之间不可分割的关系是不可能恢复的了。黑格尔的这一观点使我们想到《诗经》所产生时的天地神人融合为一体的神秘氛围在春秋时代引诗和赋诗的形式中已经相当微弱了。

赋诗是西周神灵背景下诗意的消失，是春秋时代新的诗意化生活方式的展现。维护西周贵族社会秩序的礼乐文化体制在春秋时期依然存在着，但已经发生了很大变化，礼乐中的神性消失了，赋诗在春秋时期也从与天地神人相沟通的神秘氛围退出，而成为诸侯贵族之间进行沟通的渠道，成为外交礼仪中显示贵族身份的标志。礼乐失去了形而上的精神维度，成为人与人之间协调关系的必要方式，成为贵族言说的高贵性的最后证明。相比而言，赋诗也的确能透露出贵族作为有闲阶层的学识修养和言谈举

① ［德］黑格尔：《精神现象学》下卷，商务印书馆 1979 年版，第 231 页。

止的独特性。并且，赋诗的行为方式也是西周以来贵族所追求的温文尔雅、含蓄委婉精神的再延续。或者说，赋诗行为还在节制着贵族对物质利益和直接功利目的的过分追求，还在掩饰着贵族精神生活的堕落。在诗的吟咏中贵族们还在标榜着一种诗意栖居的姿态。比起战国时代的朝秦暮楚之士，以及鸡鸣狗盗之徒的急功近利特征，春秋时期的引诗和赋诗活动在新的时代还算是一道贵族诗意化生活的风景线。

与引诗现象相同，赋诗现象中也存在着对诗进行断章取义的肢解的现象。这表现为：第一，将整体诗的意境抛开，而只吟咏了诗中的部分篇章；第二，将诗从原创性的场合中提取出来，而孤立地加以运用。

赋诗断章取义的现象，带有春秋时代的文化特征。《左传·襄公二十八年》记载，庆舍将女儿许给同姓的卢蒲癸，庆舍的家臣问："男女辨姓，子不辟宗，何也？"① 卢蒲癸回答说："宗不余辟，余独焉辟之？赋诗断章，余取所求焉，恶识宗？"② 从卢蒲癸的话中可以看出，时人已经认识到了赋诗断章取义的特点，已经认识到外交活动中对文化的功利主义态度，即更注重诗的功用性，而不再具有《诗经》写作时代对生活的欣赏态度。同时，卢蒲癸的话中也隐含着这样的意思：赋诗现象中的断章取义与对同姓不婚的礼制规定的僭越都具有同样的性质，都是为了一种功利的目的而对原有文化意味的改变。因而，赋诗的断章取义与对礼制的僭越是在同一时代背景下，性质相同的文化现象。正是在赋诗的断章取义之中，诗失去了原有的艺术性。春秋时期的贵族赋诗活动虽然还追求着诗化的言说方式，春秋时期贵族的

---

① 杨伯峻：《春秋左传注》，中华书局 1990 年版，第 1145 页。
② 同上书，第 1145—1146 页。

言说方式中虽然还留存着一定的诗性精神，但是，赋诗的形式中已经没有了原创诗时期贵族对生活的诗意化感悟，同时，也使诗内在的艺术蕴涵更多地流失掉了。

综合引诗和赋诗的现象来看，在春秋时期诗的价值和作用发生了很大的变化。诗逐渐从人神沟通的中介地位演变为贵族外交的辞令，或是表达思想的理论根据。诗也逐渐与音乐分开，与特定的燕饮场合分开。这是春秋时期诗的蜕化现象。赋诗在一定程度上是对仪式诗意性的消解，是对礼仪本身的修正。但比起战国诸侯不择手段的利益之争，比起各国外交中的雄辩和诡谲之辞，朝聘燕享中的赋诗活动使直接的功利追求延宕在诗的形式之外，将外在的功利目的掩盖在一种诗意的形式之中，使贵族的外交方式具有诗意性，并显示出贵族的文化诗学修养。所以说，虽然赋诗这种现象中包含着贵族礼乐文化精神的衰微，但是赋诗的形式毕竟是对外在直接功利目的的一定程度的超越，毕竟体现着贵族诗化生活的审美追求。因而，赋诗具有丰富的文化蕴涵，有诗在，贵族精神和贵族的艺术精神就依然存在着。

第八章

僭越等级的审美追求

　　周代贵族虽然没有形成系统的审美理论，但是他们有着丰富多彩的审美活动，并创造了灿烂辉煌的审美文化。周代贵族生活中的车旗服章、宫室器用等审美对象和享乐特权几乎没有不被纳入到等级体制之中的。春秋时期，贵族的等级特权受到一定的冲击，出现了僭越礼制的行为，表现为对审美等级制的僭越，以及在等级礼制之外开辟新的审美空间等现象。本章将对礼崩乐坏的历史背景下，贵族审美的主要特征进行粗浅的分析。

第一节　僭越等级的审美追求

　　春秋时期大量存在着下级贵族超越等级享受本应属于上层贵族才有资格享受的审美权利的现象，这一方面表明等级礼制之中的美还有着相当的吸引力，另一方面也表明审美主体发生了重要变化。

一　僭越等级的审美追求

周代礼乐文化的重要特征是将美予以等级划分，从而达到对美的享受的固定化，达到社会秩序的稳定化。春秋时期社会结构发生了重要变化，折射到审美领域中，就表现为下级贵族僭越等级享受本该由上级贵族享受的审美特权。如金奏《肆夏》本来是天子用乐的标准，到春秋时期却被僭用。所谓"金奏"，即先击钟镈，后击鼓磬之乐，用于演奏九种夏乐。按照礼制规定，只有天子招待元侯时，才可以有"金奏"。而且钟和磬以其宏大的音量和特有的音色交织成肃穆壮丽的音响效果，再加上鼓的配合，确实能烘托出天子、诸侯至尊、威严、高贵的文化地位。但这种等级礼制中的审美特权在春秋时期却被僭越。《左传·成公十二年》记载，晋国大臣郤至到楚国聘问。楚王设享礼招待他，在地下室悬挂了乐器，郤至登堂时，下面击钟奏乐，吓得郤至不敢进去。楚国招待使者竟然也用了金奏《肆夏》之乐，所以郤至不敢接受。

《左传·襄公四年》记载，鲁国的穆叔到晋国去，晋侯设享礼招待他，宴会上竟也僭用天子用来招待诸侯的《肆夏》之乐来招待穆叔。不仅诸侯国君僭越礼制僭用《肆夏》，大夫一级的贵族也敢僭用《肆夏》之乐。《礼记·郊特牲》记载"大夫之奏《肆夏》，由赵文子始也"[1]。按照西周的礼制，《肆夏》本是天子之乐，作为大夫的赵文子，竟敢将其加于己身。看来金奏《肆夏》不再是天子的特权，审美的等级界线越来越模糊了。

僭越音乐等级的事件还有很多。如按照西周的礼制，贵族舞蹈奏乐，依主人身份的高低确定舞蹈者的人数，八人为一列，称

---

[1]　（清）孙希旦：《礼记集解》，中华书局 1989 年版，第 676 页。

为"佾"。据《左传·隐公五年》记载："公问羽数于众仲，对曰：'天子用八，诸侯用六，大夫四，士二。'"[①] 表演羽舞的人数，以八人为一列，称为一"佾"。天子八佾、诸侯六佾、卿大夫四佾、士二佾。季孙氏、孟孙氏、叔孙氏是鲁国的大贵族，在礼法中，"三家"处于陪臣的地位，而八佾和《雍》乐则是只有周天子才有资格享用的乐舞，身为卿大夫的季氏依其名分只能用四佾，这时却用"八佾舞于庭"，公然僭用天子之乐。并且在祭祀结束时，演奏只有天子才有资格享用的《雍》乐来撤俎。

　　本是作为宗法等级载体和等级标志的礼乐，到春秋时期被普遍僭越，那些暴发崛起的中下层贵族竭力僭越等级享受本应属于上级贵族才有资格享有的礼乐，以炫耀自己的地位。《左传·哀公十四年》记载："（宋）左师每食，击钟。闻钟声，公曰：'夫子将食'，既食，又奏。"[②] 作为宋大夫的向巢竟然每次饭前饭后都要奏钟乐，这是下级贵族对钟乐僭用的典型事例。钟鸣鼎食已经不是上层贵族身份的特殊标志。

　　在楚国，贵族个人竟然能演奏大型军乐。据《左传》记载，息妫本为陈国之女，嫁给息侯。但是由于息妫有着异乎寻常的容颜，所以引起了蔡哀侯以及楚文王的垂涎，几经周折，楚文王灭了息国，并将息妫带到楚国，将其纳为夫人。楚文王死后，息妫还在中年，风韵犹存，使楚文王之弟令尹子元魂不守舍。楚成王六年，子元为了诱惑息妫便在她的宫室近旁建造了自己的新邸，并在房内摇铃演出《万》舞，以便息妫能够听见，从而达到取悦息妫的目的。《万》舞的节奏强烈，乐声嘹亮，息妫自然能够听到，但出乎意料的是，息妫听了《万》舞的乐声之后，非常

---

① 杨伯峻：《春秋左传注》，中华书局1990年版，第46页。
② 同上书，第1687页。

气愤，哭着说，先君演习《万》舞，是为了展示军队的装备，练习参战的本领。今天令尹在我这没有跟着丈夫一起死掉的人跟前演奏《万》舞，这不是有点奇怪了吗！春秋时期，人们的日常审美可以随便用宫廷乐舞，甚至表达爱情的方式也是用乐舞。这应该是春秋时期审美活动的一个特例，虽不具有普遍性，但也可对当时人的审美活动脱离等级规范的状况略见一斑。

僭越等级礼制的审美享受也表现在其他方面。如《礼记·礼器》篇记载齐国的大夫管仲在盛饭的器皿上雕镂花纹，用红色的组带作为冕带①，将宫室的斗拱雕刻成山形花纹，在短柱上绘着水藻作为装饰。管仲的这些行为都是对天子审美特权的僭用。还有"诸侯之宫悬，而祭以白牡，击玉磬，朱干设钖（斧钺），冕而舞《大武》，乘大路，诸侯之僭也。台门而旅树（屏风），反坫，绣黼丹朱中衣，大夫之僭礼也"②。使用宫悬、用白色公牛为祭品、击奏玉磬、使用背面金饰的朱红色盾牌、戴冕冠而舞《大武》、乘大路之车，这些都是天子才有资格拥有的审美权力，到春秋时期却被诸侯所僭用。礼制规定，天子设外屏，诸侯设内屏，大夫以帘，士以帷。但到春秋时期，大夫也开始台门而设屏。坫本是诸侯举行燕享之礼时，放酒爵的土台子，春秋时期，大夫也为自己设坫了。"绣黼丹朱中衣"指的是以丹朱为中衣之领缘，又于其上绣黼纹。按照礼制这是诸侯的服饰，但春秋时期大夫也开始僭用这种服饰。同类的事例在《左传·哀公五年》中也有记载，郑国的驷秦富贵而奢侈，自己仅仅是一个下大夫而已，却经常将卿大夫的车服器用陈列在自己的家中。《左

①　礼制规定只有天子才有资格用红色的组带，所谓"天子朱，诸侯青，大夫、士缁"。

②　（清）孙希旦：《礼记集解》，中华书局1989年版，第678页。

传·庄公二十四年》记载，庄公不仅将桓公之庙的柱子漆成红色，而且将其进行了细细的打磨。对椽子进行打磨是天子的特权，在春秋时期，却成为诸侯贵族的审美追求。同类性质的事件在《国语·晋语》中也有记载："赵文子为室，斫其椽而砻之……"①赵文子斫椽而砻也是对天子特权的僭越，可见，当时人们对于审美权利的等级划分已经不甚清楚。

关于旗的等级制，礼制中有较为详细的规定，天子之旗十二旒，常九仞，插于田车；诸侯九旒七仞；卿大夫七旒五仞。但是楚国的令尹，却"为王旌以田"②。旌是一种用五色羽毛装饰的旗子。按照礼制令尹只能用七旒五仞的旌旗，楚灵王为令尹时却用十二旒九仞的旗。这是对旗子等级规定的僭越。

《左传·成公二年》记载，齐人攻打卫国时，卫大夫叔孙于奚在这一次战争中立有功劳，卫人准备赏赐给叔孙于奚封地，但是叔孙于奚不要封邑，而要曲悬和繁缨，这实际上是作为大夫的贵族想僭越等级享受只有诸侯才有资格享受的音乐和车马。叔孙于奚请曲悬，是以大夫而僭用诸侯之礼。卫人竟也同意了叔孙于奚的请求。孔子对此叹息道："惜也，不如多与之邑。唯器与名，不可以假人，君子所司也。"③ 从卫大夫叔孙于奚的追求可以看到：第一，在春秋时期，贵族的审美标志，对处于下级的贵族还具有相当的吸引力，以至于卫大夫叔孙于奚宁可不要封地，也要只具有标志性的曲悬和繁缨。第二，这也意味着，在春秋时期标志着贵族等级的器物已经可以随便赏赐，等级审美已经开始衰落，礼器的神圣性已经趋于崩坏。

---

① 徐元诰：《国语集解》，中华书局 2002 年版，第 432 页。
② 杨伯峻：《春秋左传注》，中华书局 1990 年版，第 1283 页。
③ 同上书，第 788 页。

通过以上分析可见，按照礼制规定本应是上级贵族才有资格享受的审美特权，在礼崩乐坏的春秋时期对崛起的下层贵族具有一定的诱惑力，因而僭越等级享受本该由上级贵族才有资格享受的美，就成为春秋时期普遍存在的社会现象。过去由于礼乐制度所规定的等级秩序被打破，过去专供王室享有的礼器和礼乐，现在大多已为诸侯们普遍据有。过去作为贵族身份标志的青铜器，现在成为各等诸侯可以共同享有的器物。下级贵族僭越等级的审美活动，说明审美追求的目标没有变，人们还将传统的等级礼制之中的审美对象作为追求的目标，只是享受这种美的主体发生了变化。

二　周代等级审美出现危机的原因分析

等级审美被僭越，被毁坏的原因是多方面的。首先，审美对外在功利目的的摆脱是其发展的必然趋势。在美的发展历程中，一直伴随着这样一个规律，即美不断地作为各种观念的附庸而存在，同时，又不断努力摆脱这种附庸地位。这是审美发展的规律。史前时期人类就形成了朴素的审美意识。如浙江河姆渡文化遗址中的椭圆形盘，盘沿上装饰着连续的树叶纹图案，这样的审美造型亲切质朴而自然，装饰图案纯真，贴近原始人的生活，没有任何神秘感，表现了人类素朴、单纯的审美观念。但是，随着权力的集中和神权观念的形成，美就逐渐与神秘的统治意志联系起来。夏商以及周代前期，器物上的审美图案主要是作为原始图腾的象征符号，或某一家族的族徽，具有浓厚的宗教崇拜功能，美成为统治者意志的载体。美的发展必然要努力突破这种附庸地位而趋于独立。到了周代，随着生产力和人类思维能力得到一定的提高，审美逐渐摆脱了对宗教的附庸地位，渐渐失去灵光圈，成为现世生活中带给人愉悦的美好景致。然而，随着贵族等级制的确立，美的事物，以及对美进行享受的权利又被纳入到等级礼制之中，变成等级礼制的附庸，成为贵族等级和身份的标志。如白玉、山玄玉、水苍玉、瑜玉、瓀珉玉等玉石本身的美已与等级的贵贱交融在一起，玉的等级价值在一定程度上遮蔽了玉原初的审美价值。非功利化的审美与功利化的政治等级意识混为一体。美的发展必然伴随着对美所依附的外在价值的不断超越，作为等级标志的美必然要力图超越等级的限制而突出美的独立价值。所以，僭越等级礼制而追求美的享受，具有一定的历史必然性。

其次，周代审美的等级僭越也是社会结构发生演变的必然结果。周代统治阶级对美进行等级划分，其目的在于稳定社会秩序，维持贵族对精神财富和物质财富的统治地位，但是随着社会的发展，贵族的统治出现了危机。从春秋中后期开始，周王室衰微而失去控制能力，各诸侯国争相扩大财产、权力，互相攻伐不断，灭国绝祀的事件接连发生，西周分封的 100 多个诸侯国，在春秋末至战国初大部分都已不存在。从经济上来讲，铁器的出现大大推动了农业的发展，私田被大量开垦，贵族的公田却逐渐荒芜，贵族赖以存在的经济基础出现了危机。贵族的等级体制也无法正常存在，依附于等级礼制的审美划分也受到一定的冲击。随着宗族政治的日趋瓦解，传统的礼乐制度难以继续维持，出现了"礼崩乐坏"的局面。在各国的政治舞台上，以下克上的夺权事件层出不穷；与此同时，不循旧礼的现象亦屡见不鲜。一些从国君手中夺取政权的卿大夫，不但僭用诸侯之礼，甚至僭用天子之礼。只有天子和诸侯才有资格祭祀名山大川。按礼位于鲁国境内的泰山为天下名山，理应由周天子或鲁君祭祀，这时实际情形却是"季氏旅于泰山"，僭用天子诸侯之祭礼。同样，按照礼制规定，天有日食时，只有天子可以击鼓救日，诸侯只能鼓于朝，但到了春秋时期，诸侯也开始僭用天子的礼仪，击鼓救日。随着社会结构的改变，审美权利必然发生变化。

随着社会结构的变动，为了外在利益而以毁坏等级礼乐为代价的事件也很多。如《左传·襄公十一年》记载，诸侯联军要伐郑，郑国为了社稷的安全，只好顺服于晋国，并贿赂晋国大量的乐师、乐器、车马和玉帛，以求晋国的庇护。《左传》记载："郑人赂晋侯师悝、师触、师蠲；广车、𫐄车淳十五乘，甲兵备，凡兵车百乘；歌钟二肆，及其镈、磬；女乐二八。"① 乐器和乐师成为诸侯国之间交换的物品。晋大夫魏绛因帮助晋侯和诸戎狄，八年之中，九合诸侯，晋侯将郑国所赠乐的一半赐给魏绛，所以大夫也拥有了"金石之乐"。可见列国的征战之中，由于对战功的奖赏，一些下层贵族也有机会享用高级贵族的礼乐。在战争的背景下，对军功的奖赏是原有审美等级遭到毁坏的又一个原因。

所以说，突破美的等级限制，既是社会结构发生变化的结果，同时，也是审美意识发展的必然规律，在美过多地依附于外在等级价值而存在时，美会努力突破外在等级的束缚。这样就会出现低等级的贵族对审美权力的僭越行为，使依附于贵族等级制而存在的美的等级划分趋于衰微。

第二节 等级礼制之外的审美活动

随着等级礼制的衰落，越来越多的贵族开始将审美的眼光投向等级之外的审美空间。但是在等级礼制的大背景还没有被完全摧垮的情况下，这些等级礼制之外的审美活动时常显得苍白、没

---

① 杨伯峻：《春秋左传注》，中华书局1990年版，第991—993页。

有色彩，甚至被扭曲变形。本节拟对等级礼制之外的审美活动及其产生的原因进行分析。

一 在等级礼制之外开辟新的审美空间

对美的享受权利进行等级划分，将美作为等级的标志，这是周代美学的主要特征，但是，即便是在等级森严的周代社会，也不是所有的审美现象都能够被纳入到等级体制之中。春秋时期随着等级礼制的松动，开辟等级礼制之外的审美空间就成为更加具有吸引力的事情。

（一）在等级礼制之外开辟新的审美空间

春秋时期，贵族不断在等级礼制规定的审美范畴之外开辟新的审美空间。这些新的审美空间使作为等级标志的美受到冲击。比如"玄冠紫绫，自鲁桓公始也"①，就讲的是春秋时期的审美观念的变化。紫色的穗带本是等级礼制中所没有的，而鲁桓公却以玄冠配上紫色的穗带，形成一种等级礼制之外的审美范式。以至于《论语·阳货》中孔子云："恶紫之夺朱。"这种新的审美范式就对原有的等级审美形成冲击。再如《左传·庄公二十三年》记载："秋，丹桓公之楹。"② 按照礼制规定，天子诸侯宫殿墙壁应是白色，柱子应是青黑色，大夫之柱子应用青色，士应用黄色，那么桓公的庙宇之柱漆成红色，这虽然使整个建筑显得醒目和耀眼，但是这是在等级规定的几种色彩之外，另外开辟出一种柱子的色彩来。可以说这是等级礼制之外的审美追求。

《国语·晋语》记载，晋平公好新声。师旷劝谏说："公室其将卑乎！君之萌兆衰矣。夫乐以开山川之风也，以耀德于广远

---

① （清）孙希旦：《礼记集解》，中华书局1989年版，第797页。

② 杨伯峻：《春秋左传注》，中华书局1990年版，第227页。

也。风德以广之，风山川以远之，风物以听之，修诗以咏之，修礼以节之。夫德广远而有时节，是以远服而迩不迁。"① 师旷认为，音乐应当具有耀德而服远的功能。但是，晋平公的音乐爱好逐渐溢出了音乐的这种社会功能，成为纯粹的个人兴趣和爱好。晋平公的个人爱好超出了等级礼制所允许的范围，这一方面表明审美逐渐摆脱等级礼制的束缚，表明音乐背后的意识形态功能正在衰落；另一方面也表明个体的欲望和情感正在觉醒。

春秋后期到战国时期，周人的等级审美观念进一步遭到破坏。在人们的审美视野中愈来愈多地出现了对个体主观感受的关注。魏文侯就曾问子夏曰："吾端冕而听古乐，则唯恐卧；听郑卫之音，则不知倦。敢问古乐之如彼何也？新乐之如此何也？"②《孟子·梁惠王下》中也记载齐宣王的困惑："寡人非能好先王之乐也，直好世俗之乐耳。"肃穆庄重的古乐使人神情宁静，但在春秋时期已经失去存在的社会现实基础而徒具形式，因而即便是人们努力建立对古乐的情感，也无法控制对世俗之乐的兴趣。因为古乐节奏缓慢、呆板，容易使人厌倦，新兴的郑卫淫声刺激人的感官，节奏欢快，能使人亢奋。

随着西周礼乐体制的衰落，礼乐对人的精神约束力逐渐减弱，所以春秋时期蓄养女乐的风气在各国宫廷中十分流行。与古乐相伴的和正文雅的贵族精神已经消失了，而历史舞台上逐渐兴起的风气是演奏放荡而淫邪的乐曲，是优伶、侏儒所带来的娱乐效果，是男女混杂不知父子尊卑的新派娱乐。新声触动人的感官，形成强烈的感官刺激，乐曲不再倾向于引导人的精神生活。至此，精神世界趋于萎缩，有着丰富精神世界的贵族阶层也就让

---

①　徐元诰：《国语集解》，中华书局 2002 年版，第 426 页。

②　（清）孙希旦：《礼记集解》，中华书局 1989 年版，第 1013 页。

位于另一些新的历史主角。等级体制内的审美观念走向了衰落。

（二）开辟等级礼制之外审美空间的原因

春秋时期贵族之所以要在等级礼制之外开辟审美空间，这首先是因为，在等级审美之外，本来就存在着非等级的审美空间。在等级森严的周代礼乐文化体制中，人的审美视野被局限于标志等级的一些事物之中，主流美学思想纠缠于等级和礼乐仪式的框架之内，然而，美的观念的发展却不是等级和礼仪仪式可以完全囊括包罗的，比如对玉石的形制、大小和色彩的拥有是贵族等级化的标志，但是对玉的温润质感的体认却不是等级划分可以左右和硬性规定的。因而在等级的背景下，潜滋暗长着非等级体制的审美意识。换句话说，即使是在等级森严的周代社会，也并不是所有的审美范畴都能够被纳入到等级礼制之中，人类多姿多彩的审美活动并不是等级的概念所能涵盖得了的。只是到了春秋时期，这些存在于等级礼制之外的审美领域得到了更多的关注，甚至贵族们还不断地在等级礼制规定的审美范畴之外开掘新的审美空间，从而对等级礼制形成冲击。

其次，在等级社会中人的自然情感时常受到等级礼制的约束，很多人间的真情实感和自然愿望受到限制，或在等级体制之中变得僵化，失去生命力。如《左传·隐公五年》记载，在一个春光明媚的日子里，鲁隐公离开国都去位于鲁、宋两国交界处的棠地观看渔人捕鱼为乐。如果是一个普通人能对捕鱼这样的日常生产劳作产生兴趣，那可能就是一个具有审美情趣的人了。问题是身为一国之君，承担着国家社稷兴衰存亡的重任，鲁隐公的审美举止在当时就受到臧僖伯的批评。臧僖伯说与祭祀、戎兵无关的活动，国君是不应该去参与的。国君应该整顿军旅，使国家强盛。一切行为和举止都应围绕着礼制的需要，使贵贱、等级、少长各就其位。鸟的羽毛、牦牛的尾巴固然美丽，但是如果不是作为祭祀来用，国君就没有理由去射杀和拥有。至于山林、川泽中虽有丰富的物产，但是这些都应有专门的人去管理。鲁隐公所热心的捕鱼之事，按礼就应该由卑贱的人去做，而不应该由国君来插手。但是臧僖伯的等级之论也无法阻拦鲁隐公如棠观渔的闲情雅趣。对自然人性的过多限制，最终导致了等级审美原则的崩溃，导致了审美追求与等级观念的冲突。

再次，贵族等级制的衰微使原有的等级审美失去吸引力，这也是人们在等级礼制之外开辟审美空间的一个原因。如《左传·昭公元年》记载，郑国大夫徐吾犯的妹妹长得很漂亮，公孙楚已经与之确定了婚姻关系，这时公孙黑又执意要来纳采。徐吾犯就将抉择权交给他的妹妹。于是两个男子在徐吾犯之妹的面前分别进行了一场才艺表演："子皙盛饰入，布币而出。子南戎服进入，左右射，超乘而出。女自房观之，曰：'子皙信美矣，抑子南，夫也。夫夫妇妇，所谓顺也。'适子南氏。"① 子皙的服饰华贵，举止得体，恪守礼仪。子南戎服进入，左右射，超乘而出，显得更加潇洒。在子皙和子南两人之间，子皙是上大夫，子南是嬖大夫。从爵位来说，子皙的爵位更高，子南次之。但是徐吾犯之妹选择了动作潇洒，有着武士气质而爵位较低的子南。可见在春秋时期，人们已经不再完全以爵位为贵，不再一味欣赏具有传统贵族风范的子皙，而崇尚英武潇洒的子南。一个时代的婚姻标准往往是这个时代审美理想的集中体现，徐吾犯之妹的择婿标准，深刻地体现了春秋时期审美标准的变化，表现出对适合时代需要的审美对象的偏好。

---

① 杨伯峻：《春秋左传注》，中华书局 1990 年版，第 1212 页。

二　等级审美观念与僭越等级的审美观念的冲突

追求美是人的天性，美的发展最终会突破等级的束缚，但是在等级礼制依然占突出地位的时代，等级礼制之外的审美活动，存在于诸侯争霸以及各诸侯国内部争权夺利斗争的夹缝之中，显得是那样的苍白。

《国语·楚语上》记载，楚国有个大臣屈到非常喜欢一种叫做芰的植物，在自己病重将要死去的时候，甚至嘱咐其家臣说，他死以后，就用芰来祭他。等到屈到死后祥祭之时，家臣根据屈到的遗愿将要用芰来祭祀，却遭到屈到的儿子屈建的反对。屈建命令去掉用来祭祀的芰。家臣解释说，这是夫子的遗愿。屈建说："不然。夫子承楚国之政，其法刑在民心，而藏在王府，上之可以比先王，下之可以训后世，虽微楚国，诸侯莫不誉。其祭典有之曰：'国君有牛享，大夫有羊馈，士有豚犬之奠，庶人有鱼炙之荐，笾豆脯醢则上下共之。'不羞珍异，不陈庶侈，夫子不以其私欲干国之典。"[①] 最后只好不用芰来祭祀。屈建宁愿违背父亲的遗愿，也要用符合礼仪规范的祭品来祭祀父亲，使屈到的审美追求成为永远的遗憾。这件事表明等级礼制与等级礼制之外的审美追求之间的矛盾冲突是相当尖锐的。

春秋时期各国社祭活动很兴盛，尤其是齐国的民间社祭活动最为热闹，齐国的社祭活动就像宋国的桑林一样，男女都可以结伴来游玩观看，甚至鲁庄公也亲自到齐国民间去观看社祭。但是鲁庄公去齐国观社的行为却遭到了大夫曹刿的委婉批评。曹刿的意思是，先王给诸侯定下制度的目的是正班爵，使长幼有序。现在齐君抛弃太公之法而观民于社，您也跑去凑热闹，这不是先王

---

①　徐元诰：《国语集解》，中华书局 2002 年版，第 488 页。

之训啊！曹刿指出鲁庄公的入齐观社是先王礼制之外的行动，是不应该的。虽然鲁庄公最终还是不听劝谏而执意到齐国观社，但是在等级礼制的背景之下，鲁庄公的自然天性还是受到了社会舆论的批评，从而形成了春秋时期自然审美天性与礼制约束之间的矛盾和冲突。

《晏子春秋·内篇杂上》记载，晋平公派大臣范昭到齐国刺探情报，齐侯设宴招待范昭。范昭假装喝醉了酒，故意要求齐国的太师为他安排宫廷乐舞。他想以天子的身份来观乐，并看看齐国有没有等级秩序，进而推测齐国治理的情况。齐太师当即指出：作为人臣却想享用天子之乐，是犯上之举，他是不可能答应的。范昭回国后，将齐国上下有序、等级分明的情况告诉了晋平公。晋平公遂打消了伐齐的念头。齐太师的指责，表明在春秋战国时期，礼乐的等级制与礼乐等级的僭越正处于抗争阶段的状况。

在等级社会之中，那些不符合等级规定的行为，不仅要受到一定的束缚，甚至会因为短暂的审美享受而引起尖锐的矛盾冲突和灭顶之灾。

春秋时期，贵族普遍追求对苑囿的建设。《左传·庄公三十一年》记载，鲁筑有郎台、薛台、秦台。① 《左传·僖公三十三年》记载："郑之有原圃，犹秦之有具囿也，吾子取其麋鹿……"② 《左传·成公十八年》记载，鲁筑鹿囿。可见当时秦、郑、鲁等国都有有名的苑囿。台可以登高望远，居高临下，苑囿中有着茂盛的植物和各种珍禽异兽。这些能显示出贵族生活幽情雅趣的审美空间，又时常是引起争端，导致贵族灭亡的导火索。《左传·

---

① 杨伯峻：《春秋左传注》，中华书局1990年版，第248页。
② 同上书，第496页。

庄公十九年》记载，周惠王曾将芮国用篱笆围起来种菜蔬瓜果的菜园子，变成自己的囿，这件事竟然成为五大夫叛乱，最终推翻惠王而立王子颓的直接原因。

《左传·庄公二十年》记载，王子颓在五大夫的支持下作乱，赶走了周王。为了庆祝胜利，王子颓宴请五大夫，并让他们欣赏王室的各种乐舞。郑厉公知道此事后，就对虢叔说："寡人闻之：哀乐失时，殃咎必至。今王子颓歌舞不倦，乐祸也。夫司寇行戮，君为之不举，而况敢乐祸乎？奸王之位，祸孰大焉？临祸忘忧，忧必及之。盍纳王乎？"① 果真，在第二年的春天，郑厉公和虢公攻入王城，杀了王子颓及五大夫，恢复了王位。但郑厉公同样在宴请周王时僭用了天子的音乐。原伯评价说，郑伯效尤，也将同样招来杀身之祸。可见在等级礼制的背景下，忘乎所以的审美追求，其结果往往是招致杀身之祸。审美在礼制的背景下显得如此的脆弱和苍白无力。

《左传·闵公二年》记载，冬十二月，狄人伐卫。卫懿公好鹤，甚至让爱鹤乘坐着只有大夫以上的贵族才能乘坐的轩车。战争前，国人都说，还是让鹤去参加战斗吧！鹤享有禄位，我们怎么能去战斗呢？果然，在狄人与卫国的战争中，卫被打得大败。卫懿公对鹤情有独钟，这是等级礼制社会中的一个超越于等级审美范畴之外的审美追求。然而，这一审美情趣也因为不合时宜而为自己带来了灭顶之灾，表现了审美脱离了一定的历史条件和背景的悲哀。

古人看到鹬鸟夏季在北方繁殖，冬季则南渡，认为鹬鸟知天文，所以也认为知天文者才可以戴鹬冠。《左传·僖公二十四年》记载："郑子华之弟子臧出奔宋。好聚鹬冠。郑伯闻而恶

---

① 杨伯峻：《春秋左传注》，中华书局1990年版，第215页。

之，使盗诱之。八月，盗杀之于陈宋之间。君子曰：'服之不衷，身之灾也。'《诗》曰：'彼己之子，不称其服。'子臧之服不称也夫。"① 这一段话的意思是，子臧不懂天文，却"好聚鹬冠"。郑伯认为子臧出奔到宋尚且不知韬晦，竟然还追新猎奇，所以知道子臧的这一嗜好后很不高兴，使人诱杀之于陈、宋之间。看来子臧的服饰追求最终成为导致其灭顶之灾的导火索。

综上所述，可以看出：第一，人类的审美追求即使在纷乱动荡的时代也会潜滋暗长，即使是在等级礼制的夹缝中，也会存在。但是，在礼仪背景的衬托和政治斗争的左右下，这些礼制之外的审美活动不是社会的主流文化，而且在等级的夹缝中，这些审美追求显得是那样的脆弱和苍白，甚至有可能因为一些异想天开的审美行为而为自己招来杀身之祸。第二，春秋时期贵族在等级礼制之外的审美活动，一定程度上是对个体欲望的放纵，然而这一来自等级之外的审美追求将最终对等级审美形成强大的解构作用。

第三节 等级礼制的衰落与器物价值的变迁

在周代贵族的生活中，器物几乎都被纳入到等级礼制之中，但是春秋时期随着贵族等级制的衰微，器物的审美价值、玩赏价值和交换价值就开始凸显出来。所以研究春秋时期贵族活动中器物价值的演变，可以从另一个侧面体会贵族生活方式和审美追求的嬗变历程。

---

① 杨伯峻：《春秋左传注》，中华书局 1990 年版，第 427 页。

一　从礼器和国家重器变为交换的砝码

西周时期天子分封诸侯，同时也对珍宝器物进行封赐。《左传·定公四年》记载周初分封的情况：分鲁公以大路（车）、大旂，夏后氏之璜，封父之繁弱（古之良弓）；分康叔以大路、少帛、大赤色的旗、旃旌、大吕（钟名）；分唐叔以大路、密须之鼓、阙鞏（铠甲名）、沽洗（钟名）。《国语·齐语》记载了葵丘之会后，周襄王赐齐桓公胙肉，以及大路、龙旗九旒，渠门赤旗的情况。

赏赐器物的目的是为了维持周王室与各诸侯国之间的关系，正像孔子所说："古者分同姓以珍玉，展亲也，分异姓以远方之职贡，使无忘服也。"① 天子的赏赐是维持等级秩序，加强对诸侯统治的手段，是天子和诸侯之间权利和义务关系的象征符号。

器物还具有表示诸侯国之间友好关系和作为诸侯国之间友好往来信物的作用。《国语·鲁语上》记载，鲁国有了饥荒，臧文仲对鲁庄公说："夫为四邻之援，结诸侯之信，重之以婚姻，申之以盟誓，固国之艰急是为。铸名器，藏宝财，固民之殄病是待。今国病矣，君盍以名器请籴于齐？"② 在这里臧文仲向鲁庄公讲了名器在诸侯交往礼仪中的重要性。最后，鲁庄公同意臧文仲拿着鬯圭与玉磬到齐国告籴。

据《仪礼·聘礼》记载，使者受命出国聘问时，要拿着表示国家级别的玉圭，同时还要为拜访国的国君、卿大夫以及夫人分别准备"束帛加璧"、"束帛加璋"、"束帛加琮"等礼物，称为币。到达他国行聘礼时，使者要执圭往见，由摈者入告主人，

---

① 徐元诰：《国语集解》，中华书局 2002 年版，第 204 页。
② 同上书，第 148 页。

再出来辞玉，请使者升堂，主人受玉。接着举行享礼，使者将"束帛加璧"赠送给主国国君。随后聘问夫人和卿大夫，分别赠送礼物。但是，贵重的玉圭最后由受聘国的国君派卿给使者送回宾馆，表示所看重的是两国之间的友好往来，而不是具体的物质利益。实际上，是通过玉的授受以及归还仪式，达到轻视器物的实用价值而使其蕴涵的精神价值得到升华的目的。如庄公二十八年，鲁国闹饥荒，臧文仲代表鲁国，"以鬯圭与玉磬如齐告籴"，齐国"归其玉而予之糴"①，就表现了诸侯对物质实用价值的超越和对其作为信物价值的强化。

但是器物作为等级标志的价值在春秋战国时期也面临着被解构的危机。《左传·庄公十八年》记载，虢公、晋侯朝周王时，王享礼上，赐给虢公、晋侯同等数量的玉珏和马匹。赐给名分和等级不同的诸侯国同等数量的器物，这就等于是对等级礼制的自我否定和瓦解。《左传·昭公十二年》记载，随着楚国的强大，楚国开始提出这样的问题："昔我先王熊绎与吕伋、王孙牟、燮父、禽父并事康王，四国皆有分，我独无有。今吾使人于周，求鼎以为分，王其与我乎？"② 这是诸侯势力强大以后，对周王室分封体制的质疑。

周初的这种周王分封和赏赐诸侯器物，诸侯上贡周王器物的关系，以及以器物作为诸侯国之间友好往来信物的状况，在春秋时期逐渐发生了变化，器物逐渐成为巧取豪夺的对象和诸侯之间换得和平的交换条件。《左传·昭公十五年》记载，晋大夫荀跞到周王室参加完穆后的葬礼，除丧以后，周王为荀跞举办宴礼，拿出鲁国所献的壶作酒樽。周王看着鲁壶对晋大夫说，别的诸侯

①　徐元诰：《国语集解》，中华书局 2002 年版，第 150 页。
②　杨伯峻：《春秋左传注》，中华书局 1990 年版，第 1339 页。

国都有贡献给王室的器物，晋国怎么没有献给王室的器物？言外之意，你们晋国该向周王室进贡了。晋国的大臣籍谈回答说："诸侯之封也，皆受明器于王室，以镇抚其社稷，故能荐彝器于王。晋居深山，戎狄与之邻，而远于王室，王灵不及，拜戎不暇，其何以献？"① 籍谈的回答包含着两重意思：其一，周初分封诸侯，诸侯国受到周王的器物赏赐，各诸侯国对周王室也要供奉彝器；其二，晋国远离王室，没有受到过周王赏赐的器物。籍谈的回答，也确实属无稽之谈，因而周王很不满意。周王说，你忘了当年周公分给唐叔密须之鼓、大路以及阙巩之甲，后来周襄王又分赐给晋文公大路、戎路、铖钺、秬鬯，彤弓、虎贲？周王对有功勋的诸侯加以重赏，书功于策，抚之以彝器，旌之以车服，明之以文章。周景王的话使籍谈哑口无言。籍谈回到晋国将这件事告诉叔向，叔向对这件事评论说：周王一年之中有太子寿和穆后两件丧事，却以丧宴宾，并向诸侯国求彝器，这都是非礼的行为。从这一件事可以看出，周初王室确曾颁赏诸侯彝器，同时诸侯国也要向周王室供奉器物，但这样的时代已经过去了。现在不是诸侯国向周王室供奉器物，而是王室向诸侯国索要器物。事实上，周襄王策命晋侯为侯伯，并赐晋文公大路、戎路、彤弓、彤矢、秬鬯等物，距籍谈说此话时，也不过一百年左右的时间，但器物所维系的周王室和诸侯国之间的关系已经发生了很大变化。而且，周初器物是礼制观念的物质载体，现在连王室对器物的享用也是非礼的，竟在丧事之后不久就用尊贵的鲁壶与宾行宴礼。看来，器物所蕴涵的礼制意义正在全面崩坏，周王室和诸侯国都不再恪守礼制规定了。

器物传达诸侯国之间诚信友好关系的作用，在春秋时期演变

---

① 杨伯峻：《春秋左传注》，中华书局 1990 年版，第 1372 页。

为各诸侯国之间寻求和平的交换条件。如《左传·成公二年》记载，晋打败齐国，并进入齐国境内后，"齐侯使宾媚人赂以纪甗、玉磬与地"①。《左传·成公十年》记载，晋国欲伐郑国，"郑子罕赂以襄钟"②，齐国的车服器物和郑襄公庙之钟都成了换取和平的交换条件。《左传·襄公二十五年》记载，齐国"赂晋侯以宗器、乐器。自六正、五吏、三十帅、三军之大夫、百官之正长、师旅及处守者皆有赂"③。《左传·昭公七年》记载，齐国准备攻打北燕国，燕人嫁女于齐侯，并"赂以瑶罋、玉椟、斝耳"④。玉罋是盛酒的陶器，以美玉为饰。玉椟是饰着美玉的柜子。斝耳，是带耳的玉斝。齐国拿到了几样宝物就放弃攻打北燕国了。在这里"先君之敝器"的确可以起到谢罪的目的。

但并不是所有的时候器物都能达到息事宁人的目的，如《左传·僖公二年》记载，晋荀息想用屈地所产的车和垂棘所产的璧作为信物假道于虞国去征伐虢国。虞公贪恋宝物，让晋国经过虞国攻打虢国，结果晋国假道伐了虢国，归来的途中就灭掉了虞国。宝物未必都能换来国家的安全。还有吴国和越国的斗争中，首先是吴国打败越国，越国通过金玉、美女，换得了与吴讲和的机会，后来，越王勾践卧薪尝胆，打败吴国，吴王夫差也想以金玉、美女贿赂越国，以换得平安，但是越国吸取了吴国的教训没有答应。最后越国灭了吴国。显然，到春秋后期，通过器物交换以得到和平已经变得困难了。

① 杨伯峻：《春秋左传注》，中华书局1990年版，第796页。
② 同上书，第849页。
③ 同上书，第1101页。
④ 同上书，第1282页。

二 从等级的标志到贵族追求和占有的对象

西周分封诸侯，对贵族生活的各个方面都进行了等级性的规定。正如《左传·桓公二年》所记载的："衮、冕、黻、珽，带、裳、幅、舄，衡、统、纮、綖，昭其度也。藻、率、鞞、鞶、鞶、厉、游、缨，昭其数也。火、龙、黼、黻，昭其文也。五色比象，昭其物也。锡、鸾、和、铃，昭其声也。三辰旂旗，昭其明也。"① 这里列举的是周人服饰和车旗的装饰，这些美丽的饰物，几乎全都被纳入到等级体制之中，成为彰明等级的标志。《国语·周语上》也指出先王"为车服旗章以旌之，为贽币瑞节以镇之"②，即车服旗章、贽币瑞节等器物都是为了起到分别贵贱等级的作用，成为等级的标志和强化等级观念的手段。

并且，西周时期的各种礼仪几乎都是对器物的实用价值和对器物占有心理的限制。如前所述，《左传·文公十二年》记载，秦伯使西乞术来鲁国聘问，襄仲要对秦国的礼玉进行三番辞让，在相互辞让的礼节中，诸侯国之间的谦让精神得到了升华，同时也是为了达到对器物占有欲望的悬置和有意忽略的目的。《左传·昭公五年》记载，楚大臣蘧启强说："朝聘有圭，享觌有璋，小有述职，大有巡功。设机而不倚，爵盈而不饮；宴有好货，飧有陪鼎，入有郊劳，出有赠贿，礼之至也。"③ 蘧启强指出器物在诸侯外交礼仪中的意义不在于器物本身的使用价值，而在于器物中传达的友好协作关系。圭、璋之属没有实用价值，但却传达着礼制观念；厅堂中摆设着美丽的雕几，但不是为了倚靠

---

① 杨伯峻：《春秋左传注》，中华书局 1990 年版，第 86—89 页。
② 徐元诰：《国语集解》，中华书局 2002 年版，第 33—34 页。
③ 杨伯峻：《春秋左传注》，中华书局 1990 年版，第 1267—1268 页。

在上面使自己舒舒服服；将酒爵斟得满满的，但不是为了饮用，器物之设，不是为了满足个体的口腹之欲。周代贵族对器物实用功利性的超越使他们对待器物的态度带有几分艺术性。

但是当贵族文化的等级性开始紊乱之后，器物的玩赏价值、收藏和占有价值大大提高。"君子小人，物有服章，贵有常尊，贱有等威"① 的礼制意义逐渐为器物的其他价值所代替。《左传·昭公十六年》记载，晋韩宣子有一对玉环中的一个，而另外一个在郑国的商人手中。韩宣子拜见郑伯，希望通过官方的渠道获得郑商人手中的那个玉环。子产不给，并说不是官府的守器，因而不了解情况。晋韩宣子所寻求的玉环就属于珍玩之玉。韩宣子想得到这块玉，子产以非官府所有不好强行从商人手中攫取为由拒绝了韩宣子的要求。由此可见，在当时，并不是所有的玉都是官方的礼器，还有些贵重的玉是商人可以自由买卖的玩物。

《左传·僖公二十八年》记载，城濮之战前，"楚子玉自为琼弁、玉缨，未之服也。先战，梦河神谓己曰：'畀余，余赐汝孟诸之麋。'弗致也"②。据杨伯峻注，"琼弁，马冠，在马鬣毛前，其弁饰之以琼玉，故谓之琼弁；缨，即马鞅，马颈之革，饰之以玉，故谓之玉缨"③。战前子玉梦见河神对自己说，用这两件物品祭祀河神的话，就可以获得战争的胜利，但是，子玉不舍得用美丽的琼弁玉缨祭河神。最后楚国大败。从这件事可以看出，子玉将拥有琼弁、玉缨看得比祭祀和战争取胜更加重要。春秋时期器物作为礼器的价值逐渐弱化，而器物的玩赏价值正逐渐

① 杨伯峻：《春秋左传注》，中华书局1990年版，第725页。
② 同上书，第467页。
③ 同上。

加强。

《左传·定公三年》记载，蔡昭侯到楚国去时，制作了两套佩和两套裘衣，献给楚昭王一佩一裘。当楚昭王和蔡昭侯分别穿上这套新衣服时，楚国的令尹子常看到了也想要一套，但蔡昭侯没有给，令尹就将蔡昭侯扣留在楚国长达三年之久。唐成公到楚国，带了两匹名为肃爽的骏马，子常又想要，在得不到的情况下，也将唐成公扣留在楚三年。蔡昭侯一旦从楚国脱身，就请求晋国攻打楚国。晋国的大臣荀寅借机向蔡侯索要东西，但却没有得到。荀寅没有得到好处，竟然挑拨范献子，最后放弃帮助蔡国攻打楚国。由此可见，在春秋晚期，诸侯贵族对器物的疯狂追求。这时的器物已经不能使诸侯之间建立友好的关系，已经不再是诸侯之间往来的信物，而成为诸侯贵族之间争夺的对象和相互索要的条件。

《左传·桓公十年》记载，虞叔有宝玉，虞公想要，虞叔没有给。过后虞叔想，周代谚语有："匹夫无罪，怀璧其罪。"于是后悔自己没有将宝玉献出，而自找麻烦，所以，又将宝玉献给虞公。后来虞公又索要宝剑，这次虞叔认识到虞公贪得无厌的本性，认识到不除掉虞公，祸难就有可能殃及自己，所以，虞叔先下手为强，对虞公进行讨伐，迫使虞公出奔。从这件事也可以看出，器物只是诸侯贵族之间玩赏的珍宝而已，基本与礼制无关，并且对器物贪得无厌的追求也表明贵族已经不再对个体行为和欲望进行适当的约束。

更有甚者，如《左传·襄公二十八年》记载，崔杼之臣为了得到崔杼的拱璧，竟以献出崔杼的尸体为交换条件，足见春秋时期贵族对器物急功近利的追求状况。《左传·昭公二十九年》记载："（鲁昭公）赐公衍狐裘，使献龙辅（玉名）于齐侯，遂入羔裘，齐侯喜，与之阳谷。"齐侯因得一件羔裘而把阳谷邑给了公衍。时人对器物的追求已经到了不择手段的地步。西周时期，贵族重视的是通过器物协调群体之间的关系，有着对器物实用价值的超越，并通过各种仪式，对器物的实用价值有意予以淡化。但到了春秋后期，对物质利益的有意回避和谦让的精神已经过时，贵族开始重视个体欲望的满足，表现出对物质的强烈占有心理。

周代贵族的生活方式以等级礼制为其总体特征，在这样的生活方式中蕴涵着贵族阶级的审美追求。但是当这样的美的服饰和举止被外在的规定钳制而成为外在于人的规范和程序的时候，美就趋于僵化，这也意味着贵族的生活从生命本真情感的流露到了遵循外在礼仪规范而生活的程度，尤其是有很多礼仪规范过于繁琐和细碎，使人的存在失去个性。社会的进步，生产力的发展使一些新的审美领域进入人们的视野，对过于僵化的等级美的僭越就成为历史发展的必然趋势。但是春秋时期贵族文化还是主流文化形态，所以那些僭越等级礼制的审美活动在等级礼制和政治斗争的夹缝中显得非常苍白和脆弱。

第九章

没落贵族孔子的生存状态及其
对礼乐文化的维护

孔子有着遥远的贵族血统却生长于贫寒之家，受到传统贵族礼乐文化的熏陶，却处于一个贵族文化衰落的历史时期。这使孔子面临着无法排遣的生存焦虑，也注定了孔子思想中的矛盾和徘徊状态。孔子是没落的贵族阶级在春秋晚期生活状态的个案，研究孔子的思想和行为方式可以看到贵族以及贵族的思想和文化彻底衰亡之前的最后抗争状态，从中也可以看到西周以来所建构的贵族诗化的生存方式在春秋时期的发展演变轨迹。

第一节　没落贵族的生存状态及其对礼乐精神的维护

一　作为没落贵族的孔子

孔子有着贵族血统。《左传·昭公七年》记载，鲁国贵族孟僖子临死前终于认识到了礼对人的重要性，也想到了孔子，并对孔子的贵族血统进行了回顾："吾闻将有达者曰孔丘，圣人之后也，而灭于宋。其祖弗父何以有宋而授厉公。及正考父，佐戴、武、宣，三命兹益共……"① 弗父何是孔子的第十代祖先。弗父何本可以做宋国的国君，但让位于其弟，即宋厉公。正考父是孔子的第七代祖先。他曾连续辅佐宋国三公即戴公、武公和宣公。正考父在任时，不但不骄傲奢侈，反而越发谦逊俭朴。孔父嘉是孔子的第六代祖先。从孔父嘉起，子孙中就有以孔为氏的了。孔父嘉在一次宫廷内讧中被杀，其子木金父避祸奔鲁。孔氏家族从此就生活在鲁国，但从此后名不见经传。孔子的父亲叔梁纥立了两次战功，一次是在逼阳之战中，一次是在齐君围困防邑时，孔子的家族才算有了一点名气，但并没有因为有战功而加官晋爵。叔梁纥六十多岁才有了孔子。孔子三岁时，叔梁纥去世。孔子与母亲迁居到鲁国国都曲阜城内的阙里生活。孔子童年的生存环境因为资料的缺乏已不可知，但从《史记·孔子世家》的记载"孔子为儿嬉戏，常陈俎豆，设礼容"② 可知，孔子童年时可能生活在一个贵族礼乐文化较为浓厚的氛围之中，所以有机会受到礼乐文化的熏陶。孔子七岁进入乡学学习。乡学是官办的学校，不收平民子弟入学。孔子因为先祖是贵族才有资格进入乡学学习。以上资料说明孔子有着贵族血统，受到过贵族文化的熏陶。

成年以后的孔子，虽没有世袭的封邑，不属于世袭贵族，但也曾跻身于贵族的行列。《史记·孔子世家》记载："定公以孔子为中都宰，一年，四方皆则之。由中都宰为司空，由司空为大司寇。"③ 尤其在孔子任大司寇期间，作为相礼，辅佐鲁君到夹谷参加鲁齐两国的盟会。孔子在复杂的诸侯国形势面前，能随机

---

① 杨伯峻：《春秋左传注》，中华书局 1990 年版，第 1295 页。
② （汉）司马迁：《史记》，中华书局 1982 年版，第 1906 页。
③ 同上书，第 1915 页。

应变，以礼服人，为鲁国赢得了声誉。孔子后来周游列国期间，在卫国，卫灵公以粟六万礼遇孔子。在齐国，齐景公准备以尼谿之田封孔子。在楚国，昭王准备以书社之地七百里封孔子。孔子属于春秋晚期到战国时期依靠才能而进入贵族生活圈的士阶层，但是由于他有着遥远的贵族血统，甚至也有可能享受到封邑，所以孔子也自认为是贵族，自视甚高，并且以贵族的行为标准约束自己，也时时处处表现出贵族的姿态。

二　贵族艺术化生存方式的践行者

如前所述，周代贵族的生活方式主要表现为，生活的仪式化，言谈举止的文雅化，宫室、车旗、服物的精致化和纹饰化等等。贵族的文化既追求对生活的美饰和文饰，又要在美中体现出等级差别。孔子极力维护西周以来贵族的思想和行为方式，几乎完全按照贵族的生活模式生活着。在贵族虽然衰落，但还是社会主体的春秋时期，孔子的言行举止成为贵族的风范，这集中体现在以下几个方面。

（一）具有敬畏意识和对精神维度的重视

敬畏意识是周代贵族精神的突出特征。孔子虽然多次强调，不语怪、力、乱、神，但是他的骨子里对天命和鬼神有着敬畏意识。王孙贾曾问孔子，人们说与其奉承处在屋子西南角、与人的实际生活没有直接关系的奥神，还不如奉承与人的生活有直接关系的灶神。这话怎么讲？孔子回答说，不能这样啊。如果得罪了天，向谁祈祷都没有用。其言语之间表现出对天的敬畏。此外孔子还说："君子有三畏：畏天命，畏大人，畏圣人之言。小人不知天命而不畏也，狎大人，侮圣人之言。"① 孔子理想中的君子

---

① 杨伯峻：《论语译注》，中华书局 1962 年版，第 183 页。

有"三畏"。如果失去至高无上的先验价值尺度，人的行为将失去内在的根据，就有可能为所欲为。孔子继承了西周以来敬天畏天的精神，认为贵族的行为应当受到天命、大人以及圣人之言的约束。心中有了敬畏意识，其行为就会谨慎小心。孔子的敬畏意识还表现为对祭祀礼仪的恭敬。孔子说，祭祀时，就应当像面临着神灵在场一样对神进行祭祀。而且孔子为了防止祭祀流于外在的形式，特别强调祭祀时人的精神和情感的投入。他说："居上不宽，为礼不敬，临丧不哀，吾何以观之哉！"① 意思是居于上位待人不宽宏大量，在礼仪中不能表现出恭敬之情，举丧不能表现出悲哀之情，我是看不下去的。具有敬畏意识和关注人的精神存在，这是周代贵族精神的特征，是贵族生活方式的一个方面。孔子是这一贵族精神特征的张扬者和践行者。

（二）文质彬彬的贵族气度

以礼约束人的行为，不使其行为无度，这是周代贵族精神的又一重要方面。孔子所张扬的正是周代贵族的这种精神气质。孔子说："君子博学于文，约之以礼，亦可以弗畔矣夫！"② 孔子本人的行为也几乎完全符合周代的礼仪规范。

如仪容仪态方面，《论语·乡党》记载孔子"朝，与下大夫言，侃侃如也；与上大夫言，誾誾如也。君在，踧踖如也，与与如也。君召使摈，色勃如也，足躩如也。揖所与立，左右手，衣前后，襜如也。趋进，翼如也。宾退，必复命曰：'宾不顾矣'"③。孔子上朝的时候，同下大夫说话，表现出温和而快乐的样子；同上大夫说话，表现出正直而恭敬的样子。如果国君在，

---

① 杨伯峻：《论语译注》，中华书局1962年版，第36页。
② 同上书，第68页。
③ 同上书，第104页。

就要行步安详，表现出恭敬而心中不安的样子。当鲁君命令孔子接待外宾时，孔子脸色立刻庄重起来，脚步加快起来。孔子向同他站立在一起的人作揖时，从左向右拱手，衣服前后摆动，风度翩翩。他快步向前时，姿态像鸟儿要展翅飞翔。这些都是符合礼仪规范的举止言谈方式。《论语·乡党》还记载孔子上朝时，谨慎恭敬。不站在门的中央，走路时不踩门槛。经过国君之位时，脚步加快，神情庄敬。上堂时，提着衣服下摆，举止庄重。可以说，孔子的仪容仪态是礼仪规范的典范。尤其是孔子作为相礼出使他国，揖让周旋更是符合礼仪。《论语·乡党》记载，孔子出使到别的诸侯国去，举着圭，非常恭敬，低头躬身好像举不动的样子。向上拿着，好像在作揖，放下来时好像传递东西给别人。脸色庄重而昂奋，神情战战兢兢，步子迈得又小又快，好像沿着直线往前走。在赠送礼品的仪式上，显得和颜悦色。以个人身份私下会谈时，满脸堆笑。难怪孔子作为相礼出使鲁国和齐国的会盟，不仅能够维护鲁国的尊严，而且能够为鲁国赢得声誉。纵观孔子在礼仪场合的行为，可以感到孔子身上确实有一股"温而厉，威而不猛，恭而安"[①] 的贵族气质。

　　鲁定公十年，齐景王邀请鲁定公到夹谷相会。孔子任鲁国的大司寇，与鲁定公一起赴会。到了夹谷，鲁定公和齐侯相互行见面礼，揖让再三，然后登上台阁。两国国君坐定，美酒佳肴献上，齐国的主持官员请求齐侯，让乐舞队表演"夷狄之乐"。接着一群手持矛、戈、戟、剑等兵器的人走上前来，开始表演。孔子认为这有违于诸侯宴饮乐舞的礼仪规定，因而赶忙走上台阶，要求赶快撤走夷狄的野蛮乐舞。过了一会儿，齐国的主持官员又请齐侯开始"宫中女乐"。接着，跑上来一群戏子和侏儒，又叫

　　① 　杨伯峻：《论语译注》，中华书局1962年版，第83页。

又闹，杂乱不堪。孔子见状，觉得这又是对诸侯宴饮之乐的亵渎，并再次登上台阶，怒不可遏地斥责齐国的无礼行为，维护了鲁国的尊严，取得了外交的成功。

不仅在朝廷和外交场合孔子的行为是符合礼仪规范的，就是平时的饮食起居孔子也表现出贵族风范。《论语·述而》记载："子之燕居，申申如也，夭夭如也。"① 孔子燕居时，表现出和乐、舒展的样子。对于食物，孔子"食不厌精，脍不厌细"②。这是西周以来贵族生活精细化的延续。即使是疏食菜羹，饭前也要祭一下，才开始吃饭。饭前祭，这也是周代贵族特有的饮食方式。孔子日常饮食时，"鱼馁，肉败，割不正，不食。席不正，不坐"③。孔子践行的是贵族的饮食方式，饮食不但精细，而且注重饮食中的礼仪文化。《论语·乡党》记载孔子同本地方的人一道饮食，要等老年人都出去了，自己才出去。另外，在有丧事时，孔子食于有丧者之侧，从来都不会大吃大喝。孔子的这些行为都是符合礼仪规范的，表现出了符合礼仪规范的行为方式之美。

在贵族的生活世界中，车子是身份的标志，所以，孔子对车是非常重视的。《论语·先进》记载，孔子最喜欢的学生颜渊死了，颜渊的父亲颜路请求将孔子的车卖了，为颜渊做下葬的椁。孔子说自己曾是鲁大夫，作为大夫出门是必须乘车的，而不能徒步，所以不能放弃自己的贵族标志，不能将自己的车毁了给颜渊做下葬的椁。孔子乘车时，一定会立端正，手执绥。在车中，不东张西望，不随便说话，不随意乱指。其行为完全符合贵族乘车

---

① 杨伯峻：《论语译注》，中华书局 1962 年版，第 72 页。
② 同上书，第 109 页。
③ （汉）司马迁：《史记》，中华书局 1982 年版，第 1940 页。

的规范。孔子在展示着贵族礼仪化的行为艺术。

同时，孔子希望自己在外在形象方面也像一个贵族。《论语·乡党》记载孔子关于服饰的认识："君子不以绀緅饰，红紫不以为亵服。当暑，袗絺绤，必表而出之。缁衣，羔裘；素衣，麑裘；黄衣，狐裘……羔裘玄冠不以吊。吉月，必朝服而朝。"① 孔子不用天青色的布镶边，平时在家不穿浅红色和紫色的衣服。夏天，穿着葛制作的衣服出门，外面一定要再穿一件衣服等等，这些都是符合贵族着装标准的行为。《礼记·玉藻》记载："孔子佩象环五寸而綦组绶。"② 象环五寸，燕居佩之，非礼服之正佩。孔子燕居时，佩的是象牙制的环，用的是杂彩组绶，这也是符合礼仪规范的行为。《论语·乡党》记载，孔子生病后躺在床上，国君去看望他，他头朝东，身上盖着朝服，拖着绅带。看来，即便是死神在召唤，孔子也要表现出他的贵族气派。

孔子对贵族君子的形象也有很多思考。他认为："君子隐而显，不矜而庄，不厉而威，不言而信。"③ "君子不失足于人，不失色于人，不失口于人。是故君子貌足畏也，色足惮也，言足信也。"④ 在孔子的眼中，君子应当是庄重、严肃，有尊严和威严感的形象。

（三）在意识形态的框架中进行审美之思

周代贵族的审美都是在真切的现实生活中展开的，都是对生活中美的行为和美的举止以及美的器物的积极追求。周代美学的主要特征是将美进行等级划分，使美具有意识形态功能。周人眼中的审美对象大都是等级的标志，都充任的是维护贵族等级秩序

---

① 杨伯峻：《论语译注》，中华书局 1962 年版，第 106—107 页。
② （清）孙希旦：《礼记集解》，中华书局 1989 年版，第 823 页。
③ 同上书，第 1297 页。
④ 同上书，第 1298 页。

的重任。孔子也表现出对意识形态审美的关注。这就是孔子文艺思想的主旨所在。

孔子对艺术和生活从审美的角度进行鉴赏，这是孔子本人作为没落贵族阶级所特有的诗化生活的追求。反过来说，对挣扎在大田里的农民和常年处身手工作坊中的奴隶而言，有的只是对食物的食用性的认识，不大可能有对生活的审美感悟。对生活的意义从审美的角度进行观照，应当是贵族阶级所特有的行为方式和精神状态的展现。

孔子认为诗乐都是贵族政治意识形态的一个侧面，诗乐中要表现出贵族的等级礼制观念。所以，孔子的文艺思想中包含着文艺工具化的倾向。孔子所看重的是诗乐在贵族生存中的意义，是诗乐在维护贵族统治秩序中的作用。如春秋时期赋诗是贵族外交中的重要环节，孔子首先看重的也是诗达到外交目的的手段价值，而不是诗作为审美对象的价值和意义。孔子说："诵《诗》三百，授之以政，不达；使于四方，不能专对；虽多，亦奚以为？"① 学习了诗却不能达到外交的目的，学诗有什么用呢？在孔子看来，诗之美首先在于有用，这是文艺工具化的理论主张。同样，关于文辞的修饰问题，孔子指出"辞，达而已矣"②。言辞只要能够完成表达思想的作用就足够了。孔子看重的是诗的外交意义，所以说孔子的审美具有意识形态审美的特征。

孔子之所以主张人们学习诗乐，另外一个目的是希望将每一个人都培养成懂得礼乐诗书的贵族。即学习诗乐的目的不在于满足个体耳目之欲和抒发个体的情感，而在于使每一个成员都成为懂得贵族行为规范的人。在《论语·泰伯》中孔子说："兴于

---

① 杨伯峻：《论语译注》，中华书局 1962 年版，第 142 页。
② 同上书，第 177 页。

诗，立于礼，成于乐。"① 这是说，诗、礼、乐都是人生修养的一个部分。《论语·阳货》中孔子说："小子何莫学夫诗，诗，可以兴，可以观，可以群，可以怨。迩之事父，远之事君；多识于鸟兽草木之名。"② 诗的几种主要功能兴观群怨，无不围绕着贵族的统治利益。学诗的整个目的就是将一个人通过诗的渠道规训为一个符合贵族修养的人，培养成一个懂得贵族礼乐文化规范的人，因而孔子对伯鱼说："女为《周南》、《召南》矣乎？人而不为《周南》、《召南》，其犹正墙面而立也与？"③ 一个没有受过正规诗乐训练的人，在贵族社会中，是没有立足之地的。所以孔子对伯鱼说"不学诗，无以言"、"不学诗，无以立"④，不学诗，言说就失去了根据，不学诗，便没有立足社会的根据。

孔子评论诗乐的标准就在于看其是否符合贵族的伦理秩序，是否利于贵族的统治。《论语·八佾》中讲："子谓《韶》尽美矣，又尽善矣。谓《武》尽美矣，未尽善也。"⑤ 这是孔子对乐曲的伦理道德功能的强调。《韶乐》是歌颂上古理想社会虞舜之乐舞，之所以得到孔子的青睐，是因为孔子认为它尽善尽美；而《武乐》在孔子看来，虽然威武雄壮，但是从伦理观念来讲，毕竟有以下犯上，篡弑君主之嫌，所以就显得不够善。

从以上史料可以看出，孔子遵循的是贵族的行为规范，力求使自己的言谈举止、周旋揖让、服饰车马都表现出贵族的精神气质，显示出贵族对生活本身进行美饰，并予以审美观照的艺术精神。贵族阶层必将消亡，但贵族的文化精神却永远不会完全熄

---

① 杨伯峻：《论语译注》，中华书局 1962 年版，第 87 页。
② 同上书，第 192 页。
③ 同上。
④ 同上书，第 185 页。
⑤ 同上书，第 36 页。

灭。贵族的行为规范最后变成了儒家的行为规范，成为长期隐含
在中国文人身上的一种文化积淀，它注重精神超越、注重欣赏意
识形态背景之中的审美对象的精神成为影响后世中国文化的
底蕴。

第二节 作为贫贱者和生不逢时者的
诗意栖居之途

一 生于贫贱与生不逢时

虽然孔子有着贵族血统，但孔子出生时，家道早已衰落。
《论语·子罕》中，孔子讲自己："吾少也贱，故能多鄙事。"[①]
为了维持生计孔子做过许多事情，如孔子做过管理牛羊的小官，
做过仓库管理员，等等。虽然孔子时时处处都表现得像一个贵
族，也曾经跻身贵族社会之中，但是事实上，他却很难真正融入
到贵族社会之中。《史记·孔子世家》记载："孔子要绖，季氏
飨士，孔子与往。阳虎绌曰：'季氏飨士，非敢飨子也。'孔子
由是退。"[②] 孔子母亲死后不久，孔子为母亲佩戴着腰绖之孝。
鲁国贵族季孙氏请士一级的贵族飨宴。孔子也去了，但是遭到了
季氏家臣阳虎的拒绝。可以说，这是孔子自以为是贵族，也试图
进入贵族社会所遭受的一次打击。还有在毁三都失败后，孔子还
幻想着季桓子能在鲁国有所作为，希望鲁国在举行郊祭之后，将
祭祀的祭肉送给自己一块。可以说，能否领受祭祀的肉，这是对
孔子是否还属于鲁国贵族圈的一个证明。祭肉的意义，不在于它

---

① 杨伯峻：《论语译注》，中华书局 1962 年版，第 95 页。
② （汉）司马迁：《史记》，中华书局 1982 年版，第 1907 页。

的食用价值，而是贵族社会是否还承认孔子的信号。但是国君终于"不致膰俎于大夫"。孔子非常失望，只好离开了鲁国。

孔子虽然也像贵族一样地生活着，但是他不是世袭贵族，没有封邑，这就注定了孔子的悲剧命运，更何况他所处的是一个贵族统治本身已经衰弱、贵族文化已经衰微的历史时期。当时各诸侯国女乐流行，《史记·孔子世家》记载齐国在与鲁国夹谷会盟时奏"四方之乐"，又有"优倡侏儒为戏而前"，后来又"选齐国中女子好者八十人，皆衣文衣而舞《康乐》，文马三十驷，遗鲁君"①。鲁君终日沉迷于齐国送来的八十个女乐，三日不听政，怠于政事。从这些记载可以看出，春秋时期音乐艺术逐渐摆脱了礼制的束缚，开始追求满足个体的声色之欲。从贵族的政治方面来说，当齐国的大臣陈成子杀了国君简公，在孔子看来这简直是不得了的事情，所以孔子严肃认真地沐浴而朝，并请讨伐这种不仁不义的行为，但是，哀公却说去报告给三桓吧。这真是一个令人失望的时代。自认为是大夫的孔子，对陈成子弑君这样威胁到贵族等级秩序的事，不忍心不闻不问，最终还是到了三桓那里，再次申述：因为我名列从大夫之后，所以不敢不将陈恒弑君之事告诉给你。孔子的言语中流露着无以复加的悲哀和无奈。处于一个贵族统治衰败的时代，孔子还自认为是个大夫，还对贵族社会抱着一丝幻想，依然在维护贵族的等级礼制，但是孔子的行为显得是那样不合时宜。

生于贫贱与生不逢时，造成了没落贵族孔子的悲剧命运。孔子是贵族文化在春秋末期的代表人物，孔子的命运也就是贵族文化在春秋末期的命运。贵族文化的衰败是孔子的悲哀，也是时代的悲哀。

---

① （汉）司马迁：《史记》，中华书局1982年版，第1915页。

二　在批判中建构自己的审美理想

（一）批评礼崩乐坏的现象

在文艺思想方面，礼乐文化的崩溃已经成为不可挽回之颓势，但是孔子依然在张扬着贵族的礼乐文化。然而从生存境域来看，孔子与西周时期的贵族已大不相同。西周时期天子是统治的中心，礼乐规范就是贵族的行为标准，贵族的行为方式大多体现了礼制的要求，所以显得悠然自得，但是到了孔子所处的春秋晚期，贵族的礼乐文化受到巨大冲击，孔子却力求恢复礼乐文化，他的心境已不能像西周和春秋前期贵族那般平和与悠然。与西周贵族相比，孔子的言说中多了一些愤愤不平之气。如对季氏僭用天子八佾之舞的现象，孔子愤愤不平地评论说："八佾舞于庭，是可忍也，孰不可忍也？"①孔子看到鲁国仲孙、叔孙、季孙三家大夫在祭祀祖先时，唱着《雍》这首诗来撤除祭品，就说，《雍》中的话"相维辟公，天子穆穆"与三桓的祭祀在哪一点上是相符合的呢？看到臧文仲家中雕刻斗拱和藻饰梁上的短柱，孔子说："臧文仲居蔡，山节藻棁，何如其知也？"臧文仲的这种做法怎么能称得上聪明呢？因为对音乐的社会功用的强调，所以孔子多次对等级礼制之外的郑卫新声进行抨击，力主"放郑声，远佞人"②，"恶紫之夺朱也，恶郑声之乱雅乐也，恶利口之覆邦家也"③。紫色、郑声、利口这三者都不属于周代贵族正统文化的范畴，在孔子所处的时代，它们以不可阻挡之势对正统的礼乐体制形成巨大的冲击。这对于思想深处推崇西周礼乐文化的孔子

---

① 　杨伯峻：《论语译注》，中华书局 1962 年版，第 25 页。
② 　同上书，第 171 页。
③ 　同上书，第 194 页。

来讲，自然是不能接受的。孔子所倡导的是像《关雎》那样
"乐而不淫，哀而不伤"① 的贵族正统文化，孔子对礼乐文化的
理解就是："行夏之时，乘殷之路，服周之冕，乐则《韶
舞》。"② 春秋晚期人们对三代以来的文化体制进行了更多的反
思，所以与西周贵族相比，孔子更深刻地认识到了礼乐文化的意
义不仅仅在于外在形式符合贵族行为规范，更重要的是礼乐文化
对整个社会秩序的稳定具有重大的意义，也是因为有这样的深刻
认识，孔子才积极维护礼乐体制，甚至到了知其不可为而为之的
地步。

（二）张扬贵族的文饰美

注重文饰是周代贵族生存方式的重要特征。文饰既是贵族行
为符合仪节的周旋揖让之美，也是贵族的车服器用之美。文饰既
丰富着贵族的生活世界，又是贵族等级的标志。孔子对文饰之美
的喜好是对周代贵族文饰审美观念的继承，孔子说："郁郁乎文
哉，吾从周。"③ 在孔子看来，文就是人类的文化，既包括典章
制度和礼乐射御书数等人的生存技能，又包括文章的文采和衣着
服饰等。所以孔子说，周代的文化郁郁乎文哉。而周代的纹饰又
是以夏商两代为根据的。孔子说尧是很伟大的，"巍巍乎其有成
功也，焕乎其有文章"④。说禹把对鬼神的祭品办得极丰盛，把
祭祀的衣冠做得极华美。

但是到了春秋时期，一方面礼仪逐渐与礼的精神实质相脱
离，另一方面车服器用之美逐渐与贵族的身份不相称。针对这些
问题，孔子积极主张名实相称，文质相称。在《论语·雍也》

---

① 杨伯峻：《论语译注》，中华书局1962年版，第32页。
② 同上书，第171页。
③ 同上书，第30页。
④ 同上书，第90页。

中，孔子说"质胜文则野，文胜质则史。文质彬彬，然后君子"①，就是说，朴实多于文采，就未免粗野；文采多于朴实，就未免虚浮。只有文采和朴实相得益彰，才是君子风度。后人更多的时候用这段话来说明文章的内容和形式的关系，事实上，孔子在这里说的是人的文饰和人的实际名分，以及精神实质的关系问题。在春秋时期，有很多人单纯追求车子和服饰的华美，而不懂得礼仪，这样的人，在孔子看来就是文饰太多，而没有内在的贵族精神气质。如庆封生活奢华放荡，好畋猎而嗜酒，乘着华美的车子却不懂得礼仪，反倒遭到贵族社会的嘲笑。反过来讲像晏平仲那样，在祭祀祖先时祭品小到盖不住豆，穿着多次洗涤过的衣服去上朝，这同样是对礼制之美的违背。质朴胜于文饰，就显得粗野，所以孔子认为只有文质彬彬的人才是君子。《论语·颜渊》篇中也有对这个问题的讨论。当卫国大夫棘成子说，君子只要有好的本质便够了，要那些外在的文采，要那些仪节、形式干什么时，子贡就说：先生这样谈论君子是不对的。文采和质地应当是一回事。虎豹和犬羊的区别既在外在的文采，又在内在的本质。可见文采装饰也是很重要的。换句话说，君子的行为符合仪节之美以及君子是否有着内在的贵族精神气质，这两个方面同样很重要。

在礼乐文化逐渐衰微的历史时期，孔子担当着维护礼乐文化的重任，不断在对不合礼仪的现象的批评中建构着自己的文化理想，力求恢复西周的礼乐文化。

三 礼乐文化在守护中遗失

（一）超越贫贱的诗意栖居

孔子是积极寻求入仕的，他说："吾岂匏瓜也哉？焉能系而

---

① 杨伯峻：《论语译注》，中华书局1962年版，第65页。

不食？"① 表示自己不愿意像个匏瓜一样没有用地挂在那里。有一次子贡说，假如有一块美玉在这里，是把它放在柜子里藏起来呢，还是找一个识货的商人卖掉？孔子说："沽之哉！沽之哉！我待沽者也。"② 孔子愿意积极参与到贵族政治中去。但是，孔子更多的时候处于无人问津的状态，甚至处于被嘲笑的尴尬处境。在周游列国时，有一次孔子与弟子们走散了，孔子一个人独自站立在郑国的东门。一个郑国人对子贡说，他看见一个人站在东门外，奔走疲惫，茫然无所适从，"累累若丧家之狗"③。"丧家之狗"成为孔子在春秋时期形象的象征。

　　然而，如丧家之狗的处境和从小贫贱的出身也使孔子练就了对贫贱安然处之的心态，孔子说："富而可求也，虽执鞭之士，吾亦为之。如不可求，从吾所好。"④ 富贵是可以追求的，但是假如追求不到，就应当保持着超然处之的心态。尤其是当孔子被围困在陈蔡之间时，即使断了粮草，从者生病，孔子还能说出"君子固穷，小人穷斯滥矣"⑤ 这样的话。《论语·里仁》篇中，孔子说，当一个人志于道，却又以自己吃粗粮穿破衣而为耻辱，这样的人，就不值得与他谈论了。子路感慨贫穷的悲哀，说父母在世时，自己没有钱财奉养，父母去世了，自己又没有钱财置办丧礼。孔子说："啜菽饮水，尽其欢，斯之谓孝。敛首足形，还葬而无椁，称其财，斯之谓礼。"⑥ 孔子的观点是，即使是吃豆粥，喝清水，只要能让老人开心，这就是对老人的孝敬。老人去

---

① 杨伯峻：《论语译注》，中华书局 1962 年版，第 190 页。
② 同上书，第 98 页。
③ （汉）司马迁：《史记》，中华书局 1982 年版，第 1921 页。
④ 杨伯峻：《论语译注》，中华书局 1962 年版，第 74 页。
⑤ 同上书，第 168 页。
⑥ （清）孙希旦：《礼记集解》，中华书局 1989 年版，第 278 页。

世了，衣被能够遮盖头首四肢形体，入殓后就埋葬，没有外椁，只要办理丧事的花费和自己的财力相称，这就可以称作礼了。在贫贱的生活中，孔子有着对物质、名利和欲望的超越精神。这种生存处境就与世袭贵族在优越和丰厚的物质财富中，所进行的对符合等级礼制规范的美的欣赏有所不同。甚至可以说，因为贫穷，孔子一定程度上否定了礼的仪式化特征。这种以求得心安为礼的做法是贫贱者的生存哲学和审美观念。所以说，孔子虽然极力遵循贵族的生活方式，但是作为一个出身贫贱者，他无形中又走出了贵族的意识形态审美之境。

这种超越于外在功利束缚之上的生存态度是一种诗意的人生境界。这样的生活状态本身就是艺术化的人生境界，但已经不同于西周贵族所拥有的那种建立在对财富的拥有基础之上的生活艺术了。《论语·雍也》篇孔子说："贤哉，回也！一箪食，一瓢饮，在陋巷，人不堪其忧，回也不改其乐。贤哉，回也！"① 《论语·述而》篇孔子讲："饭疏食饮水，曲肱而枕之，乐亦在其中矣。不义而富且贵，于我如浮云。"② 一箪食、一瓢饮之类的简单饮食，孔子认为只要精神富足，就是一个真正的君子。孔子对颜回的称赞也表明了自己对物质欲求的超越。这种安贫乐道，视不义之富贵如浮云流水的人生态度使他成为一个精神贵族。

这种诗化的生存态度也突出地表现在孔子对音乐的喜好方面。孔子曾向师襄子学习鼓瑟，会演奏多种乐器。《论语·阳货》记载，有一次，一个叫孺悲的人想见孔子，孔子托言有病，拒绝接待。传话的人刚出门，孔子就鼓瑟而歌，故意让孺悲听见，表示自己不愿意见他。从这件事可以推知孔子是会演奏乐器

---

① 杨伯峻：《论语译注》，中华书局 1962 年版，第 63 页。
② 同上书，第 76 页。

的，而且他在日常生活中常以鼓琴为乐。《礼记·檀弓上》记载："孔子既祥，五日弹琴不成声，十日而成笙歌。"① 孔子为母亲服丧举行大祥祭后，按礼制规定过五日，就可以弹琴了，但是他拿起琴却不成声调，十天以后吹笙，才可以吹出乐调。这件事从一个侧面也说明孔子的生活中经常伴随琴瑟之音。拥有音乐修养这是当时贵族身份的一种标志。

　　但是，孔子对音乐的喜好，有两点值得注意：第一，在困顿的生活中，孔子通过音乐暂时摆脱了世俗生活的烦扰，进入艺术之境，获得了心灵的慰藉。如孔子被围困在陈蔡之间，却能超越困顿的生活，依然"讲诵弦歌不衰"②。《论语·宪问》记载："子击磬于卫，有荷蒉而过孔氏之门者，曰：'有心哉，击磬乎？'"③ 在艰难困顿中，孔子还能有心击磬，这在别人的眼里简直是不可想象的，所以荷蒉而过孔氏之门者，不解地说，还有心思击磬？在这里，我们应该注意到，孔子所喜好的音乐已经不是辉煌的礼乐，而是心灵的音乐，是使孔子超越困顿的生活窘境而获得心灵慰藉的音乐。第二，孔子沉浸在艺术之境中，进入到一种诗化生活的境界，欣赏的是纯粹的音乐之美，而不是作为礼乐的音乐。《论语·泰伯》载："师挚之始，《关雎》之乱，洋洋乎盈耳哉！"④ 即从太师开始演奏，直到结束时演奏《关雎》，孔子一直深深地被音乐的美感动着，他说："多么美盛啊！那充满在我耳朵中的乐曲！"孔子更加关注的是音乐悦耳的审美价值。又如《论语·八佾》中孔子对鲁国的乐官谈音乐的美"始作，翕

---

① （清）孙希旦：《礼记集解》，中华书局1989年版，第182页。
② （汉）司马迁：《史记》，中华书局1982年版，第1930页。
③ 杨伯峻：《论语译注》，中华书局1962年版，第165页。
④ 同上书，第89页。

如也；从之，纯如也，皦如也，绎如也，以成"①。音乐从开始演奏，到乐曲演奏完的整个过程，孔子都是用心去领会和感受的，并且孔子对音乐有着深刻的理解。《论语·述而》篇讲："子与人歌而善，必使反之，而后和之。"② 这就是孔子对待音乐的态度，当他与人唱歌，唱到尽兴处，一定要求反复唱叹，然后自己又与他人唱和一遍。这时，音乐给孔子带来的是较为纯粹的审美体验和精神愉悦。

　　进一步说，孔子非常重视音乐的社会功用性，孔子的音乐理论就始于对维护贵族统治的雅乐的关注，但是在困顿的生活和艰险的处境中，音乐成为孔子摆脱生活烦扰的精神寄托。周代贵族的艺术和审美是等级礼制之中的审美，是对作为贵族等级标志的美的鉴赏和追求。孔子一直在维护的就是贵族的这种等级礼乐体制，但是，音乐在不经意间成为他困窘生活中的心灵慰藉，成为摆脱世俗烦扰的精神寄托。音乐对孔子的意义已经不是礼仪中的一个程序，而是一个有修养的人的心灵音乐。从艺术的意识形态出发，最后孔子却将音乐当成了心灵的音乐。至此，我们可以说，贵族的等级礼乐在此暂时被悬置起来了，对贵族文化的张扬也暂时被悬置起来了。在春秋晚期，肃雕和鸣的贵族礼乐文化已经失去了存在的现实空间，即使有孔子这样自以为是贵族的人不懈地追求，亦有对西周以来的贵族文化非常推崇的仁人志士的极力张扬，但是它的衰亡也是不可阻挡的。

　　同样，虽然孔子有着对贵族社会积极参与治理的人生理想，但是，由于时常游离于贵族统治阶层之外，所以，感受非功利的诗意人生，寻求精神寄托，对孔子来说，也是必然之事。《论语·

---

①　杨伯峻：《论语译注》，中华书局 1962 年版，第 35 页。
②　同上书，第 81 页。

先进》记载了孔子与弟子们在一起谈论各自志向的情景。子路、冉求、公西赤等几个弟子的理想都是治理国家，使人们知礼仪，这三个弟子的理想也是孔子终生所追求和努力的目标。但是当曾点悠然地鼓着瑟，然后舍瑟而作，说自己的志向是"暮春者，春服既成，冠者五六人，童子六七人，浴乎沂，风乎舞雩，咏而归"① 时，曾点的观点引起了孔子的共鸣。孔子对曾点远离世俗功利计较的生存境界表示由衷的欣赏。《论语·子罕》篇中，子牢也转述孔子的话说："子云：'吾不试，故艺。'"② 意思是孔子说他不曾被国家所用，所以有机会习得一些技艺。不能够实现治理社会的理想，就在政治生活之外，开辟出一块精神的栖息之地，这就是一个没落贵族不知不觉间的人生抉择。但是值得注意的是，这块精神的栖息之地，已经不具有西周贵族生活艺术化的精神特征。这与周代贵族对现实生活之中具有政治意识形态的生活艺术的鉴赏已经不是一回事了，它是对意识形态审美一定程度的背离，是在政治意识形态之外享受光风霁月。

孔子的出发点是维护和张扬贵族的礼乐文化，但是当礼乐仅仅成为一种没有精神实质的外在礼仪形式时，孔子说："礼云礼云，玉帛云乎哉？乐云乐云，钟鼓云乎哉？"③ 如果没有礼的精神实质，成为失去意义的空洞行为模式，只要那些外在的礼仪有什么用呢？《论语·八佾》篇中孔子还讲道："人而不仁，如礼何？人而不仁，如乐何？"④ 如果一个人不仁不义，要外在的礼乐形式有什么意义呢？当子张问礼时，孔子说："尔以为必铺几、筵，升降，酌、献、酬、酢，然后谓之礼乎？尔以为必行缀兆，兴羽籥，

---

① 杨伯峻：《论语译注》，中华书局1962年版，第127页。
② 同上书，第95页。
③ 同上书，第192页。
④ 同上书，第26页。

作钟鼓，然后谓之乐乎？"① 你以为具备了外在的几、筵、钟鼓之类生活的文饰，或酌献酬酢的礼仪形式，这就是礼乐文化了吗？礼的本质应当是外在的文饰和内在的精神实质的一致。针对礼乐仪式流于外在形式的现象，孔子还强调："无声之乐，气志不违；无体之礼，威仪迟迟；无服之丧，内恕孔悲。无声之乐，气志既得；无体之礼，威仪翼翼；无服之丧，施及四国……"② 孔子的目的是强调礼的精神实质和礼的外在艺术形式的统一，但是在多次对礼的精神的强调中，孔子在不经意间使西周贵族所追求的玉帛钟鼓、酌献酬酢的礼仪形式之美受到轻视。时代的需要使人们有必要在礼的精神实质和礼的形式之间选择其一，孔子偏重于礼的精神实质，这实际上是对周代贵族诗意化的礼仪生活方式一定程度的超越，无形中使周代贵族的文饰之美被礼的精神实质所代替。孔子站在维护原有贵族等级制的角度，如此慨叹礼乐意义的沦丧，并力求维护贵族的礼乐文化，但是又有谁能阻挡贵族等级制的崩溃，又有谁能够阻拦音乐挣脱等级礼制的附庸地位而成为独立的、自由的审美领域？

（二）"有教无类"使贵族文化在维护中进一步消亡

周代的教育制度是"学在官府"，只有士及贵族子弟才享有教育的权利，学校的培养目标是巩固贵族宗法等级制，但到了孔子生活的春秋时期，王官之学开始降在民间，为了维持生计，往往依靠出卖知识来维持生活，于是私家讲学兴盛。孔子教育思想正是在这样的背景下形成的。

孔子 30 岁左右开始收徒讲学，希望通过教育恢复西周的礼乐文化，使人人都有可能成为知书达理的君子。孔子重视礼、

---

① （清）孙希旦：《礼记集解》，中华书局 1989 年版，第 1273 页。
② 同上书，第 1276 页。

乐、射、御、书、数等方面的全面发展，认为一个人应当是一个懂得诗书礼乐的贵族，是一个全面发展的人，是一个能够"志于道，据于德，依于仁，游于艺"的人。

孔子的出发点是力求将所有的弟子都培养成贵族，是恢复贵族的礼乐文化体制，他也遵循着贵族教育的方针，重视礼、乐、射、御、书、数等方面的全面发展，但是孔子的教育表面看起来是对贵族文化的维护，使人人都有机会获得贵族文化，实际上为贵族统治的解体准备了力量。"学而优则仕"、"有教无类"的教育思想，打破了只能由官府办学和官学只收贵族子弟的限制，为普通知识分子参与社会活动提供了途径，使贵族统治出现更大的危机。孔子的学生中既有贵族子弟，也有平民和商人，甚至盗贼、乞丐之流也会聚集到孔子的门下，教育不再是贵族的特权，而成为一种普及贵族文化的大众化教育。正如钱穆在《国史大纲》中所讲的："孔子是开始传播贵族学到民间来的第一个。孔子是开始把古代贵族宗庙里的知识来变换成人类社会共有共享的学术事业之第一个。"① 贵族阶级必将消亡，但是贵族的文化却部分的得到了传承。孔子在传承贵族文化的同时对贵族的消亡起了推进作用。

孔子是站在贵族的立场上言说的，他推崇的是贵族的礼乐文化和西周贵族的行为方式、精神修养。但是孔子出身贫贱，又处于一个贵族阶级和贵族生存方式走向没落的历史阶段，所以他表现出对个体心灵安顿的重视，他积极追求超越于困顿生活境遇之上的诗意境界。尤其是孔子在张扬贵族礼乐文化的同时却将音乐当成心灵慰藉的栖息地；孔子以维护贵族统治为出发点推行贵族

① 钱穆：《国史大纲》，商务印书馆 2005 年版，第 100 页。

教育，但"有教无类"的教育方式却使贵族文化平民化，使贵族统治和贵族文化进一步走向解体。所以说，孔子的思想和行为方式具有多层面性，孔子的思想中存在着西周和春秋两个时代的双重投影，存在着贵族和平民双重人格形成的张力。从孔子的思想和行为方式以及审美观念中，我们可以看到，周代贵族的生活境遇和生活方式虽然得到了一些没落贵族的极力张扬和维护，但是由于时代境域的变迁，贵族的生活方式和贵族的文化也会在张扬中趋于衰亡，孔子在维护贵族文化的同时却使贵族文化平民化、大众化，这些都说明在孔子的时代，贵族文化已经失去存在的土壤，已经具有不可挽回的颓势。

第十章

贵族艺术精神对战国秦汉文化的影响

战国时期，随着各诸侯国之间争霸战争的愈演愈烈，春秋时期在尊王攘夷的旗号掩盖下已经岌岌可危的贵族统治土崩瓦解，用以掩饰贵族衰落和极力显示贵族品位的礼乐文化，在各国的征战中遭到进一步的打击，代之而起的，不再是春秋时期对礼制统治合理性的矛盾而痛苦的思索，而是对个性的张扬，对直接功利目的的追求。贵族作为一个文化阶层退出了历史舞台，但是贵族文化和贵族艺术精神却长久地影响了后世中国的艺术和审美模式。

第一节　周代贵族精神的衰亡

春秋战国时期，随着天命观念的进一步解体，随着各国之间兼并战争的激烈化，加之各国为了强大纷纷以法制代替礼乐文化统治，贵族作为一个阶层走向消亡，随之而来的是贵族精神的消亡。

一　历史舞台换了主角

春秋中后期，各诸侯国内部的政治格局发生了急剧的变化，卿大夫与公室的政治斗争愈演愈烈，以下犯上的事件层出不穷。卿大夫摄政的现象在春秋后期发展到极端，不但要削弱君权、架空君权，而且还要剥夺君权，卿大夫摄政逐渐向卿大夫专权演变。春秋时期"挟天子以令诸侯"的诸侯专权局面遂被"大夫专权"所代替。斗争的结果是各国的公室程度不同地衰落失势，卿大夫逐渐掌握了政权，有的甚至消灭了公室。诸侯贵族有的逾越等级名分扩大财产和权力，如鲁国的季氏、齐国的田氏等；有的沦落下降失去贵族地位，如《左传·昭公三十二年》中史墨说："三后之姓于今为庶。"①《左传·昭公三年》记载，晋国昔日的旧贵族栾、郤、胥、原、狐、续、庆、伯等大族，已"降在皂隶"。范氏这个虞夏以来历久不衰的大族，在晋国卿大夫的内争中沦落到"其子孙将耕于齐，宗庙之牺为畎亩之勤"②的地步。在卫国，"九世之卿族"宁氏竟被"一举而灭之"③。毫无疑问，政治斗争削弱了贵族的势力。

随着井田制的瓦解，贵族失去了经济基础，大宗的统治地位势必发生动摇，因而也就冲击了传统的宗法血缘关系。大批宗族的消亡使宗族统治土崩瓦解，失去了宗族依托的贵族大批的沦落，新型的官僚政治体制应运而生。新兴官僚和国卿及士大夫之间没有血缘关系，不是凭身份高贵而是凭其才学入仕，而且，凭才干换取俸禄，而不拥有禄邑；君臣之间没有依附性，合则留，

---

① 杨伯峻：《春秋左传注》，中华书局 1990 年版，第 1520 页。
② 徐元诰：《国语集解》，中华书局 2002 年版，第 453 页。
③ 杨伯峻：《春秋左传注》，中华书局 1990 年版，第 1109 页。

不合则去，而不是终身制或世袭制。进入战国时代，随着生产力的进步，社会分工的发展，军事活动的频繁，国家的内政和外交事务剧增，官僚队伍迅速壮大并逐渐取代了宗族势力。

随着官僚等级制的确立与巩固，出身卑微的人的晋升机会大增。一个凭个人功绩获得官职的政治制度建立起来了。个人的功绩，而不是世袭的权力，才是取得官职的必要条件。王公大人之子孙，不知礼义，则归之于庶人。庶人之子孙，积文学，正身行，则归之于卿相士大夫。在这样的时代背景下，历史舞台上的主角就发生了变化。春秋时期活跃在历史舞台上的还是出身贵族世家的子产、季氏等，战国时期的历史舞台就交给了出身于下层的士，这说明贵族政治已经结束。西周春秋时，士为卿大夫家族中的庶子，主要担任王室或诸侯国的小吏，或者为卿大夫的家臣。但春秋中期以后，非宗法之士开始执掌卿大夫家室的权力。在春秋时期的外交活动中，还遵循着贵族的礼仪规范，到了战国时期崇尚的则是权谋之术。"战国纵横家的言行决没有春秋行人那样光明磊落，雍容典雅。"① 过去所关注的文质彬彬的贵族气质，已经不是人们所仰慕的对象了。

在人们的思想观念中，以出身为贵、以世袭贵族为荣耀的时代逐渐远去。据《左传·襄公二十四年》记载，鲁国的叔孙豹出使晋国，晋国的范宣子接待了他。范宣子问，听说古人有"死而不朽"的话，请问是什么意思？叔孙豹没有回答他。范宣子又说，我的祖先，在虞舜以前是陶唐氏，在夏朝是御龙氏，在商朝是豕韦氏，在周朝是唐、杜氏，在当今作为华夏盟主的晋国是范氏，代代相传为国之重臣，这算不算不朽呢？叔孙豹说，以我所闻，这只能叫世禄，算不上不朽。我们鲁国从前有个大夫叫

---

① 赵敏俐：《先秦君子风范》，东方出版社 1999 年版，第 241 页。

臧文仲，虽然已经去世，但是他的名言却流传下来了，这大概才算是不朽。我听说，最上等的是立德，其次是立功，再次是立言。至于保住姓氏，守住宗庙，代代不绝，哪个国家都有这样的人。即使是职位再高，也不能算不朽。从这段话我们可以认识到根基深厚的世袭贵族的荣耀开始受到怀疑，新的衡量人的标准正在逐渐形成。出身的富贵和荣耀成为历史，历史舞台换了主角。

二　贵族精神的衰亡

贵族精神表现为对神灵的敬畏、对自我行为的克制和约束、对精神价值的追求等，但是这几个方面在战国时期都不同程度地被抛弃了。

首先，出身低贱的人成为历史舞台的主角，这表明原有的宗族血缘关系已经解体，天赋神权的神话已经被打破，人从外在的神秘力量和等级禁锢的束缚中得到了解脱。周代贵族赖以存在的形而上根据是天命观念，是亲族血缘关系和现实生活中的等级礼制。到了战国时期，建立在神圣的天的护佑和血缘纽带维系的基础上，充满了敬畏感与和乐精神的贵族文化就凋零衰落了。个体的人的存在和人的价值实现成为这个时代的中心议题。《左传·桓公六年》记载，随国大臣季梁谈到祭品的时候，就说："夫民，神之主也，是以圣王先成民而后致力于神。故奉牲以告曰'博硕肥腯'，谓民力之普存也，谓其畜之硕大蕃滋也，谓其不疾瘯蠡也，谓其备腯咸有也；奉盛以告曰'絜粢丰盛'，谓其三时不害而民和年丰也；奉酒醴以告曰'嘉栗旨酒'，谓其上下皆有嘉德而无违心也。所谓馨香，无谗慝也。"[1] 从季梁对祭品价值的解释可以看出，春秋时期，人们已经不太看重神的存在而

① 杨伯峻：《春秋左传注》，中华书局 1990 年版，第 111—112 页。

看重祭品中所包含的人的生活状态。战国时期，神权进一步从神秘走向开放，从贵族走向民间，祭祀权开始普及。人的存在获得了自由，个体的情感和欲望也得到重视。关注个体存在的价值，尽情地享受生活，成为新的时代精神。这是社会进步的体现。

但是，当人的存在价值备受关注时，不仅控制人的行为的外在神秘力量逐渐消失，具有社会契约性质的礼乐规范也失去了对人的约束力。正如顾炎武所总结的："春秋时犹尊礼重信，而七国则绝不言礼与信矣；春秋时犹宗周王，而七国则绝不言王矣；春秋时犹严祭祀重聘享，而七国则无其事矣；春秋时犹论宗姓氏族，而七国则无一言及之矣；春秋时犹宴会赋诗，而七国则不闻矣；春秋时犹有赴告策书，而七国则无有矣。"①顾炎武的这段话，不仅指出春秋时期贵族的衰落，而且指出贵族文化也随之衰落。贵族文化对个体自由钳制的一面被抛弃了，贵族文化中温文尔雅的精神，以及对行为的必要限制也被抛弃了。

当人成为世界的主宰，人的行为又没有外在约束的文化背景下，人的欲望就开始膨胀，人的占有欲就得到了极大的放纵，这就导致了战国时期的巧取豪夺和激烈的兼并战争。春秋时期虽然各诸侯国之间互相抑制，但伴随战争的还有频繁的朝聘与会盟，而且，在贵族的观念中，更多的时候，战争是为了维护一种相互和平共处的社会秩序，因而各诸侯国之间较少有灭国绝祀的事情。如《左传·文公七年》记载，晋郤缺对赵宣子说："日卫不睦，故取其地。今已睦矣，可以归之。叛而不讨，何以示威？服而不柔，

---

① （清）顾炎武著，（清）黄汝成集释：《日知录集释》卷十三《周末风俗》，上海古籍出版社1985年版，第1005页。

何以示怀？非威非怀，何以示德？无德，何以主盟……"① 郤缺的话代表了春秋时期贵族处理国际关系的基本原则：既有讨伐，同时也有怀柔。但是从战国时期开始，这种情况开始发生了变化，各诸侯国之间展开了激烈的兼并战争，社会处于一个剧变的历史阶段。

当个体的行为失去了外在的约束之后，各种欲望开始膨胀，屡屡出现过度享乐的行为。如前述晋侯生病求医于医和。诊断的结果就是晋侯淫逸过度。《左传·哀公元年》记载，吴王夫差"次有台榭陂池焉，宿有妃嫱、嫔御焉；一日之行，所欲必成，玩好必从；珍异是聚，观乐是务"②。吴王夫差过着奢侈浮华的生活，放纵着自己的各种欲望。再如按照礼制诸侯国之间往来款待上公用九牢之礼，款待侯伯以七牢，款待子男以五牢。但哀公七年，吴国竟然向鲁国征百牢。子服景伯说先王没有这样的礼制规定。吴人说，鲁国曾牢晋国大夫士鞅超过十牢，怎么不可以给吴国百牢呢？景伯说，晋范鞅贪而弃礼，以大国威慑我国，所以我们为其准备了十一牢。你们如果能以礼命于诸侯，就应当有个礼数。如果放弃礼仪，那就是在放纵自己的行为。周王制礼，上物不过十二，因为十二是天的大数。今天你们违背周礼，竟然要百牢，也太过分了。从这一件事可以看到，春秋末期，人们已经完全无视礼制的约束，开始放纵自己的欲望，贪得无厌地追求物质财富，礼对欲望的节制作用荡然无存。

虽然在西周贵族的文化生活中也有无算爵、无算乐与郑卫淫声的存在，但是，从整体上说，西周至春秋时期的享乐还基本保

---

① 杨伯峻：《春秋左传注》，中华书局1990年版，第563页。
② 同上书，第1609页。

持在礼制的"度"之内，而战国时期对个体情感和欲望的放纵的结果是，人的行为超越了一定的"度"的界限。人性从周代的繁文缛节中解放出来以后，却走向另一个极端，人的本能和低俗的欲望大开其门，贵族精神衰亡。

第二节 周代贵族文化的影子

时代变迁了，昔日的贵族纷纷衰落，兴起的士阶层取代了贵族的文化地位。贵族温文尔雅、揖让有度的举止，慢条斯理的言说方式，注重纹饰的审美追求，都不能适应列国之间激烈的竞争环境。新的时代，新的审美趣味兴起，但是，西周以来的贵族文化和贵族艺术精神并没有戛然中断。周代贵族文化从官方文化形态逐渐演化为民间文化形态，并在新的历史时期依然存在着，甚至影响了后世中国文化的发展。

一 新的艺术趣味的兴起

到了春秋战国时期，青铜制作技艺得到了长足发展，青铜器一改商周凝重、深沉的风格特征，造型趋于轻盈，纹饰趋于华美、精细。1923年河南新郑出土的莲荷方壶，器盖上铸镂空莲瓣两层，荷花瓣中间站着一只展翅欲飞的仙鹤，神态逼真。莲鹤方壶从造型到纹饰均充满灵动的生气，反映了青铜礼器功能的萎缩与鉴赏价值的提升。它无声地诉说着贵族生活从礼制化、规范化向自由化、无规范化转变的历史。

由于镶嵌法的使用，青铜纹饰开始呈现出色彩斑斓的特点，尤其是对人间生活景象的表现，使青铜器纹饰表现出新的时代精神。如河南汲县山彪镇战国墓葬出土一对铜鉴，外壁嵌错纹饰的内容为"水陆攻战",形象逼真、情节连贯而富于变化,几乎是战国时期战争的实况记录,与布满饕餮纹的青铜礼器绝不是同一风格。它表明商周以来那种神秘恐怖、注重礼仪规范的严肃庄重的生活方式已经离人们渐去渐远。人的存在,以及人间的战争和厮杀引起人们的更大兴趣。

同时,随着青铜制作技艺的发展,青铜器装饰也表现出摆脱束缚,极端发展的趋势。曾侯乙墓出土的尊盘上无数条极为细小的小龙蛇穿插扭结在一起,其繁复的程度令人咋舌。这与商周时期青铜器上布满饕餮纹和夔纹的繁复已经不是同一文化语境,前者是为了追求威严和神性,后者是为了展示技艺的精湛,展示美轮美奂的装饰风彩。这时的繁复逐渐脱离了等级礼制的规定,成为独立艺术审美精神的体现。从这些过分精细的装饰风格中,可以深切地体会到这是一个失去外在行为约束的时代,这是一个追求极端审美趣味的时代。

在周代贵族的生活中,音乐不仅是沟通神人的媒介,在燕射礼仪中,还具有烘托和乐气氛,协调人们行为的作用。但到了春秋时期,音乐作为礼乐文化组成部分的功能就开始衰微,以钟磬为主的雅乐体系走向衰落。从考古发掘的乐器来看,在打击乐器如钮钟、甬钟、编钟、编镈、编磬等之外,较多地出现了排箫、瑟、笙等吹奏、管弦乐器。随着乐器组合的改变,庄重严肃的宫廷礼乐体系开始走向衰落,郑卫新声,以及民间乐曲全面兴起。这种音乐突破了雅乐的种种限制,情感上不再像西周雅乐那样平和,音调上打破了原有的协调。可以说从平和走向感官刺激,这是音乐在社会转型期的变化。战国时期雅乐则进一步衰落。《礼记·乐记》记载了战国初年魏文侯听古乐正襟危坐,很担心自己睡着了,而听郑卫之音,则不知疲倦的事。《孟子·梁惠王下》中齐宣王明确宣布:"寡人非能好先王之也,直好世俗之乐耳。"① 这一方面说明随着时代的变化，古乐确实缺乏生命力；另一方面也说明，伴随着古乐而存在的人们对精神境界的追求以及对个人行为的谨慎约束也随之消失了。感官的刺激和世俗生活享受的追求是战国时代的一个特征。应该说，行为有没有约束性、有没有一定的文化底蕴，这是旧贵族与新贵族的区别。行为规范的缺失从人的品格方面标志着贵族精神的衰微。

综上所述，春秋战国时期青铜器、音乐等艺术已经开始摆脱了等级礼制的约束，呈现出自由发展的趋势，一股清新的生命律动正悄悄地萌动着。同时，对个体欲望的过分张扬也蕴涵在这一时期的艺术活动之中。

二　周代贵族文化的影子

战国以降，贵族阶层的确退出了历史舞台，但是贵族所创造的文化及其文化精神并没有戛然而止，而是作为一种潜在的力量长久地影响着后世中国文化的发展。首先是随着王室的解体，拥有王室文化的人士流落民间，从而将贵族文化传播到民间。《论语·微子》中讲："太师挚适齐，亚饭干适楚，三饭缭适蔡，四饭缺适秦，鼓方叔入于河，播鼗武入于汉，少师阳、击磬襄入于海。"② 这是宫廷乐师散落民间的记载，相应的，王室贵族文化也通过这些散落到民间的宫廷乐师得到了传播。《左传·昭公十七年》记载，郯子来朝时，昭子问少皞氏以鸟名官，是什么缘故？郯子作了详细的回答，孔子听说后，就去向他学习，并感慨道："天子失官，学在四夷，犹信。"说明贵族文化下移的状况。《左传·昭公二十六年》也记载王子朝叛乱失败后，"王子朝及

① （清）焦循：《孟子正义》，中华书局1987年版，第99页。
② 杨伯峻：《论语译注》，中华书局1962年版，第204页。

召氏之族、毛氏得、尹氏固、南宫嚚，奉周之典籍，以奔楚"。这一次贵族文化下移使周王室丧失了文化权威的地位，文化中心也由一个开始变为多个。到春秋晚期，私学教育兴起，如孔子设立私学，广收社会各阶层来学习，从根本上改变了学在王官的状况，使贵族文化平民化。

随着秦汉统一帝国的形成和诸侯国的瓦解，贵族阶层，遭到了致命的打击，丧失了他们曾经世代享有的特权，但是尽管如此，贵族在一定程度上仍然保有原先的家产，过着富裕的生活，甚至还有潜在的政治影响力，在社会上享有较高的声誉。这些旧贵族的势力在一定的历史时期还有抬头的趋势。比如在反秦起义中，除了少数的例外，绝大多数反秦的力量都是在诸侯国旧家族的麾下组织起来的。其中最为强盛的反秦武装力量就是在楚国旧贵族项氏家族的号令下组织起来的。还有齐国的贵族田氏，开始时反秦，后来反项籍，最后是反汉。齐军被汉军击溃后，田横与五百将士入海，居于岛中。汉高祖招降田横，田横在路上自杀了，五百将士知道田横自杀的消息后，全部自杀。由此可见，即便是在政治权力被剥夺了许多年之后，旧贵族的势力仍然非常强大，并且对朝廷形成一定的威胁，因而刘敬对汉高祖说，有六国之族的存在，高祖就不能高枕无忧。如果能将这些旧贵族迁徙到京师，朝廷就可以对他们进行有效的控制。于是在汉高祖九年十一月，汉朝将齐、楚的大族昭氏、屈氏、景氏、怀氏、田氏等五姓迁到关中。这就是汉朝的强本弱末政策，从另一个侧面也可看出直到汉朝旧贵族的社会影响还在，贵族文化精神依然存在着。

贵族作为一个特权阶层灭亡了，但是贵族的文化精神依然对后世有着一定的影响力。贵族文化精神的传承主要有以下几种方式：一方面，随着下级贵族对文化的僭越和士阶层的兴起，尤其是私学的兴起，文化不再是贵族的专利，贵族文化平民化和大众化，贵族文化在消亡的同时，也部分地得到了传承；另一方面，战国时期的文化就是以贵族文化为参照而发展的，如儒家极力继承贵族文化中的礼乐文化；道家极力超越和否定贵族文化；法家极力毁坏贵族社会的上下秩序；墨家批判贵族文化是奢侈浪费，给人民带来灾难。无论是肯定还是否定，在战国文化的发展中，都有着贵族文化的影子。此外，秦汉制度的建立，在一定程度上都以周代贵族文化为借鉴。如秦实行郡县制，就是在对周代分封制弊端有了深刻认识的基础上的选择。而且，秦实行郡县制的过程中实际上也充满了血与火的斗争。有一部分大臣认为应当继续推行周代的分封制，有一部分大臣认为应当摒弃周代的分封制。秦朝的灭亡，一方面源于统治者的残酷统治，另一方面也恰恰是由于秦始皇没有实行分封制，致使王室势单力薄，所以才会骤亡。到了汉代，汉高祖就吸取了秦朝灭亡的教训，在一定程度上继续周代以来的分封制，但是七国之乱又充分显现出分封制的弊端。于是，从政治制度方面，汉朝接着又否弃了周代以来的分封制。这些社会政争都在一定程度上使周代贵族文化精神得到了传播和反思。

综上，春秋末期到战国时期，周代贵族的统治走向终结，精神生活中的神灵隐遁而去，礼乐文化对个体行为的约束失去效用。人们以物质享受为终极目标，甚至过度放纵自己的各种欲望。在文化精神方面，贵族的精英文化逐渐演变为平民文化。从春秋后期开始，艺术上表现出清新、明朗的风格。贵族文化作为主流文化形态的时代成为历史，但是贵族文化对后世的潜在影响却长久而深远。战国时期，贵族文化成为新崛起的新贵阶层效法的对象，汉代甚至出现了礼乐文化复兴的局面，同时，艺术与意识形态相融合的艺术精神成为一种艺术理论得到系统的阐释，并对后世中国艺术有着深远的影响。

结　论

本书通过对"三礼"及《诗经》、《左传》、《论语》等典籍的梳理，并参照一些出土的实物资料，着重探讨了周代贵族生活方式中所蕴涵的艺术精神及其发展嬗变的过程。通过以上分析，我们可以得出以下几个方面的结论：

一　作为艺术精神前提的贵族精神

在我们的论述过程中一直隐含着对贵族精神的探讨。我们认为，周代贵族的艺术精神是以贵族精神为基础的。贵族精神主要表现在以下几个方面：

第一，周代贵族具有敬畏意识。周代贵族认为自然界的一切天灾人祸，乃至殷商覆亡都是天的意志的体现，天意神圣不可抗拒，所以应该敬天、畏天。当天作为一种无形的约束力存在的时候，周人就表现出了谨慎小心的生活态度。这一点影响到贵族的艺术，则使贵族艺术具有沟通天人的作用，并呈现出一定的深度空间，有着深厚的精神蕴涵。

第二，周代贵族拥有丰富的精神生活，他们常常超越于事物的实用价值和使用价值之上，追求精神的安顿。《礼记·曲礼下》记载："君子将营宫室，宗庙为先，厩库为次，居室为后。凡家造，祭器为先，牺赋为次，养器为后。无田禄者不设祭器，有田禄者先为祭服。君子虽贫，不粥祭器；虽寒，不衣祭服；为宫室，不斩于丘木。"① 在贵族的生活中，即使是天寒地冻没有衣服，也不能穿着祭服来御寒；即使面对美酒佳肴，也能够超越食物的诱惑，在"宾主百拜"之中体现礼让精神。拥有精神存在空间是人和禽兽的不同，也是贵族生活具有艺术特征的前提。没有对实用价值和功利性的超越，没有对精神存在的关注，就不会有艺术精神存在的空间。

第三，对他人存在的关注。周代贵族社会是建立在宗法血缘关系基础之上的，还带有氏族群居的影子，所以每一个社会成员首先是作为宗族群体的一员而存在的。这就使他们在公共交往中，能将他人的存在考虑进去，关注他人的存在，在乎他人的存在，另一方面也在乎自己在他人眼中的形象，于是每一个人都力求使自己的举止言谈符合礼仪规范，从而使自己的举止在他人看来更加高贵和优雅。关注他人的存在，这是贵族礼仪化行为方式存在的基础。因为关注群体的存在价值，所以贵族艺术一方面表现出较为明显的集体性，另一方面也具有协调社会秩序的作用。

第四，富有长远性和理性精神。贵族常常能够超越眼前利益从长远考虑处理问题。《礼记·曲礼下》记载："国君春田不围泽，大夫不掩群，士不取麛卵。"② 春天是各种动物孕育的时期，不能为了满足一时的欲望而无限制地捕杀。这就是贵族的理性精神和对个体行为的约束、克制精神。这种精神使周代贵族能够越于实用功利目的之上，追求行为和器物的审美价值，并有效控制

---

① （清）孙希旦：《礼记集解》，中华书局1989年版，第117页。
② 同上书，第43页。

对审美对象的占有欲望。

第五，行为具有场合性。"居丧不言乐，祭事不言凶，公庭不言妇女"① 就指的是言谈要分场合。场合的划分使周人的生活具备了多个层面。什么场合穿什么服装、说什么话，该怎样说话，都有详细的规定。场合性使周代贵族的生活具有了立体性，具有了不同的侧面，这是人类文明进步的体现。生活的场合性直接影响到艺术，则形成器物和音乐使用的场合性和程式化特点。

二　周代贵族艺术精神在生活中的表现

周代贵族的艺术精神是指周代贵族进行统治和生活时，能够在直接的功利目的之上追求审美效果、追求精神的愉悦和满足，或者能将内在的功利目的隐含在外在的艺术形式中，从而使生活富有一定的超越性和艺术化特征。在这种精神的影响下，周代贵族有着不同于平民的生活内容，并且其生活中呈现出非同凡响的贵族气质。这就是周代贵族生活方式的艺术化。艺术精神是内蕴，生活方式的艺术化是艺术精神的外在表现形式。具体来讲，周代贵族的艺术精神表现出以下特征。

（一）生活艺术化

周代还没有完全意义上的艺术观念，但是他们的生活中常常表现出艺术性。在周代贵族的生活中从出生到冠婚，从朝聘到丧葬祭祀，甚至日常行为，都有许多礼仪。在这些礼仪中，贵族的举手投足、周旋揖让都要符合一定的规范，遵循既定的程序，具有戏剧表演的性质，呈现出一定的艺术性。贵族行走的时候，右边的玉佩发出徵声、角声，左边的则发出宫声、羽声。贵族们向

---

① （清）孙希旦：《礼记集解》，中华书局 1989 年版，第 40 页。

前走的时候，玉佩发出的声音与乐曲《采齐》的乐调相似；向后退的时候，玉佩发出的声音与《肆夏》的乐调相似。即便是日常起居，也要注意举止的文雅，也要有琴瑟之声相伴。在器物观念上更是能够表现出贵族的艺术心态，周代贵族的服饰追求纹饰之美。青铜器、车马旌旗等也都追求纹饰之美。对周代贵族而言，礼仪基本上还不是一种外在于人的强制性力量；相反，礼仪是一种生活境界，人们沉浸在仪式之中，品味着生命的节奏和意义。尤其是仪式中音乐的存在更是使周人的生活笼罩在一片诗情画意之中。对周代贵族而言，生活就是诗，诗就是生活。这与贵族的身份地位有关。周代贵族有着世袭的贵族身份，有着尊贵的社会地位，有着优厚的经济基础，他们没有衣食之忧，没有竞争的压力，因而能够将生活艺术化，并以艺术的眼光来看待生活。

（二）审美与意识形态合一

严格来讲，周代礼乐文化并不是为了审美的目的而存在的，礼乐文化是一种统治方式，只是这种统治方式采用了艺术化的外在形式，即以艺术的形式承载着和谐、敬让、秩序等社会理念。审美对象和审美特权的等级划分是周代审美意识形态的典型表现形式。在礼制背景下，从服装的形制、色彩到佩饰，从坐席的层数、质地到装饰的花纹，从射侯的图案到射箭时的音乐，从死后所用棺椁的质地到棺罩的美饰，以及死后的含贝，等等，都被纳入到等级体制之中。正如《周礼·春官·典命》中所记载的"上公九命为伯，其国家、宫室、车旗、衣服、礼仪皆以九为节；侯伯七命，其国家、宫室、车旗、衣服、礼仪皆以七为节；子男五命，其国家、宫室、车旗、衣服、礼仪皆以五为节。王之三公八命，其卿六命，其大夫四命，及其出封，皆加一等，其国家、宫室、车旗、衣服、礼仪亦如之"①。根据公侯伯子男的等级划分，国家、宫室、车旗、衣服、礼仪等，既是贵族审美享受的对象，也是贵族身份的标志，还是维持社会等级礼制秩序的砝码。在周代贵族的生活中，审美起到了美化政治统治的作用，美与意识形态融为一体，不可分割。

审美与意识形态的合一性还指，器物或某种行为抽象成为一种象征符号，在这种象征符号中蕴涵着相对固定的意识形态观念。而这些象征符号本身往往是具有审美价值的，因而成为有意味的艺术形式。如贵族的深衣用布 12 幅，以象征一年 12 个月。袖底为圆形，象征着合乎规范。领下方如矩尺，象征着为人方正。背后衣缝以直线贯通，象征着人品的正直。下摆平如秤杆，象征着公平。再如婚礼中，新婿行驶在前，先期到达，在大门外等候新妇的到来。这一仪程象征着刚柔相济之意，以及新妇对婿的顺从。更为典型的是玉成为君子人格品性的象征符号。象征符号兼具审美性和意识形态性。

（三）艺术中富有神性

在中国史前到商周文化中广泛存在着万物有灵的观念，人们认为天地祖先都能够在某种特殊的场合显灵，给人带来灾难或福祉。到了周代虽然人文理性精神得到了一定的发展，但是这种原始思维在人们的生活中还存在着，而且周代贵族的统治一定程度上有赖于天神的力量，因而在周代文化中神与人的生活常常纠缠在一起。在祭礼中通过斋戒、静心等方式常常能够感受到鬼神的降临。在丧祭场合的音乐歌舞致辞等，一方面是通神的渠道，另一方面又是能够给人带来快感的艺术。即便是日常生活中的饮食，也要恭敬地举起食物进行祭祀，表示对神灵的感谢，并由音

---

① （清）孙诒让：《周礼正义》，中华书局 1987 年版，第 1605—1608 页。

乐烘托出一种富有诗意的进食氛围。周代的青铜器、玉器上还隐约可见神性的存在。神灵的到场和神性的存在使周代贵族的艺术中有着浓厚的神秘色彩。

（四）文饰化的审美追求

注重文饰的艺术精神首先表现为周代贵族注重器物的造型和文饰，喜欢使用那些制作精致、造型美观、纹饰华美的器物。《礼记·少仪》记载："国家靡敝，则车不雕几，甲不组縢，食器不刻镂，君子不履丝屦，马不常秣。"① 反过来讲，在国家鼎盛的情况下，贵族的车子都会雕刻着美丽的花纹，铠甲上要点缀着丝组装饰，食器上会雕镂着精致的图案，君子会穿着丝组编织的鞋子，连贵族的马也要吃着精细的粮食。周代贵族的生活中到处都有经过美饰的精细化的器物，这体现了他们的生活情趣和审美追求。

文饰艺术精神还指周代贵族重视自身的装饰效果，同时关注自己的行为和仪容，从而使自己具有不同于自然状态的文饰效果。周代贵族很注意自身形象，每天清晨都要修饰仪容。《礼记·曲礼下》记载："君无故玉不去身，大夫无故不彻县，士无故不彻琴瑟。"② 在没有灾、患、丧、病的情况下，贵族会用玉石、音乐等来美饰自己的生活。《礼记·乐记》讲："钟、鼓、管、磬、羽、籥、干、戚，乐之器也。屈伸俯仰，缀、兆、舒、疾，乐之文也。簠、簋、俎、豆，制度、文章，礼之器也。升降上下，周还、裼、袭，礼之文也。"③ 周代贵族通过对器物的文饰，对行为举止的文饰，使生活本身具有审美价值。在这里屈伸

① （清）孙希旦：《礼记集解》，中华书局1989年版，第955页。
② 同上书，第124页。
③ 同上书，第989页。

俯仰、升降上下、周还褵袭之间都充满着艺术的韵味，钟鼓管磬、簠簋俎豆之中都包含着耐人寻味的艺术气息。文饰生活的审美追求使周代贵族的生活中具有诗意化的特征，使整个周代文化显示出一种色彩斑斓、瑰丽文雅的特征。

（五）诗意心态

对待生活的审美心态是指，能够超越直接的功利目的之外，超越口腹之欲之上，以审美的心态面对生活，在生活中创造美，发现美。如饮食的礼节、射箭的礼节等，都表现出对实用功利目的的超越。尤其是对于饮酒欲望的延宕，使贵族的行为具有超功利性。酒本是一种使人精神松弛的东西，但在周代贵族的生活中，对酒的自然欲求却被礼仪化的行为所限制，饮酒的过程，"宾主百拜"，使酒食之乐、口腹之欲演变为举止有度的礼节，成为一种艺术。《礼记·乐记》记载："是故乐之隆，非极音也。食飨之礼，非致味也。清庙之瑟，朱弦而疏越，一唱而三叹，有遗音者矣。大飨之礼，尚玄酒而俎腥鱼，大羹不和，有遗味者矣。是故先王之制礼乐也，非以极口腹耳目之欲也，将以教民平好恶而反人道之正也。"[①] 隆重的音乐不是为了极视听之娱，精美的食物不是为了仅仅满足口腹之欲望，这就是周代贵族超越实用功利目的之上的诗意心态，是贵族艺术精神的重要方面。

诗意心态还指贵族看待生活的一种审美态度和情感态度。在周代贵族的眼中礼仪并不是繁琐的负担，相反，他们以一种诗意的眼光来看待各种礼仪形式。通过《诗经》，我们不仅能看到各种礼仪场面的再现，而且还能看到贵族对各种仪式的期待心理，在礼仪中他们找到了精神归宿，同时他们也以审美化的心态来看待这些仪式。如季札观乐就是贵族对诗乐演奏的审美鉴赏。同样

---

① （清）孙希旦：《礼记集解》，中华书局 1989 年版，第 982—983 页。

在贵族生活中，每一个人的举止和行为都成为他人观赏和评论的
对象。

（六）在抗争中衰亡

春秋战国时期，随着社会生产力的发展，贵族的政治和经济
地位发生了动摇。贵族一方面极力在文化上表现出自己的身份特
征，另一方面又无力挽回贵族艺术精神的衰落。

三　周代贵族艺术精神的影响

周代贵族处于统治地位几百年之久，他们曾经拥有的优越的
地位和儒雅的生活方式对人们的影响并没有在战国时期的战争烈
火中消失殆尽，恰恰相反，周代贵族艺术化的精神追求，成为影
响后世文化发展的一个重要因素，永远地留存在中华文明之中。
这主要表现为，即便是贵族在政治已经上失去了特权地位他们的
生活方式和审美情趣也依然是其他阶层追求和仿效的对象。如战
国时期，许多平民墓葬中陪葬的瓦器都是对青铜礼器造型和纹饰
的模仿。正如钱穆先生所说："所谓中国学术之黄金时代者，其
大体还是沿袭春秋时代贵族阶级之一分生计。精神命脉，一气相
通。因此战国新兴的一派平民学，并不是由他们起来而推翻了古
代的贵族学，他们其实只是古代贵族学之异样翻新与迁地为良。
此是中国文化一脉相承之渊深博大之处。"① 这种文化的延续现
象，表现在战国时期的绘画艺术中，就是战国时期绘画的内容实
际上还是贵族生活的写照，如河南辉县出土的铜鉴中就隐约可见
贵族射礼从请射到射后燕饮的全过程，表现出后世人们对贵族生
活方式的向往和模仿。战国时期的青铜器中也还隐约可见周文化
繁复雕饰风格的遗存。即便是在对和氏之璧、随侯之珠的极端化

---

① 钱穆：《国史大纲》，商务印书馆 2005 年版，第 72 页。

追求中，也积淀着周代玉文化的影子。

　　到秦朝时，秦文化的建构建立在极力摆脱周代礼乐文化的基础之上，之所以有焚书坑儒的事件发生，也与秦始皇力图彻底否定礼乐文化有关。到了汉代，出身平民的帝王刘邦对礼乐文化表现出鄙夷态度，但是随着王朝的稳固，王朝的一统问题摆在了面前，为了统治的需要，刘邦逐渐接受了礼乐文化和儒家思想。首先是萧何主持修建的未央宫富丽华美，展现了帝王的威严。接着是由叔孙通制定的礼仪，使朝廷秩序井然，让刘邦深深感受到了做帝王的尊贵感和神圣感。实践证明，由儒家所维持和延续的礼乐文化有利于统治的需要。到了汉武帝时期，乐府机构的成立、封禅礼仪的举行都表明礼乐文化在新的历史时期恢复了活力。而且在董仲舒的努力下，将天的意志作为统治的形而上根据，并由此而形成天人相副、天人感应的理论，将周代模糊的天变成明确的、有人格、有意志的天，完善了礼乐文化统治的理论建构。在礼乐文化的背景下，汉代的艺术又一次成为礼乐文化的一部分，汉代的郊庙歌、汉大赋都像周代的诗歌乐舞一样既有着浓厚的神性，是官方意识形态的载体，又是文人士大夫才气和审美情趣的体现。《诗大序》、《春秋繁露》、《白虎通》等著作则从理论上清理了周代以来的艺术思想，正式提出了"诗"与政治的关系问题。这就是从礼乐文化中衍生出来的审美意识形态，它是一种统治的艺术，即用艺术的方式来传达统治观念。这种艺术观念成为长久影响中国艺术发展的因素，在中国历史上从来就没有断绝。它是统治的策略，也是艺术存在的一种重要样态。

　　这种将意识形态的建构纳入到文化艺术之中的做法几乎成为中国官方统治的一种经典模式，虽然其自觉性和规模已经远远不及先秦两汉时期。如明清时期的祭天大典、郊庙祭祀，以及文武官员身上的补子完全是周代礼乐文化的翻版。即便是今天，礼乐文化依然在边远地区的丧葬礼俗中存在着，而且随着文化遗产保护工作的推进，仪式对人的意识的强化作用也越来越得到人们的认同。在战国时期抛弃掉的周代贵族文化的繁琐礼仪，在后世的文化发展中又被多次捡起，重新得到肯定。

礼乐文化所彰显出的文艺积极入世的精神，文艺与生活合一的精神，以中国的文人士大夫为中介，得到了更为广泛深入的传播，甚至"文以载道"的观念已经内化为一代代文人士大夫的内在精神追求。官方统治思想一定程度上已经内化为文人的积极主动的精神追求。这是礼乐文化精神的延续。同时，这种蔓延到士大夫身上的礼乐文化精神还加上了一点文人士大夫处于自己位置对做人风范和文章风格的理解，那就是温柔敦厚、中庸、平和。

从史前图腾崇拜仪式一直延续到周代的丧祭仪式中隐含着人们对神灵的敬畏意识，也正是在礼拜神灵的过程中，诗歌、乐舞、戏剧等艺术形式得到了最初的萌芽和发展，同时也使艺术从根源上禀赋了神性色彩。艺术与神的这种若有若无的联系，在中国文化发展中并不是一条非常清晰的线索，但是它却一直存在着，并逐渐演化为艺术与政治的感应和预兆关系，艺术与自然之间的感应关系。这是东方文化最为隐秘的地方，也是东方文化所特有的灵光。

周代贵族艺术精神对后世的影响还表现为，器物等级审美观念演化为儒家的"比德"美学思想和器物的吉祥象征符号性。比德美学思想认为物的自然属性与人的道德品质和精神修养之间有一定的联系，因而物可以用来比拟人的道德品质，从而达到以物来提醒人去遵循道德标准的目的。如玉、山水、松、竹、梅等都成为典型的伦理道德的承载体。另一方面，器物又逐渐演化出吉祥象征蕴涵。如鹿，就是禄的象征符号；瓶，就成为平安的象征符号。中国文化的象征符号特征与周代文化中以物承载某种精神观念的艺术精神是一脉相承的。

周代贵族的艺术精神表现为对待生活的艺术化追求，这种以诗意的心态来直面现世生活的态度，这种使生活富有艺术品位的精神，一直影响着国人的生命态度。在中国文人士大夫的生活中追求美饰自己、美化自己的生活环境，使生活呈现出优雅的情调，使生活艺术化，这种精神追求在明清时期得到极度发扬，在今天还依然存在着。

四　周代贵族艺术精神的启示

周代贵族将生活和统治演化成一种艺术形式，从而使他们的统治方式中充满了艺术的元素，使他们的生活方式中充满了艺术的韵味。在这一文化形式的熏陶下，周代贵族文质彬彬，各国诸侯礼尚往来。这种富有特色的生活方式和统治方式维系了周代近千年的强盛。因而，周代贵族艺术精神对后世的启示首先在于，对于我们今天建构更为合理的官方审美文化具有一定的借鉴意义。具体来讲，这里有两个问题值得思考：其一是周代统治者将所谓的艺术形式与贵族的身份和地位紧密联系在一起，拥有一种生活方式和艺术形式，具有某一种言谈举止方式，都成为身份的象征，因而到最后这种文化变成了贵族的一种自觉的文化追求；其二，周代统治者赋予这种文化以神性，而且在祭祀场合，这种艺术形式能够激起贵族群体的文化认同，激起一种类似宗教的集体情感，使个体欲望消失，使个体心甘情愿融身群体之中。借鉴周代贵族的统治艺术，我们认为具备了以上两个方面，即统治方式具有艺术和宗教的性质，就较易达到长治久安的目的。

贵族生活中的艺术精神的探讨对我们的启示还在于，让我们重新反思艺术起源与发展这一文艺学学科中的老问题。通过分析周代贵族生活中的艺术精神，我们可以认识到人类早期的审美活动大多以实用目的为出发点。没有祭神的目的，没有统治的目的，就没有艺术存在的土壤。进一步讲，美与生活和实用联系在一起，美才能落在实处，才能更为茁壮地成长。这是问题的一个方面。然而，美的发展又处在一种悖论状态，一方面美要力求独立，要摆脱神的意志，摆脱政治的附庸地位，但是另一方面美完全摆脱了这些外在的束缚，成为个体愉悦情怀的表达，美也将会因为失去社会生活和实用性的土壤而变得苍白。美就是这样，在纯审美和附庸地位之间抗争着、发展着，并且永远这样发展下去。

　　贵族生活中的艺术精神对我们的启示还在于，使我们认识到群体精神在人类生活中应当有一定的位置。周代贵族的生活更多的具有群体性，祭神的歌舞，贵族燕饮时的礼乐等等，都具有群体性，旨在将整个参与者带进一种特殊的氛围，使他们受到感染，忘掉自身的存在，进而获得一种集体情感，获得精神的升华。这种群体艺术精神随着社会的发展，随着个体意识的增强，逐渐被表达个体情怀和感受的艺术形式所代替。但是，反思周代宗族群体的祭拜活动和燕饮场面，我们还是能够隐约感觉得到群体艺术精神对人的性情和气质的陶冶作用。这种群体艺术活动或宗教活动后来退居生活的次要位置，它的价值和意义没有得到充分的挖掘。我们通过对周代贵族艺术精神的研究，认为这种集体宗教和艺术活动在一定历史时期，一定范围内是有存在的必要性的。因为在人们长期沉迷于个体情感的吟唱之后，也需要一种集体精神，甚至宗教情感来填满精神生活的另一个空间。群体艺术形式是人类的一种需要。

　　有关艺术精神的探讨近年来引起了人们的普遍关注，最具代表性的观点是徐复观在《中国艺术精神》一书中指出的，以庄子超越现实功利目的为特征的中国艺术精神是贯穿中国艺术始终的艺术精神。在徐复观看来，艺术精神就是超越于现实功利目的的精神，它突出地体现在中国画之中。如他分析王微《叙画》时指出：第一，把山水完全从实用中摆脱出来，使其具有独立的艺术性；第二，人之所以爱好山水画，是因为在山水之中人可以得到"神飞扬"、"思浩荡"的精神解放；第三，山水之中之所以能得到精神的解放，是因为在山水之中有着超越于现实之外的道的存在。我们认为，徐复观所说的艺术精神的确是中国艺术的一个特征，但是，不能涵盖整个中国艺术精神的全部。中国艺术精神包含两个并行的路径，一个是由老庄所开创的通过"心斋"和"坐忘"的渠道，引领人达到一个脱离现实生存处境之外的艺术境界，从而在这个假定的艺术境界中获得审美感悟，达到精神的净化和升华。但是，这一境界是很不容易达到的，在有限的人生中苦苦追求，也许只能在某个瞬间才能恍然悟到，但很快就像美丽的彗星一样从眼前滑过。中国艺术精神的另一条路径应当是在现世生活中，在意识形态统治的背景下，感受琐碎的生活中的美，提炼纷繁的现实生活中的美。对大部分中国文人士大夫而言，他们所面对的不是如老庄所说的那种超越现实生活之外的审美境界，而是处于现实之中的美，即在等级化的、礼仪化的现实中，甚至是在不自由的现实生活中去感受美的存在。所以，我们这里所说的艺术精神与徐复观的艺术精神有很大的不同。我们所论及的艺术精神是指在官方意识形态的操纵下，在礼乐文化的大背景下，贵族对等级美的审视，以及对符合礼仪的举止之美的关注。贵族对艺术的感悟虽然也包含着对超越于等级制之外的美的追求，但主要是对等级制之中的审美对象表现出鉴赏的态度，对符合礼仪规范的举止情态表现出鉴赏的态度。这里的艺术精神隐含在等级制和礼乐体制之中，与实用功利目的保持着密切的联系。

周代贵族诗意化的生存方式与意识形态融为一体，诗与意识形态还没有背离，人们基本还不需要在生活之外开辟出一块诗的净土以寄予情思。这是中国文化史上一个特殊的历史时期，之后的艺术家如老庄、竹林七贤、陶渊明、王维、八大山人、苦瓜和尚，以及诸多禅师，他们虽然也在践行着诗意化的人生，他们虽然也有着如诗如歌的生命，但是他们与整个主流文化形态之间存在着难以逾越的背离现象，这就使他们的生命底色呈现出低沉而痛苦的色调。他们一直在与社会抗争着，一直努力在摆脱庸俗的社会，所以诗是他们精神的栖息地。他们在现实生活中是矛盾的、痛苦的，在诗中才可以获得短暂的、虚幻的快乐，在诗中才可以找回失落的自己。相比较而言，周代贵族是在现实生活中坦坦然地践行着诗意化的人生。这种诗意化的生存状态在那个时代也是具有历史的进步意义的，而且作为精神财富还将一直影响着后世。

周代贵族艺术精神也存在一些致命的弱点：第一，周代贵族的生活艺术化，在很大程度上使生活和艺术之间的距离缺失，这就导致了生活的虚伪化；第二，周代贵族艺术精神是官方意志的体现，在后世，官方意志常常与个体情感有着矛盾和冲突，因而贵族艺术常常引起人们的反感；第三，贵族生活和艺术追求精细化、华美化、追求大气魄，但耗费了许多的人力物力。这正是后世道家、墨家批判周代贵族文化的地方，也是孟子、荀子力求予以完善和修正的地方；第四，贵族艺术歌功颂德的时候多，而反思和批判的时候少，这形成了贵族艺术的单一性和片面性。周代贵族艺术的优点也许正是它的缺点，因而，如果我们认为这种文化曾经作出过应有的历史贡献，并对后世艺术有着正面的影响，就不能求全责备。统一的、与意识形态融为一体的艺术是我们所需要的，远离政治，回归自我本真情感的艺术同样是我们所需要的，只有以宽容的态度让这样两种艺术自由发展，才能实现艺术的常态化。

　　辉煌的礼乐已经成为远逝的历史，呦呦的鹿鸣声被流行音乐的喧嚣和骚动所代替，举止的谨慎和对行为场合性的关注，逐渐被较为放任的行为所代替，我们已经进入了一个信息和科技高度发达的后工业社会，在城市夜空霓虹灯的闪烁和变幻之中，世界成为一堆碎片，深度没有了，人类迷失了自己，宏大的历史叙述被人们当成解构和调笑的对象，一切严肃的庄重的举止都变得不合时宜。但是随着工业化的进一步发展，人们渐渐认识到技术进步给人类发展带来的弊端，也感到了文化遗产的消亡将形成人类的文化沙漠。于是保护人类文化遗产的呼声越来越强烈。周代贵族文化作为人类文化的一个有机组成部分，作为中国礼仪文化的渊源，它通过礼乐艺术形式约束人对于食物的欲望、约束人们对于美酒的欲望，通过神灵存在建构人们的敬畏意识，这些都应该成为现代人生存的一个很好的参照系。同样，战国时期，因为行为的无度，以及对个体欲望的过分张扬所造成的社会弊端，也应当成为社会发展的前车之鉴。只有具有借鉴历史的意识，并能够吸取精华，剔除糟粕，人类文化才能源远流长，人类也才能世代繁衍生息不断。

　　郁郁乎，文哉！

参考资料

一　基本参考文献

[1]（清）孙诒让：《周礼正义》，中华书局 1987 年版。

[2]（清）孙希旦：《礼记集解》，中华书局 1989 年版。

[3] 杨天宇：《仪礼译注》，上海古籍出版社 2004 年版。

[4] 杨伯峻：《春秋左传注》，中华书局 1990 年版。

[5]（清）徐元诰：《国语集解》，中华书局 2002 年版。

[6]（宋）朱熹：《诗集传》，中华书局 1960 年版。

[7] 杨伯峻：《论语译注》，中华书局 1962 年版。

[8]（汉）司马迁：《史记》，中华书局 1973 年版。

二　发掘报告类

[9] 北京市文物研究所：《琉璃河西周燕国墓地（1973—1977）》，文物出版社 1995 年版。

[10] 郭宝钧：《浚县辛村》，科学出版社 1964 年版。

[11] 邹衡：《天马—曲村 1980—1989》，科学出版社 2000 年版。

[12] 卢连成、胡智生：《宝鸡𢀖国墓地》，文物出版社 1988

年版。

［13］中国科学院考古研究所：《沣西发掘报告——1955—1957年陕西长安县沣西乡考古发掘资料》，文物出版社1962年版。

［14］中国科学院考古研究所：《张家坡西周墓地》，中国大百科全书出版社1999年版。

［15］中国社会科学院考古研究所编著：《张家坡西周玉器》，文物出版社2007年版。

［16］中国科学院考古研究所：《上村岭虢国墓地》，科学出版社1959年版。

［17］河南省文物考古研究所、三门峡市文物工作队：《三门峡虢国墓》，文物出版社1999年版。

［18］郭宝钧：《山彪镇与琉璃阁》，科学出版社1959年版。

［19］河北省文物研究所：《䃂墓——战国中山国国王墓》，文物出版社1996年版。

［20］西北大学文博学院考古专业编著：《扶风案板遗址发掘报告》，科学出版社2000年版。

［21］河南省文物研究所：《信阳楚墓》，文物出版社1986年版。

三　其他参考文献

［22］杨天宇：《周礼译注》，上海古籍出版社2004年版。

［23］王文锦：《礼记译解》，中华书局2001年版。

［24］（晋）杜预：《春秋经传集解》，上海古籍出版社1978年版。

［25］高亨：《诗经今注》，上海古籍出版社1980年版。

［26］周振甫：《诗经译注》，中华书局2002年版。

［27］刘宝楠：《论语正义》，上海古籍出版社1993年版。

［28］李民、王健：《尚书译注》，上海古籍出版社2000年版。

［29］钱玄：《三礼通论》，南京师范大学出版社1996年版。

［30］钱玄：《三礼名物通释》，江苏古籍出版社1987年版。

［31］钱穆：《国史大纲》，商务印书馆2005年版。

［32］许倬云：《西周史》（增补本），生活·读书·新知三联书店2001年版。

［33］杨宽：《西周史》，上海人民出版社2004年版。

［34］顾德融、朱顺龙：《春秋史》，上海人民出版社2001年版。

［35］吕振羽：《殷周时代的中国社会》，生活·读书·新知三联书店1962年版。

［36］杨宽：《古史新探》，中华书局1965年版。

［37］谢维扬：《周代家族形态研究》，中国社会科学出版社1990年版。

［38］陈来：《古代宗教与伦理——儒家思想的根源》，生活·读书·新知三联书店1996年版。

［39］李安宅：《〈仪礼〉与〈礼记〉之社会学的研究》，上海人民出版社2005年版。

［40］常金仓：《周代礼俗研究》，台北文津出版社1993年版。

［41］徐复观：《中国艺术精神》，华东师范大学出版社2004年版。

［42］于民：《春秋前审美观念的发展》，中华书局1984年版。

［43］林语堂著，郝志东、沈益洪译：《中国人》，学林出版

社 1994 年版。

［44］方东美：《生命理想与文化类型》，中国广播电视出版
社 1992 年版。

［45］李春青：《诗与意识形态——西周至两汉诗歌功能的
演变与中国诗学观念的发生》，北京大学出版社 2005 年版。

［46］童书业：《春秋左传研究》，上海人民出版社 1983
年版。

［47］刘丽文：《春秋的回声·左传的文化研究》，燕山出版
社 2000 年版。

［48］扬之水：《诗经名物新证》，北京古籍出版社 2000
年版。

［49］赵沛霖：《兴的起源——历史积淀与诗歌艺术》，中国
社会科学出版社 1987 年版。

［50］李山：《诗经的文化精神》，东方出版社 1997 年版。

［51］孙作云：《诗经与周代社会研究》，中华书局 1979
年版。

［52］蔡仁厚：《孔子的生命境界——儒学的反思与开展》，
学生书局 1998 年版。

［53］杨国荣等：《孔子——顽固地维护奴隶制的思想家》，
中华书局 1973 年版。

［54］王晖：《商周文化比较研究》，人民出版社 2000 年版。

［55］杨华：《先秦礼乐文化》，湖北教育出版社 1997 年版。

［56］梅珍生：《晚周礼的文质论》，湖北人民出版社 2004
年版。

［57］宋镇豪：《夏商社会生活史》，科学出版社 1994 年版。

［58］许嘉璐：《中国古代衣食住行》，北京出版社 2002
年版。

［59］徐杰令：《先秦社会生活史》，黑龙江人民出版社 2004 年版。

［60］廖群：《中国审美文化史·先秦卷》，山东画报出版社 2001 年版。

［61］陈绍棣：《中国风俗通史·两周卷》，上海文艺出版社 2003 年版。

［62］晁福林：《先秦民俗史》，上海人民出版社 2001 年版。

［63］晁福林：《先秦社会形态研究》，北京师范大学出版社 2003 年版。

［64］刘清河、李锐：《先秦礼乐》，北京师范大学出版社 2009 年版。

［65］杨向奎：《宗周社会与礼乐文明》，人民出版社 1997 年版。

［66］余英时：《士与中国文化》，上海人民出版社 2003 年版。

［67］姚伟钧：《中国传统饮食礼俗研究》，华中师范大学出版社 1999 年版。

［68］王国维：《观堂集林》，河北教育出版社 2001 年版。

［69］陈佩芬、吴镇烽：《中国青铜器》，上海古籍出版社 1988 年版。

［70］上海博物馆青铜器研究组编：《商周青铜器纹饰》，文物出版社 1984 年版。

［71］容庚：《商周彝器通考》，台湾大通书局 1941 年版。

［72］李福顺、刘晓路：《中国全史·中国春秋战国艺术史》，人民出版社 1994 年版。

［73］王宇清：《周礼六冕考辨》，中华民族艺术文教基金会 2001 年版。

［74］朱凤瀚：《古代中国青铜器》，南开大学出版社 1995年版。

［75］郭宝钧：《殷周车器研究》，文物出版社 1998 年版。

［76］李先登：《夏商周青铜器文明探讨》，科学出版社 2001 年版。

［77］余继明：《夏商周春秋战国玉器》，浙江大学出版社 2001 年版。

［78］谢崇安：《商周艺术》，巴蜀书社 1997 年版。

［79］郭宝钧：《中国青铜时代》，三联书店 1963 年版。

［80］邢来顺：《德国贵族文化史》，人民出版社 2006 年版。

［81］姜德福：《社会变迁中的贵族：16—18 世纪英国贵族研究》，商务印书馆 2004 年版。

［82］［匈］阿格妮丝·赫勒：《日常生活》，重庆出版社 1990 年版。

［83］［法］弗朗索瓦·于连：《迂回与进入》，生活·读书·新知三联书店 2003 年版。

［84］［英］特里·伊格尔顿：《审美意识形态》，广西师范大学出版社 2001 年版。

四 学位论文类

［85］李琳：《〈诗经〉中的色彩运用及其文化意蕴》，河北大学 2005 年硕士论文。

［86］丁进：《周礼与文学》，复旦大学 2005 年博士论文。

［87］江林：《〈诗经〉与宗周礼乐文明》，浙江大学 2004 年博士论文。

［88］雒三桂：《〈诗经〉与西周春秋社会》，北京师范大学 1991 年博士论文。

［89］王清珍：《〈左传〉用诗研究》，北京大学 2003 年博士论文。

［90］罗坚：《先秦审美意识发展论纲》，复旦大学 1999 年博士论文。

［91］吴卫国：《西周礼器制度研究》，南开大学 2000 年博士论文。

［92］冯好：《先秦车马制度研究》，南开大学 2000 年博士论文。

［93］何宏波：《先秦玉礼研究》，郑州大学 2001 年博士论文。

［94］何艳杰：《中山国社会生活礼俗研究》，郑州大学 2004 年博士论文。

［95］张鹤泉：《周代祭祀研究》，吉林大学 1989 年博士论文。

［96］何长文：《先秦祭祀文化与文学》，东北师范大学 1999 年博士论文。

［97］陈戍国：《先秦礼制研究》，杭州大学 1999 年博士论文。

［98］吴予敏：《先秦礼乐文化研究》，中国社会科学院 1988 年博士论文。

［99］申屠炉明：《周代学制研究》，吉林大学 1996 年博士论文。

后 记

　　书稿是在我的博士论文的基础上修改而成的。2004 年，我有幸进入北京师范大学文艺学研究中心学习。我的博士论文选择了一个自己感兴趣的论题，因而在北师大的三年虽然忙碌，但非常充实。尤其是在毕业答辩时，拙作被答辩委员会评定为"优秀博士论文"，算是给我的学习生涯画上了一个较为完满的句号。之后的几年时间里，在周代贵族生活方式和艺术精神研究方面我又作了进一步的思考，发表了一些论文，形成了这部书稿。

　　书稿准备出版了，我回想起我的导师李春青先生。记得2004 年 9 月刚进校的那一天，我去拜见李老师。李老师说："你不要只忙着照顾孩子，伺候老公，北师大的学习压力是很大的……"那一席话奠定了我三年博士学习期间的基调，使我不敢懈怠。记得有一天我和几位同学去拜访老师，老师从他的书房搬出了一大堆读书笔记给我们看，使我对他的治学方法略有领悟，使我在学业上少走了很多弯路。也正是跟从李老师之后，我的学术视野不再狭窄，这是我最大的收获。毕业后在北京工作，还能时时受到老师的指点、提携和帮助，真是难得！

　　本书能够顺利完成也得益于北京师范大学文艺学中心诸位老师的启迪和帮助。从走进北京师范大学文艺学中心起，就感受到了那里的生机和活力！每一次的开题报告和毕业答辩，几乎都成为每位导师展示学人风范的机会，也成为我们学习做人和做学问的好时机。严肃的学术风气，敏锐的学术见解和诚恳的学术态度，都令学生难忘！童庆炳先生的古代文论指点为我打下了坚实的专业基础，使我明白了经典细读的意义。程正民先生的课，使我懂得了做学问时精深与广博的辩证法。此外，李壮鹰、陶东风、王一川、蒋原伦、曹卫东等几位先生的课开阔了我的学术视野，他们在开题报告时的指点，使我受益匪浅。感谢那个令人难忘的研究中心！

　　这部书稿虽然并不是很厚重，但其中凝结着许许多多的关怀和爱护。书稿修改过程中借鉴了张晶、袁济喜、黄卓越、卢永麟等诸位先生在论文评审时提出的宝贵建议，同时，在我工作和学习的道路上也不断得到这几位先生的帮助，心中颇为感激。家父是我治学道路上的启蒙老师，他老人家审阅了全书，校对了大部分引文。我的学生张泽云协助我审校了全书。书稿最终能够顺利出版，有赖于中国社会科学出版社李炳青老师的学术眼光和无私帮助。在此，我深鞠一躬，对所有关心和帮助过本书写作和出版的朋友表达心中无尽的谢意！

　　书稿修改完成时，已是农历壬辰年正月初五的黄昏，外面的鞭炮声此起彼伏，新的一年已经开始了。此刻，我年迈的父母远在陕西咸阳，我早该回去看看他们了！然而，这些年我总是很忙，孝敬和陪伴他们的时候太少太少，反过来倒时时得让他们为我操心。看着窗外的天空，我默默地想：愿父母兄弟们都安好，哪怕彼此相忘于江湖。更值得庆幸的是，我执意要做学问，我的先生和儿子宽容我、理解我、默默支持着我。我觉得我是幸运的，我有一个可以始终获得温暖与支持的家！写到此，心中不由得涌出一句歌词：感谢天，感谢地……

本书的出版得到陕西省教育厅专项科研计划项目（08JK182）的资金支持，特致谢意！

陈莉
壬辰年农历正月初五于北京